物流产业链管理

张喜才 著

中国商业出版社

图书在版编目(CIP)数据

物流产业链管理 / 张喜才著. —北京：中国商业出版社，2018.10
ISBN 978-7-5208-0594-0

Ⅰ. ①物… Ⅱ. ①张… Ⅲ. ①物流-产业链-研究-中国 Ⅳ. ①F259.22

中国版本图书馆 CIP 数据核字(2018)第 219388 号

责任编辑：蔡 凯

中国商业出版社出版发行
010-63180647　www.c-cbook.com
(100053　北京广安门内报国寺 1 号)
新华书店经销
北京市兴怀印刷厂印刷

* * * *

787×1092 毫米　1/16　印张　11.25　260 千字
2018 年 10 月第 1 版　2018 年 10 月第 1 次印刷

定价：42.00 元

* * * *

(如有印装质量问题可更换)

前　言

　　产业链是具有中国特色的研究领域，形成了具有中国特色的产业链研究体系。产业链是经济学、管理学等学科交叉的创新研究领域。产业链既是经济学概念，是各个产业部门之间基于一定的技术经济关联，并依据特定的逻辑关系和时空布局关系客观形成的链条式关联关系形态。更是一个管理学概念，产业链的本质是用于描述一个具有某种内在联系的企业群结构。通常，当产业链还不够成熟，各环节、各链条之间的界线还不够清晰时，由一个公司主导进行链条整合，效率是最高的。也就是说，行业的龙头企业在本产业还不成熟时，最好的运营策略就是自己覆盖全部产业链。对产业链的研究可以分别从宏观、产业和微观的视角进行。微观上的产业链整合是产业链环节中的某个主导企业通过调整、优化相关企业关系使其协同行动，提高整个产业链的运作效能，最终提升企业竞争优势的过程。中观的产业链研究是区域经济协调发展和行业转型升级的重要工具。宏观上产业链不仅是国家竞争的重要战略，也是国际经济调整和重要依据。

　　当前我国物流正处于重要的战略机遇期，随着产业结构的调整和发展方式的转换，物流在国民经济中的基础性和战略性地位日益显现。北京物资学院作为一所以物流和流通为特色的高校理应在物流研究中有所作为，而物流产业链研究就是突破口之一，物流产业链最能凸显中国物流发展的特色，也能创造中国物流发展的话语体系。

　　从 2005 年进入中国人民大学学习，开始从事农业产业链研究。先后在国家农业信息化研究中心、北京商业管理干部学院工作，2014 年调入北京物资学院从教。作为最早研究产业链的一批年轻学者，从事产业链研究已经将近 13 年，从农业产业链开始，再到物流产业链，这其中既有联系，也有产业不同的独特属性。产业链研究博大精深，离不开中国改革开放以来波澜壮阔的产业发展历程，根植于中国大地的产业链研究必将从中国走向世界。我要感谢我的导师张利庠老师,我求学十年,离不开张老师的帮助和指导。我也仍将追随张老师,打造我们产业链研究的学派。从 2017 年开始,我有幸成为硕士研究生导师,冀泽辉、苏驿婷、李海玲开始参与到产业链研究中,汤金金、陈旭也经常参与产业链的讨论当中。产业链学派或者中国的产业链研究学派正在不断扩大队伍。

感谢北京物资学院商学院的魏国辰院长、于冠华书记及商学院老师们的支持和鼓励。

本书的研究受到了北京市社科基金项目(18GLB041)和北京市教委社科一般项目的资助。

编者

2018 年 10 月

目 录

第1章 物流产业发展的产业链范式 (1)

1.1 物流产业发展范式：工程－系统－供应链－产业链 (1)
- 1.1.1 物流工程阶段 (1)
- 1.1.2 物流系统阶段 (3)
- 1.1.3 物流供应链阶段 (3)
- 1.1.4 物流产业链阶段 (5)

1.2 物流产业链的内涵与特征 (6)
- 1.2.1 关于物流产业链内涵的研究 (6)
- 1.2.2 关于物流产业链的特征研究 (8)

1.3 物流产业链的理论基础 (10)
- 1.3.1 社会分工理论 (10)
- 1.3.2 交易费用理论 (10)
- 1.3.3 价值链理论 (11)
- 1.3.4 市场竞争理论 (11)

1.4 物流产业链的研究方法 (12)
- 1.4.1 国内外经验比较研究 (13)
- 1.4.2 参与式调研 (13)
- 1.4.3 多案例研究法 (13)
- 1.4.4 数理模型和计量方法 (14)

第2章 物流产业链研究的文献综述 (15)

2.1 物流产业发展的综述 (15)
- 2.1.1 国外物流产业研究现状 (15)
- 2.1.2 国内物流产业的研究现状 (16)

2.2 产业链研究综述 (20)

2.2.1 产业链的理论渊源 ………………………………………… (20)
  2.2.2 产业链的研究现状 ………………………………………… (22)
  2.2.3 产业链相关研究的简要评述 ……………………………… (27)
 2.3 物流产业链研究综述 …………………………………………… (28)

第3章 物流产业链的现状及问题 …………………………………… (31)
 3.1 物流产业的发展历程：从单环节到全链条 …………………… (31)
  3.1.1 制造业环节 …………………………………………………… (33)
  3.1.2 物流地产环节 ………………………………………………… (34)
  3.1.3 第三方物流 …………………………………………………… (35)
  3.1.4 零售及电商环节 ……………………………………………… (35)
  3.1.5 物流金融环节 ………………………………………………… (35)
 3.2 物流产业链发展的现状分析 …………………………………… (36)
  3.2.1 中国物流产业发展的现状 …………………………………… (36)
  3.2.2 中国物流产业链的发展趋势 ………………………………… (38)
 3.3 物流产业链发展的问题分析 …………………………………… (40)
  3.3.1 物流产业链发展不均衡 ……………………………………… (40)
  3.3.2 物流产业链各环节衔接不紧密 ……………………………… (41)
  3.3.3 物流产业链短、窄、薄 ……………………………………… (42)
  3.3.4 物流领域资源浪费情况严重 ………………………………… (42)
  3.3.5 物流产业链的政府扶持不够 ………………………………… (43)
 3.4 物流产业链发展的原因分析 …………………………………… (44)
  3.4.1 政策方面 ……………………………………………………… (44)
  3.4.2 传统制度 ……………………………………………………… (46)
  3.4.3 基础设施建设 ………………………………………………… (47)
  3.4.4 人才培养 ……………………………………………………… (49)

第4章 物流产业链集中度研究 ……………………………………… (51)
 4.1 问题提出 ………………………………………………………… (51)
  4.1.1 物流产业集中度的现状 ……………………………………… (53)
  4.1.2 物流集中度为什么不断下降？ ……………………………… (57)
 4.2 物流企业过度进入的 S-D-S 模型分析 ……………………… (58)
  4.2.1 物流企业集中度的原因分析 ………………………………… (61)

4.3 物流集中度提升的策略 ·· (67)
    4.3.1 物流业集中度的阶段性判断 ································· (67)
    4.3.2 物流业集中度提升的策略 ····································· (68)

第5章 物流产业链整合提升研究 ·· (71)
5.1 物流产业链的关键节点分析 ·· (71)
5.2 物流产业链整合模型 ·· (72)
    5.2.1 现代物流产业链的建设主体 ································· (73)
    5.2.2 现代化物流产业链的构成要素 ······························ (73)
    5.2.3 现代化物流产业链的建设方式 ······························ (74)
    5.2.4 现代物流产业链的一般框架 ································· (75)
5.3 我国物流产业链的整合工具 ·· (76)
    5.3.1 连锁经营的现代流通方式 ····································· (76)
    5.3.2 供应链管理的现代管理方式 ································· (77)
    5.3.3 资本运营的现代运作方式 ····································· (77)
    5.3.4 信息化的现代技术方式 ·· (78)
    5.3.5 战略联盟的现代合作方式 ····································· (79)
5.4 京津冀地区物流产业链整合发展的模式 ·························· (81)
    5.4.1 打造嵌入式产业链合作模式 ································· (81)
    5.4.2 打造连锁式产业链合作模式 ································· (81)
    5.4.3 利用整体搬迁形成产业链合作模式 ························ (82)
5.5 国外物流产业发展的经验借鉴 ······································· (83)

第6章 物流产业链融合发展研究 ·· (85)
6.1 物流产业链融合的路径研究 ·· (86)
    6.1.1 物流产业融合发展的文献研究 ······························ (86)
    6.1.2 物联网对物流产业升级的影响分析 ························ (88)
    6.1.3 物流纵向产业升级的路径 ····································· (89)
    6.1.4 物联网环境下物流产业升级的对策建议 ·················· (89)
6.2 物流产业链融合发展的影响研究 ··································· (91)
    6.2.1 产业链纵向融合对物流企业绩效影响的作用机理 ····· (91)
    6.2.2 物流上市企业企业纵向一体化程度的测算 ·············· (93)
    6.2.3 物流企业纵向一体化程度与绩效的计量分析 ··········· (95)

6.2.4 结论及建议 …………………………………………………………………… (97)
6.3 物流产业链融合发展的案例研究 ………………………………………………… (98)
6.3.1 跨境电商与物流产业链融合的可行性及必要性 ………………………… (98)
6.3.2 跨境电商与物流产业链融合的影响因素 ………………………………… (100)
6.3.3 促进跨境电商与物流产业链融合发展的策略 …………………………… (101)

第7章 物流产业链商业模式创新研究 …………………………………………… (104)
7.1 物流商业模式 ……………………………………………………………………… (104)
7.1.1 商业模式 …………………………………………………………………… (104)
7.1.2 物流商业模式 ……………………………………………………………… (106)
7.1.3 物流商业模式研究方法 …………………………………………………… (106)
7.1.4 物流商业模式现状 ………………………………………………………… (107)
7.1.5 物流产业链商业模式发展趋势 …………………………………………… (108)
7.2 基于物流产业链的十二大商业模式 …………………………………………… (110)
7.2.1 "苦力服务"模式 ………………………………………………………… (110)
7.2.2 信息中介模式：物流基层车场黄牛 ……………………………………… (110)
7.2.3 项目服务模式 ……………………………………………………………… (110)
7.2.4 一体化物流模式：第三方物流整体外包模式 …………………………… (111)
7.2.5 众包整个供应链服务模式 ………………………………………………… (111)
7.2.6 卖产品模式：物流软件、物流设备等企业 ……………………………… (111)
7.2.7 卖集成服务模式：解决方案+物流软件+硬件 ………………………… (111)
7.2.8 运营服务模式：物流系统 SAAS 服务 …………………………………… (112)
7.2.9 物流供应链金融模式 ……………………………………………………… (112)
7.2.10 物流商业地产模式 ………………………………………………………… (112)
7.2.11 平台经济模式 ……………………………………………………………… (113)
7.2.12 立体生态经济模式 ………………………………………………………… (114)
7.3 物流企业商业模式创新的评价研究 …………………………………………… (114)
7.3.1 亟待建立物流商业模式评价体系 ………………………………………… (115)
7.3.2 物流企业商业模式创新的指标体系 ……………………………………… (115)
7.3.3 结论及建议 ………………………………………………………………… (119)

第8章 物流生态圈战略研究 ……………………………………………………… (121)
8.1 物流生态圈的内涵及特征 ……………………………………………………… (121)

8.1.1 物流生态圈的内涵及形成 (121)
8.1.2 物流生态圈的特征 (123)
8.1.3 物流生态圈形成的标志 (124)
8.2 构建融入物流生态圈的战略 (125)
8.2.1 物流生态圈的思维转变 (125)
8.2.2 物流生态圈的发展战略 (126)
8.3 物流生态圈的模式 (127)
8.3.1 基于共享价值的物流产业生态圈 (127)
8.3.2 基于DICE模式的电商物流生态圈 (129)
8.3.3 旅游物流生态圈 (133)
8.4 物流生态圈的案例研究 (136)
8.4.1 互联网时代家居大件物流的挑战与趋势 (136)
8.4.2 四网融合，共创共赢 (137)
8.4.3 拥抱互联网，创新"车小微"模式 (138)
8.4.4 平台助力高校物流创客 (139)

第9章 物流产业链服务创新战略研究 (140)

9.1 物流服务 (140)
9.1.1 物流服务的发展 (140)
9.1.2 我国物流服务的现状 (143)
9.1.3 现代物流服务体系 (144)
9.2 物流服务创新的路径 (145)
9.2.1 物流服务创新的内涵 (145)
9.2.2 国内外物流服务创新研究现状 (146)
9.2.3 物流服务创新的思路 (151)
9.2.4 物流服务创新的具体途径 (152)
9.3 物流服务创新发展的案例研究 (153)
9.3.1 瑞茂通供应链管理股份有限公司 (153)
9.3.2 瑞茂通供应链管理股份有限公司发展的问题 (154)
9.3.3 瑞茂通供应链管理股份有限公司物流服务创新 (155)
9.3.4 瑞茂通供应链管理公司物流服务创新模式 (157)
9.3.5 案例总结 (161)

参考文献 (162)

第1章

物流产业发展的产业链范式

1.1 物流产业发展范式：工程-系统-供应链-产业链

我国物流的发展，除了和我国的经济发展水平、经济结构、技术发展状况有关外，还和我国的经济体制改革有直接关系。改革开放40年来，取得了举世瞩目的成就，也是中国特色物流发展道路探索与实践的40年，是中国现代物流业发展的40年。这些年我国现代物流业经历了理论探索、实践起步到全面发展的历程。我国的物流业发展经历了工程-系统-供应链-产业链的物流产业发展范式。

1.1.1 物流工程阶段

1978年党的十一届三中全会以后，改革开放首先从农村突破，进而向城市推进，引入外资。伴随着市场取向的经济体制改革，为经济发展注入活力。十一届三中全会前夕，国家物资总局牵头，组织了国家计委、财政部、山东省等政府相关部门和部分大专院校考察日本物资管理，首次把"物流"概念介绍到中国。之后，一些专业刊物出现了介绍物流知识的文章。1984年8月，我国第一个物流专业研究团体——中国物流研究会成立。随着改革开放的深入，现代物流理念进入中国，越来越多的大专院校、研究机构开始研究现代物流理论。与物流有关的著作相继出版，物流讲座和研讨会陆续举办，物流知识得到传播和普及，这一阶段为物流业的初始阶段。仅仅把物流作为一个社会生产当中的一个计划和控制部门，属物流工程阶段。随着国内商品流通和国际贸易的不断扩大，我国物流业也取得了长足的发展。除各流通部门专业性的物流企业不断增加外，在生产部门也开始重视物流问题,并设置了物流研究室、物流技术部等。此外,不仅加强了国营物流企业,还发展了集体和个体物流企业。这时,出现了国营、集体、个体一齐上,大、中、小并举,社会兴办物流业的大好形势。在交通运输方面,新增建了铁路、公路、港口,码头增加了车辆,改进了技术,提高了车速,部分区段实现了电气化、高速化。开展了集装箱运输、散装运输和联合运输等,这都为物流业的发展,推行物流合理化,创造了有利条件。同时,物流业本身也随着企业改革的深入,坚持开放搞活,加强横向联合,逐步打破部门、地区的界限,向社会化、专业化、现代化的方向发展。

高科技的发展和应用,带动了工农业生产和交通运输业的发展,以及流通产业的改革和变化。特别在国内深入开展国有企业的改革和对外进一步开放、引进外资、开办外资、中外合资企业等,这都为中国物流业的发展带来了机遇和挑战。

一方面,对一些老储运企业进行改革、改造、重组,以适应新的形势发展需要;另一方面,也积极建设一些现代物流企业,以迎接国外物流企业的挑战。因此,这一阶段,在市场经济机制的推动下,中国物流市场呈现出一派繁荣发展的局面。除公有制的物流企业外,非公有制的物流企业迅速增加,外资和中外合资的物流企业也逐渐多起来。这对我国物流业来说,既带来了机遇,也提出了挑战。我们要抓住机遇,迎接挑战,把我国物流业推向新世纪健康发展的道路。

在这一时期,中国物流发展的趋势和特点是:实行多种经营方式。国营物流企业,是中国现在物流业的主要组成部分,它担负着国内外绝大部分的物流业务,在物流活动中始终处于主导地位。其中可分"商物分离"型和"商物合一"型两类,分别归属物资部、商业部、对外经济贸易部和铁道、交通部。

集体物流企业。在我国开办了一些集体物流企业,它是国营物流企业的一种补充,在完成各项物流任务中,起到了一定作用。如汽车运输公司、轮船航运公司、集装箱运输公司、仓储公司、搬运公司、包装公司等。在目前我国交通运输比较紧张,仓储设备能力不足的情况下,它们发挥了应有的作用。

个体物流企业。由私人经营的个体物流企业,在社会主义中国,也是在最近几年新发展起来的。其特点是小型、多样、专业经营。如运输队、搬运组、仓储专业户、包装服务社等。虽然这些小型物流企业的物流设施和从业人员较少,但灵活、方便、服务周到,很受顾客欢迎。随着中国经济的发展,国际贸易逐年扩大,物流量也不断增加。

为此,我国除继续发展上述这些物流企业外,中国物流业也和其他行业一样,将会涌现出一批外资与中外合资经营的物流企业或物流中心。它是这一历史时期的重要特征,标志着中国物流业的发展进入了一个新阶段。吸收国外资金,引进先进技术,将为中国物流事业作出很大的贡献。

改革开放初期,我国经济百废待兴,寻求加快经济发展的路径成为当时一代人的努力目标。一批为我国引进、"拓荒"物流概念的可敬学者,如吴清一、吴润涛、王之泰、丁俊发等,他们的辛勤劳动为我们开启了认识、认知现代物流的窗口。

1.1.2 物流系统阶段

系统是由两个或两个以上相互区别和相互联系的要素为了达到一定目的而形成的整体。除此以外,系统具有整体性、相关性、环境适应性、目的性、动态性的特点。

在工程阶段后,系统论的观点结合物流形成物流系统论。物流系统论是指在一定时间和空间内,由所需位移与服务的物、提供服务的设备、组织服务的人和信息等若干相互制约的动态要素所构成的具有特定功能的有机整体。物流系统的目的是保证物的流动能够顺利进行。

物流系统论是关于物流系统的相关理论。在整个物流过程中,以流体、载体、流程、流向、流速、流量等物流六要素相互制约,构成整个物流系统。但也有一种看法认为只有五个要素。在物流的专业领域中,单是硬体设施是不足够的,最重要的是海、陆、空、火车,即所有运输线的联系,同时也不可忽略货仓的重要性。

物流系统论认为,不同的物流系统其构成要素存在差别且彼此目的不同。企业内部的物流系统由企业内的各种物流环节组成,为企业本身或客户生产、销售提供物流服务。

区域物流系统由各行业中企业的物流系统、为各行业服务的物流系统、生活所需物流的基础设施组成。为区域内的组织、企业、居民等提供所需的物流服务。

国家物流系统由区域物流系统等组成。为国内的企业、组织、居民,甚至国与国之间的货物运输需求提供物流服务。

此外,物流系统论认为,无论哪个层次的物流系统都具有五个目标即服务、快速、库存控制、低成本、规模优化。由于不同物流系统的服务对象各不相同,故针对不同的目标,应进行物流系统各自目标的合理化,制定恰当的目标水平,由此推出物流网络的空间结构优化模型。

如今,物流管理的专业知识被运用在贸易上,联系了整个世界。良好的物流系统也可让一件物品轻易地环游世界,促进贸易全球化。物流系统也可像网际网路般,促进全球化。在贸易上,若要更进一步与世界联系,就得靠良好的物流管理系统。我们手上的商品很多是游历各国才得到的。原料可能来自泰国,加工可能在新加坡及马来西亚,生产却在中国台湾,最后才入口到美国。产品的游历路线就是由物流师计划、组织、指挥、协调、控制和监督的,目标就是要快且低开销。如今,各国企业都拥有自身专用的物流系统,物流系统是物流发展和研究的进一步延伸和拓展,何明珂教授等是物流系统论主要创立者。

1.1.3 物流供应链阶段

将企业物流、家庭物流、非营利机构物流以及绿色物流整合起来,我们可将之称为完全物流链或完全供应链。简单来说,物流供应链可以理解为一条有机的物流链条,从产品或服务市场需求开始，到满足需求为止的时间范围内所从事的经济活动中所有涉及到的物流活动的部分所形成的链条。功能健全的物流链最理想的状态便是绿色物流。

从步骤来看，供应链阶段的物流大致分为三部分，即采购、生产、市场营销。我们通常所说的物流往往局限于仓储和运输，其实际上只包括在生产部分中。而上面说到的三方面相互影响，市场导向采购方向，采购同时兼顾生产中的质量控制。

在当前外部压力增大、企业面临生存困境的情况下，企业要前所未有地重视物流供应链管理，要从供应商、企业内部各层面、中间商、消费者等方面完成链上总动员，有效解决企业面临的对利润增长点的需求，对成本控制的需求，以及企业面临的客户服务水平提升的挑战。

伴随供应链竞争时代的来临，物流公司出现了很多指导供应链管理者的理论。总结起来，就是"4R"——快速反应、可靠性、弹性和相互关系。

1. 快速反应

在这个要求"及时制"的世界，能够以较短的时间窗应客户需求是一项重要能力。客户希望的不仅是较短的前置时间，还包括弹性的和优化的客户解决方案，供应商必须能够在较短的时间里准确满足客户需求。变化的竞争环境中需要注意的关键词是"敏捷"，敏捷意味着快速的行动和即刻满足客户需求。在快速变化的市场上，敏捷其实比传统商务上认为的"长期战略"更为重要，因为未来需求是不确定的。从这一点就可以看出制定计划有困难，有时甚至可以说很危险。

未来企业必须以需求推动生产而不是依靠预测进行生产，即应依靠敏捷来进行交易。要做到这一点，需要努力的就不只是公司自身，而是整条供应链。

2. 可靠性

物流公司有安全库存的原因是"不确定性"的存在。响未来的需求不确定，供应商履行配送承诺的能力不确定，原材料和配件的质量也不确定，那么可靠性就只能依靠重新设计那些影响操作的过程来获得。制造经理们在很早前就发现，提高产品质量最好的办法不是检验而是通过过程管理。这一点对"物流可靠性"同样适用。

提高物流可靠性的要点之一是提高供应链可视性。通常对位于供应链最末端的下游客户的需求可视性很低。这一问题会因企业或供应链整体对最终需求的忽视而恶化。合成纤维制造商也许就不太重视那些用它们所生产的纤维制成的服装的需求情况。如果有什么办法可以令供应链更开放，使端到端一路清晰可视，那么可靠性就必然会得到提升。

3. 弹性

当今市场的特点之一是多变。商业、经济和政治环境既不确定又不联系。结果是，供应链容易中断，商业的连续性受到威胁。以往，供应链设计的主要出发点是成本最小或服务最优，即"弹性"。弹性涉及供应链处理不确定干扰的能力。许多公司因为利润上的压力都倾向于寻找降低成本的方案，结果却使供应链更加脆弱。

富有弹性的供应链也许不是成本最低的，但一定具有更好应对不确定环境的能力。富有弹性的供应链有许多的特征，其中最主要是在它最易受到伤害的地方投入更多的关注。其还有另外一些特征，如认识到战略性库存的重要性，有选择地利用闲置力量处理突发事件。

4. 相互关系

客户倾向于减少供应商基数。"单一资源"的现象普遍可见，一般以为这样可带来的利益包括：提高质量、共享新理念、降低成本和共同制定销售及配送计划。"购买者和供应商的关系应该是合作伙伴"这一说法可以概括这些内容。企业已经发现，竞争优势可以来自一种双赢的模式，即同供应商建立长期合作的良好关系。从供应商的角度出发，这种关系能够自动给竞争者的介入设置障碍。供应商和客户之间的相互依存度越高，竞争者就越无法打破它们的链条。

供应链管理是一个将交易关联的企业整合进来的系统，即将供应商、制造商、批发商、零售商和顾客等所有供应链上的关联企业和消费者作为一个整体看待的系统结构。基于供应链顺利运行的物流管理为物流业产品的实物空间位移提供时间和服务质量的保证，从而使物流管理进入了更为高级的阶段。物流供应链管理的主要研究者有马士华、崔介何等。

1.1.4 物流产业链阶段

物流产业既是各个产业之间的粘合剂，也是企业发展壮大的重要支撑，是一个融合了产品、设施、金融、人力的综合性产业。物流产业更是各个区域经济的纽带，区域经济互通有无、分工合作、协调发展离不开物流产业的联通和互动。发达的区域物流是社会经济发展的关键，于是相互补充、相互支持的物流产业链阶段理论诞生。

现代企业之间的竞争不仅是单个企业之间的对抗，也是企业向上和向下延伸的产业链之间的整体比拼，是企业所处的商业生态系统之间的竞争。物流在产业链价值最高的环节中占据了相当比重，因而以物流为核心纽带连接产业链上的其他环节，以物流全产业链一体化运作引领整个产业链，能改善产业链的总体运作效率，促进产业链资源整合和效益提升。全产业链物流运作模式是一种新型的整合关系，对传统的产业链运作和物流运作模式都是变革，对提高产业链竞争力和增强产业链整体抗风险能力都有重要作用。

物流产业正呈现与生产、消费支柱产业群的发展相互促进、互为支撑的态势，当前的物流业也正在向功能有机统一且超越多个企业和供应链整体运行的综合物流体系的方向转变。因此，需要转变物流管理理念，与产业链上的其他要素协调优化，走全产业链集成和协调联动的发展道路①。应以物流运作为核心纽带,衔接产业链的各环节,以物流信息化技术推动实现产品生产、流通全程可追溯、可监控,通过信息共享和协同机制实现产业链上、中、下游联动,基于全产业链的一体化物流服务提高整个产业链的运作效率。

一方面,全产业链物流运作阶段要进一步推动物流业与制造业联动发展;推动物流业与电子商务融合发展;对中小企业零散的物流供需资源进行整合,建立物流服务的供需整合平台和机制;对产业链上的大量数据信息进行深度挖掘,指导产业链协调运作和智能决策。另一方面,全产业链物流运作模式的实施,应既有依托物流节点及物流网络的实体服务平台,同时也应建立基于先进信息技术的资源共享和业务协同的虚拟服务平台。

全产业链物流运作阶段是一种从产业链集成的视角,以物流运作为纽带,使产业链上资源整合和业务协同的新型管理模式,提高了产业链整体的运作效率和抗风险能力。这种阶段需要强调物流业与制造业的联动、物流与电子商务的融合,将中小企业的物流供需进行有机整合,并且对产业链数据进行深度挖掘。在构建全产业链物流运作平台时要"虚实结合",依托大型综合性物流节点为中心构建全产业链物流运作服务平台,同时基于云计算技术构建全产业链智能物流信息平台。这一阶段,在行业实践中的应用需要不断探索和完善②。

产业转型格局下,物流行业正逐步建立起物料流、信息流和资金流三流合一的新体系,迈向全产业链服务。这一时期的研究者如翁心刚、邬跃等。

1.2 物流产业链的内涵与特征

1.2.1 关于物流产业链内涵的研究

"物流"概念先是被美国提出,并被美国运用到实际生产中的。在1901年J. F. Growell提出了关于农产品的配送成本不断变动的原因后,让更多的人们真正认识到了物流产业。1927年,R. Borsodi第一次对物流称呼"Logistics",为日后的物流概念提供了参照。在第二次世界大战时,美军后勤部门组织的各类实践活动实现了人们对物流更加深刻的了解,同时唤起了人们对物流服务业的关注。全美输送物流协会于1946年成立于美国,它是首个实现官方认可对专业运输者进行相关考核的物流类组织。20世界60年代的物流配送得到迅猛的发展,美国国家实物配送管理委员会(NCPDM)在1963年成立。其中,协会对物流行业发展中的一些重大问题和新理论或经验的研讨交流对美国物流理论研究以及实际运用

---

① 任保平,洪银兴.新型工业化中经济效益提高的途径:一种产业链视角的分析[J].西北大学学报(哲学社会科学版)2005年1月,第47-54页.

② 蒋国俊.产业链理论及其稳定机制研究[J].重庆大学学报(社会科学版),2004年第1期,第36-38页.

的发展作出了极大的贡献。在《美国运输部 2012－2016 年战略目标》中，美国对物流运输提出环境可持续发展战略，重视绿色物流的概念。

从物流角度看，Houlihan 认为产业链是从供应商开始，经生产者或流通业者，最终到消费者的所有物质流动①从信息化角度看，Stevens 将产业链定义为由供应商、制造商、分销商和消费者连接在一起组成的系统，其中贯穿着反馈物流和信息流。这种观点把信息流提高到与产品同等重要的地位，并且强调产业链中存在反馈过程，是产业链思想的一大进步。从组成结构上看，最近产业链的概念更加注重围绕核心企业的网链关系，同时强调合作企业的战略伙伴关系问题。马士华在总结分析前人研究成果的基础上，认为供应链是围绕核心企业，通过对信息流、物流、资金流的控制，从采购原材料开始，制成中间产品以及最终产品，最后由销售网络把产品送到消费者手中的将供应商、制造商、分销商、零售商直到最终用户连成一个整体的功能网链结构模式。

总体来看，关于产业链，主要有以下几种定义：(1)基于微观角度的产业链定义。任保平(2005)认为，产业链从微观上来说是指一个企业的供应链，是在一定的产业群聚区内，处在产业链不同环节上的相关产业中的企业而结成的一种战略联盟关系。蒋国俊等(2004)提出，产业链是指在一定的产业群聚区内，由在某个产业中具有较强国际竞争力(或国际竞争潜力)的企业，与其相关产业中的企业结成的一种战略联盟关系链。(2)基于价值网络的概念。哈里森(Harrison)认为，产业链是采购原材料，将它们转换为中间产品和成品，并且将成品销售到用户的功能网链。(3)基于区域经济发展战略角度的定义。郑学益(2000)认为，产业链就是以市场前景比较好的、科技含量比较高的、产品的关联度比较强的优势企业和优势产品为链核，通过这些链核，以产品技术为联系，资本为纽带，通过上下连结、向下延伸、前后联系形成的链条。这样，一个企业的单体优势可以因此得到加强，从而转化为一个区域和产业的整体优势，形成一个区域和产业的核心竞争力。

《中华人民共和国国家标准物流术语》的定义中指出：物流是指物品从供应地到接收地的实体流动过程，根据实际需要，将运输、储存、装卸、搬运、包装、流通加工、配送、信息处理等基本功能实施有机结合。物流产业是由多个部门组成的综合性、服务性、基础性产业。物流产业链是一个三次产业融合的新理念，从商品制造开始，包括采购、运输、储存、装卸、搬运、包装、流通加工、配送、批发零售、信息处理、金融服务等各个环节。基于互联网技术、市场化手段和平台思维对接生产制造企业和物流服务的产业链立体化服务平台。产业链物流服务平台有效整合产业链条上的信息流、物流、资金流和商流，链接产业链上、下游企业，提供高效的产供销支持，推动企业高速运作，降低制造企业物流成本。产业链物流服务平台秉承开放的服务战略、多方共赢的理念，营造一个诚实、守信、绿色环保、高效、快捷的物

---

① 郑学益．构筑产业链，形成核心竞争力[J]．福建改革，2000 年 8 月，第 14－15 页．

流新生态。

1.2.2 关于物流产业链的特征研究

目前,我国物流行业产业链的发展主要呈现出以下特点:

第一,物流企业加大并购力度,行业整合提速。物流行业集中度低,导致市场竞争激烈,呈现的降低服务价格为主要竞争手段的特点,行业整体缺乏差异化的产品和服务。进入门槛低导致物流业集中度低,是价格竞争激烈的重要原因之一。近年来,集中度虽不断提升,但行业仍缺乏具有定价权的龙头型公司。规模较大的物流公司,可利用规模经济,在网络覆盖、运力配置等方面发挥及时、安全、低成本等优势。小企业服务功能少,综合化程度低,管理能力弱,竞争能力弱,信息能力弱,经济秩序不规范,不具备适应现代物流追求动态运作,快速响应的要求。

第二,服务范围不断向产业链两端延伸。目前我国物流企业与制造业的联动深入发展、建立深度合作关系,物流服务范围不断向供应链两端延伸。一些物流企业从只承担少量简单物流功能外包的第三方物流,拓展到全面介入制造企业供应链的第四方物流。在供应链上游为制造企业提供原材料与零部件采购服务、原材料入场物流服务、原材料库存管理服务等。在供应链下游为制造企业提供生产线后端物流加工服务、产成品销售物流服务、零部件、售后物流服务等,物流专业化服务水平和效益显著提高。自2014年以来,业内形成一批具有一定规模、富有国际竞争力的领先供应链管理企业,与此同时,国家政策大力支持,鼓动和引导更多的物流企业向供应链两端延伸服务范围。

第三,通用物流与专业物流分化。近年来,物流行业内的通用与专业分化趋势日益明显,专业化逐渐成为物流企业的发展方向。物流向专业化发展的趋势是由需求来决定的,企业对降低物流成本的需求越来越大,通过优化内部物流管理节约成本可增加企业利润,但通过优化供应链管理来降低成本,对专业能力的要求很高,要求物流服务的专业化。通用物流与专业物流相比,对于客户依赖度较小,市场规模更大,但竞争相对更激烈。对一些企业在物流环节中特殊要求较少的,通用物流相比专业物流,具备客户门槛较低,对自身资源要求较少,更具成本优势的特点。通用物流与专业物流的分化,有利于为不同物流需求的企业提供更适合的自身发展服务。

自从1879年德国生物学家贝里(AntondeBarry)提出共生概念后,被范明特(Feminism)、布克纳(Phototoxic)发展完善,这一生物学思想很快被引进到社会学、经济学和管理学的问题和现象中,并作为解决某些经济和管理问题的理论指导。共生指的是不同生物属种按某种物质联系生活在一起。它由共生单元、共生环境和共生模式组成。我们认为,从生物共生进化理论看,物流产业链更像是一个物流企业生态共生体,它是由共生单元(企业)、共生环境(企业之间流动的物质、能量和信息)以及共生模式(企业之间相互结合的形式,它既反映共生单元——企业之间的作用方式、强度,也反映它们之间的物质、能量和信息交换关系)。物流产业链各环节上的企业如在一个物流企业生态系统中的共生生物,既相互独立又相互依存,它们共生、共存与共惠。具体来讲,物流产业链是指由某一主导企业倡导的通过某种契约达成的能满足最终顾客需求的相互有机融合的企业共生体,它是由物流供应商价值链、物流企业价值链、物流渠道价值链和物流买方价值链等特征构成的企业共生价值系统,如图1-1所示。

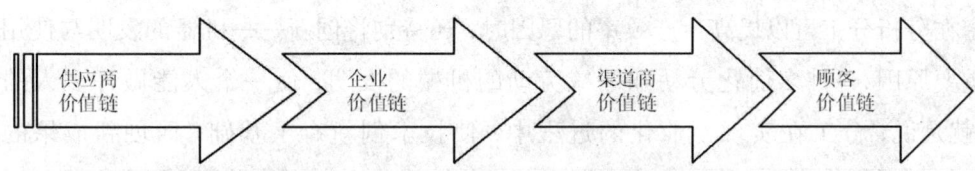

图1-1 完整的物流产业链特征模型

全产业链物流运作模式,是从整个产业链的角度,将围绕采购、生产、流通、信息交互、客户解决方案、用户体验及售后服务、产品跟踪等产业链环节整合到统一的管理平台上运作,以物流运作为核心纽带,衔接产业链的各环节,以物流信息化技术实现产品生产、流通全程可追溯、可监控,通过信息共享和协同机制实现产业链上、中、下游联动,实现基于全产业链的一体化物流服务。全产业链物流运作模式要求有机整合社会和行业物流资源;建立保障交易和物流的电子商务平台;建立支撑资源整合和信息共享的组织网络和协同机制;建立重构产业链关系的产业链网。全产业链物流运作模式的核心是统一的管理平台,这个平台可由政府、企业或社会组织建设。激发产业链上物流及其他服务需求释放,经由多元化信息渠道提交给管理平台,由该平台根据产业链协同的需要,调度和整合社会和行业资源,为供需双方提供服务。阿里巴巴物流系统即是一个着眼于产业链物流服务的平台,集物流服务与信息服务于一体。采取"天网+地网"的架构,仓储、配送、合作伙伴等构成的实体网络被称作"地网",大数据支撑下的订单、物流数据及在此基础上形成的信息服务等被称为"天网"。"天网"数据则来源于全产业链集成分析和需求预测,提供包括分仓、选择物流服务商等在内的综合决策支持方案。在这一平台上汇集了多个运营主体,包括生产商、销售商、物流企业、第三方和第四方服务商等,这些主体根据需要将业务建构在平台上,共享平台资源和综合服务。

1.3 物流产业链的理论基础

1.3.1 社会分工理论

亚当·斯密最早提出了分工论，在当时起了很重要的作用，因为分工可以提高效率，所以到20世纪初亨利·福特就把生产一辆车分成了8772个工时。分工论成为统治企业管理的主要模式。

斯密在分析分工可以提高生产效率的原因时，还特别将创新——机器的发明与使用列为一个重要原因，"许多简化劳动和缩减劳动的机械的发明，使一个人能做许多人的工作"，也就是说，分工在实现专业化的过程中，使技术创新有了基础，而创新成果的应用——如大机器的使用又会影响生产的组织形式，使分工与创新在生产场所中交互作用以实现劳动生产率的提高。劳动分工理论对于管理理论的发展起到了十分重要的作用，后来的专业分工、管理职能分工、社会分工等理论，都与斯密的这一学说有着"血缘关系"。

马克思曾指出"劳动的组织和划分视其所拥有的工具而各有不同，手推磨所决定的分工不同于蒸汽磨所决定的分工"，因此分工的程度也是由生产工具与技术进步所决定的，"工具积聚发展了，分工也随之发展"，"机械方面的每一次重大发展都使分工加剧"这都隐含着分工与创新的相互关系。分工的发展也会带来社会制度的变迁，马克思在商业从工业的分离过程中观察到金融业具有由实体经济向虚拟经济的演变趋势。马克思在《1857-1858年经济学手稿》中提出"重大产品创新将带来分工和交换价值体系的内生性扩张"，但他更多关注的是创新如何促进了社会分工演进，很少涉及社会分工与创新的相互关系，以及社会分工是如何促进创新的。社会分工与创新都是用来解释微观的效率提高和规模报酬递增的原因，在宏观上则被看作是经济持续增长的动力。尽管以往的经济学家们分别对社会分工与创新都有较为深刻的讨论，却缺乏对两者关系的研究。因此，挖掘社会分工与创新之间的关系，尤其是社会分工对创新的促进作用进行理论梳理与分析，对理解新常态下经济增长的原因有重要意义。

1.3.2 交易费用理论

交易成本理论由诺贝尔经济学奖得主科斯所提出，交易成本理论的根本论点在于对企业的本质加以解释。由于经济体系中企业的专业分工与市场价格机能之运作，产生了专业分工的现象；但是使用市场的价格机能的成本相对偏高，而形成企业机制是人类追求经济效率所形成的组织体。

由于交易成本泛指所有为促成交易发生而形成的成本，因此很难进行明确的界定与列举,不同的交易往往就涉及不同种类的交易成本。

Dahlman 则将交易活动的内容加以类别化处理,认为交易成本包含:搜寻信息的成本、协商与决策成本、契约成本、监督成本、执行成本与转换成本,简而言之,交易成本就是指当交易行为发生时,所随同产生的信息搜寻、条件谈判与交易实施等的各项成本。

交易商品或资产的专属性——交易所投资的资产本身不具备市场流通性,或者契约一旦终止,投资于资产上的成本难以回收或转换使用用途,称之为资产的专属性。交易的不确定性指交易过程中各种风险的发生机率。由于人类有限理性的限制使得面对未来的情况时,人们无法完全事先预测,加上交易过程买卖双方常发生交易信息不对称的情形,交易双方因此通过契约来保障自身的利益。因此,交易不确定性的升高会伴随着监督成本、议价成本的提升,使交易成本增加。交易的频率越高,相对的管理成本与议价成本也就越高。交易频率的升高使企业会将该交易的经济活动内部化以节省企业的交易成本。

1.3.3 价值链理论

价值链理论是哈佛大学商学院教授迈克尔·波特于 1985 年提出的。波特认为,"每一个企业都是在设计、生产、销售、发送和辅助其产品的过程中进行种种活动的集合体,所有这些活动可以用一个价值链来表明"。企业的价值创造是通过一系列活动构成的,这些活动可分为基本活动和辅助活动两类,基本活动包括内部后勤、生产作业、外部后勤、市场和销售、服务等;而辅助活动则包括采购、技术开发、人力资源管理和企业基础设施等。这些互不相同但又相互关联的生产经营活动,构成了一个创造价值的动态过程,即价值链。

价值链在经济活动中是无处不在的,上、下游关联的企业与企业之间存在行业价值链,企业内部各业务单元的联系构成了企业的价值链,企业内部各业务单元之间也存在着价值链。价值链上的每一项价值活动都会对企业最终能够实现多大的价值造成影响。

波特的"价值链"理论揭示,企业与企业的竞争,不只是某个环节的竞争,也是整个价值链的竞争,而整个价值链的综合竞争力决定企业的竞争力。用波特的话来说:"消费者心目中的价值由一连串企业内部物质与技术上的具体活动与利润所构成,当你和其他企业竞争时,其实是内部多项活动在进行竞争,而不是某一项活动的竞争。"

1.3.4 市场竞争理论

市场竞争理论又叫可竞争性理论,形成于 20 世纪 70 年代末 80 年代初。1981 年 12 月,美国著名新福利经济学家威廉·鲍莫尔在美国经济学会年会上作了题为"可竞争市场:产业结构理论的一次革命"的发言。1982 年,鲍莫尔与美国西北大学教授潘扎尔、普林斯顿大学教授威利格一起出版了《可竞争市场与产业结构理论》一书,标志着系统化的可竞争性理论的形成。可竞争性理论在价格理论、产业组织理论等方面都提出了极具创新意义的见解。

可竞争市场是指来自潜在进入者的压力,对现有厂商的行为施加了很强约束的那些市场。在这些市场上,不存在严重的进入障碍。完全可竞争市场是可竞争市场的极限情形,它是指一个进入绝对自由,退出绝对无成本的市场。这里的"进入自由",不是说进入没有成本,而是说相对于在位者而言,进入者没有生产技术上或者产量方面的劣势。简言之,完全可竞争性的条件是不存在针对进入者的成本歧视。完全可竞争市场是可竞争性理论分析产业结构和行为绩效特征的基准。在完全可竞争市场,由于进入和退出没有障碍,潜在进入者可以采用"打了就跑"(hit-and-run)的策略。如果现有厂商的定价行为提供了一个利润机会,潜在进入者就会迅速进入,并在厂商做出价格反应时毫发无损地退出。为使进入者不再有盈利机会,完全可竞争的产业均衡必须具备无超额利润、有效率定价等特征。不论市场上是只有一个厂商还是有许多竞争活跃的厂商,完全可竞争市场总是具有这些特征,因为是来自潜在进入者的潜在竞争,而不是现有厂商之间的竞争,对市场中厂商的均衡行为产生有效约束。

1.4 物流产业链的研究方法

有学者提出一种从四个维度来分析产业链的思路,即供需链维("点"和"点"的链接),描述的是生产环节上的节点以及各节点之间的相互关系。企业链维("点"和"线"的链接),是指同一个产业链中不同环节所有企业的"线"型链接,它可分为企业和企业、企业和消费者、企业和政府以及三者之间的链接。空间链维("线"和"线"的链接),是指同种产业链条在不同地区间的分布。价值链维("链"和"链"的链接),它是引领产业链形成和发展变化的重要关系链。价值链的变化首先体现在供需链上,进而引起企业链和空间链的演变。

对于各相关主体,无论是政府、咨询机构、理论学者,在进行研究、分析和决策中,产业链研究的分析方法都是必不可少的工具。研究者在研究过程中首先需要弄清自身的优劣势,正确把握外部环境,看清"势"(发展趋势)、"时"(进入时机)、"事"(进入领域),充分利用产业链研究理论和方法进行产业链分析,对于政府主体合理进行资源配置、调整产业结构、拟定产业政策、制定产业发展规划意义重大;对于企业主体合理分析企业的现实状况,对企业进行战略诊断、为企业进行战略选择,优化商业模式等均是一种有价值的研究工具。以下是用物流企业产业链纵向融合的测度分析研究方法——VAS 价值增值法为例对物流上市企业一体化企业纵向一体化程度进行测算,并对物流企业纵向一体化程度与绩效进行计量分析。

1.4.1 国内外经验比较研究

物流是世界各国经济发展的一个热点和新增长点,物流对企业在当前以买方市场为特征的激烈环境下取得竞争优势具有关键作用。我国也开始日益重视物流产业的发展。本文在简述国内外物流产业发展特点的基础上,详细地探讨了国内外物流业发展的水平和历史进程,分析了我国目前物流业发展的具体特点,包括存在的问题、发展现状和与国外的差距等方面。对美国、日本、欧洲和我国的物流业发展作一比较,借鉴发达国家和地区物流业发展的实践经验,对促进我国物流业的提升和进步具有重要意义。总结乡村发展实践的形成、发展、变化的全过程,分析具体的行动路径和内在机制,归纳整理国内外乡村实践的共同点和不同点。在总结共性经验的做法上,结合中国具体国情和政策部署,提出中国促进乡村振兴的政策机制。

通过前文研究状况的梳理,国际经验中我们选取了基础设施、发展历史等方面与中国国情类似的地区,进行了重点梳理,认为他们在物流产业发展政策和实践上有先行一步的经验。在国内经验研究上,已经收集整理了京津冀地区、广西凭祥、安徽宁国、河南郑州等,进行案例初步整理。基于这些国内外经验,展开"实践是理论之源"的经验研究。

1.4.2 参与式调研

在资料和案例的访谈搜集中,通过参与式观察,进入课题经验研究的具体实践之中。课题组将利用前期与各地的物流业经营者和管理者建立的良好关系,积极推进参与式观察进程,直接获取丰富的一手资料。

(1)与国务院发展研究中心、发改委宏观院运输所、商务部研究院、交通运输部研究设计院、中国物流学会等展开广泛的联系。课题组可以参与到物流发展的决策咨询当中,发现问题,提炼理论。

(2)深入地方参与式研究,总结各地乡村振兴可推广模式。课题组与广西凭祥市、河南郑州市等长期追踪案例调研,形成地方物流产业发展的经验模式总结,推广可复制的模式。

1.4.3 多案例研究法

在研究方法的选择上,多案例研究法特别适合把事件的前后联系纳入研究范围,验证因果关系,其科学性在于独立重复实验的复制逻辑而非抽样原则。多案例研究能够对经验材料进行有效的归纳,十分适合回答"怎么做(how)"这类问题,本课题研究物流产业链发展的实施路径,都需要多案例归纳和演绎,多案例分析适合本课题研究的方法。

多个案例研究遵循复制法则和理论抽样原则。课题将围绕物流产业链等四个方面进行案例抽样，厘清国内外物流产业链发展路径和政策逻辑，通过差别复制和逐项复制来寻找各种路径和逻辑的异同点，描述物流发展实践的过程和特点，提取出与产业链相关的关键点，并根据关键点进行类型间、地区间、国家间的多案例对比。

在研究方法的选择上，多案例研究法特别适合把事件的前后联系纳入研究范围，验证因果关系，其科学性在于独立重复实验的复制逻辑而非抽样原则。通过多案例分层抽样，以及"逐项复制"（结果相同的复制）和"差别复制"（结果不同的复制），可以对照检验。

前面也讲了，多案例研究能够对经验材料进行有效的归纳，十分适合回答"怎么做（how）"这类问题，本研究的国内外物流产业发展经验和实施路径，都需要多案例归纳和演绎。例如：1）物流产业发展实践的做法；2）有益经验和教训；3）中国不同情景和政策模拟；等等。因此，多案例分析方法适合此研究。

通过聚焦物流产业发展的实施路径，展开案例和数据收集工作。在已有案例库的基础上，根据多案例研究的方法，完成以下两项的工作。

第一，以调研的方式，对现有的案例进行跟踪。同时，根据理论抽样的方式，向案例库添加有价值的新案例。需要完成案例调研和交流，完成问卷，采集相应的数据，完善案例细节，梳理出对中国物流产业发展有价值的政策建议。为此，计划拟定更有针对性的访谈提纲，根据"证据三角形"原则，收集案例资料。

第二，以研讨会的方式，组织专家推进案例资料的整理与分析。根据不同的研究阶段，组织小型研讨会，开展相应的理论探讨和案例分析。这有利于提炼出初步的差别复制和逐项复制分析框架，在后续的调研中随着新案例的加入逐步完善分析框架，直至达到理论饱和点。

1.4.4 数理模型和计量方法

数理模型有助于清晰展示和推导物流产业发展的内在逻辑，计量方法有助于经济关系的测定。本课题将在必要时采取数理模型和计量方法进行研究。例如斯塔克尔伯格模型是一个产量领导模型，厂商之间存在着行动次序的区别。产量的决定依据以下次序：领导性厂商决定一个产量，然后跟随厂商可以观察到这个产量，然后根据领导性厂商的产量来决定他自己的产量。需要注意的是，领导性厂商在决定自己的产量的时候，充分了解跟随厂商会如何行动——这意味着领导性厂商可以知道跟随厂商的反应函数。因此，领导性厂商自然会预期到自己决定的产量对跟随厂商产生的影响。正是在考虑到这种影响的情况下，领导性厂商所决定的产量将是一个以跟随厂商的反应函数为约束的利润最大化产量。在斯塔克尔伯格模型中，领导性厂商的决策不再需要自己的反应函数。

第 2 章

物流产业链研究的文献综述

2.1 物流产业发展的综述

物流业是融合运输、仓储、货代、信息等产业的复合型服务业，是支撑国民经济发展的基础性、战略性产业。加快发展现代物流业，对于促进产业结构调整、转变发展方式、提高国民经济竞争力和建设生态文明具有重要意义。近年来，我国物流业有了较大的进步，但从总体上说，我国的物流业尚处于初步发展阶段，处于传统物流向现代物流的过渡时期。

随着我国经济的不断发展，物流业已逐渐成为了我国的支柱产业。它对推动国民经济的发展以及促进产业结构调整起到了十分重要的作用，是现代经济体系的重要组成部分。因此，提高物流产业效率，对提高国民经济的发展起到了积极的作用。我国物流业正面临调整和转型。振兴物流业将是我国当前和今后相当长时期内的一项重大任务。由于传统产业经济理论在研究物流产业经济方面具有一定的局限性，因此需要我们以新的视角来加深对物流产业的研究，系统研究物流产业演化问题具有了重要理论价值。

2.1.1 国外物流产业研究现状

在国外尤其是发达国家，主要研究如何通过物流提升企业的竞争力，把研究重点放在微观层面，集中于对企业物流的研究，很少涉及到物流产业关联，物流与经济因子之间的关系研究，也就是中观层面和宏观层面的研究相对来说较少。本文主要从微观层面对国外物流领域的研究成果进行述评。

1. 区域物流领域

区域物流的研究主要集中在区域物流产业集群、区域物流一体化等方面。研究发现区域物流的发展具有动态的复杂性特征。有学者提出，企业外部规模经济促进了区域产业集群的形成，由此可以得出现代物流的扩散效应和回流效应，加速了区域物流市场的扩大和创新，促进了物流产业集群的形成。还有学者研究发现，随着环境变化的多样性及日益复杂的区域物流网络，区域物流一体化整合的难度会越来越大。政府政策的引导虽然有一定的推动作用，但区域物流一体化整合更依赖于市场机制，通过市场实现对生产要素的合理配置，最终实现区域物流产业和物流市场的整合。

2. 城市物流领域

城市物流领域的研究主要集中在城市公共物流中心的选址问题，城市政府在宏观物流发展中的效用问题及经济与环境双重因素下的交通网络问题。研究发现排队论和非线性理论是解决城市物流中心选址的一种有效方法，而且城市公共物流节点的正确选择对缓解交通堵塞、能源节约和劳动成本降低有重要作用。有学者从城市政府角度进行研究，研究城市政府在解决物流设施的融资、交通规则、地区间物流服务交易规则、物流企业税费、政府补贴等问题时的角色与效用。

2.1.2 国内物流产业的研究现状

当前，国内物流研究与国外物流研究的侧重点有所不同，国外研究的焦点主要集中在运作方面，而国内研究的焦点除了在微观层面外，还主要集中在宏观、中观层面。近几年来，我国物流的发展速度非常快，在研究领域，许多学者关注有关物流的研究，在定性分析日趋深入的同时，定量研究物流问题的视角也越来越丰富。下面就对当前物流研究的热点内容作简要述评。

1. 物流产业定义的研究

《中国现代物流大全》指出："物流产业是指铁路、公路、水路、航空等基础设施，以及工业生产、商业批发零售和第三方仓储运输及综合物流企业为实现商品的实体位移所形成的产业"。《物流业调整和振兴规划》是国务院于2009年3月颁布的，其中把物流产业定义为："融合运输、仓储、货运代理和信息等行业的复合型服务产业"。何明珂认为物流产业是交通、运输、仓储、邮政等行业已经形成一个巨大的行业群体[11]。杨春河等以为物流产业是把运输、仓储、装卸、搬运、保管、信息、配送等形成物流服务活动的所有企业的集合。

2. 物流产业市场行为的研究

从战略角度研究物流市场的行为主要从三个方面进行。一是从发货方与收货方角度的物流需求，强调准时化物流战略，协同性或集成化物流战略和一体化物流战略。二是从企业优势与劣势角度进行战略选择。不同的战略选择可以带来企业物流模式的差别，所以，企业物流模式的选择由企业物流战略来决定。物流企业根据企业自身情况分为成本领先战略、特色经营战略、确定重点市场的经营战略。三是从理论应用的角度进行研究。从物流与商流的关系入手，研究全球经济一体化进程中及区域性商贸流通现代化进程中，物流的发展战略及其规划和选择。

3. 物流产业市场结构研究

楚岩枫针对目前我国市场上存在着不同类型的物流企业，认为物流企业的差异化生存与生态位现象有着千丝万缕的联系，以生态位理论解释和分析物流市场，提出物流市场生态结构模型，将物流市场分离成为三个主要的细分市场：综合物流市场、区域物流市场及专业物流市场。

4. 物流产业发展趋势研究

物流产业融合问题由江平提出。现代物流产业发展中的产业融合现象有多种表现形式，主要包括产业渗透、产业交叉和产业整合。产业渗透技术对物流产业的影响，从本质上把现代物流产业与传统物流产业区别开来。产业交叉是指存在于产业间的功能互补和功能延伸促进产业间的融合。在现代物流活动过程中，运用多种运输方式的有效衔接，产生了与单一运输方式截然不同的效果。产业整合是实现产业融合的重要手段，是产业融合的另一种方式。通过对分立物流资源进行协调而形成专业性物流服务的能力。

5. 物流产业发展问题研究

在物流产业发展和面临的问题方面，孔文（2007）根据现代物流的特征从物流成本、市场结构、第三方物流规模、物流外包比例和物流服务功能等方面分析我国物流业发展面临的困境，并从产业经济学的角度较为详细地论述了如何建立科学、合理的现代物流产业政策体系。陈文玲（2012）认为现行物流政策的支持与保障措施还存在很多问题，无法满足鼓励、支持和引导物流业发展的需要。我国物流现在存在港口同质化竞争激烈、各种运力缺少有效衔接配置、缺少社会化物流平台体系、物流发展没有完整的战略设计的四大问题。其中，港口的发展缺少整体战略考虑；我国现有的公路、铁路、航空和港运各行其事，没有统一的宏观规划和布局，不但没有减少，反而加剧了社会物流的费用支出；缺乏统一的物流标准和物流平台，社会物流费用可以通过物流标准和物流平台即时发布信息得到大幅减少，甚至成为新的利润源泉；目前国家依靠行政力量引导物流产业结构调整，推动物流产业优化升级做得还不够。陈文玲并提出要制定和完善高水平的物流发展规划、宏观经济政策、物流认证体系、现代物流支持政策、从业资格、行业协会等七个方面的政策。中国物流重点课题报告（《中国物流政策体系研究》（2010）对中国物流业政策体系的阶段性演变进行了归纳，指出当前物流产业政策体系构建中存在的突出问题：对如何形成系统化的物流政策体系缺乏共识，物流政策体系的总体目标不够明确；中央、部门、地方间的物流政策，彼此不够协调；物流政策体系的内容很不完善。报告比较全面地分析了我国物流政策体系面临的问题，不仅从宏观上归纳了我国的物流政策体系，也对物流产业政策体系中的若干具体政策提出了建议。

6. 物流产业效率的研究

物流产业作为复合型的服务产业，是中国经济新的增长点。我国的物流产业相对于西方发达国家起步较晚，但是随着国家对物流产业的重视，物流产业发展快速。根据世界银行发布的物流绩效指数，2016年德国排名第一，中国大陆排名第27虽然，我国物流产业效率不断地提高，但是我国物流产业仍存在一些问题。很多学者通过不同方法分析了物流产业效率以及影响因素。田刚、李南基于超越对数随机前沿方法，指出我国物流产业的发展需要转型，物流产业全要素生产率增长需要提高技术，东部地区比西部地区的全要素生产率高。王维国、马越越对我国物流产业效率以及物流外部环境对我国物流产业效率的影响进行了研究。张宝友等通过物流产业效率与FDI质量的相关性的研究，指出我国物流产业效率虽然在不断提高，但规模仍然较小以及FDI质量对我国物流产业效率的影响比较大。丁斌基于SBM模型对我国物流产业效率进行了分析，发现道路噪声对物流产业效率影响较大，各物流要素不足和成本的增加降低了物流产业效率。范月娇基于柯布——道格拉斯生产函数的SFA方法研究了流通节点城市物流产业效率的时空变化，指出这些城市由于产业结构、信息化水平等因素使物流产业效率较低，中部效率最高，东部比西部效率高。钟祖昌基于三阶段DEA研究了我国物流产业的效率，发现我国物流产业效率发展有明显的不同，东部最高、然后是中部、西部地区。刘秉镰等指出中国铁路运输业的全要素生产率快速增长的主要原因是技术进步，某些地区综合效率下降的重要原因是投入产出混合效率的下降。柳键等基于DEA模型，研究了我国物流产业效率。从研究对象来看，选取了35篇文献，对物流产业效率的研究一般集中在对全国各省或者中东部等物流产业效率的评价。以全国为研究对象的论文有20篇(55.6%)、以具体某地区为研究对象的论文有6篇(16.7%)、以经济区为研究对象的论文有9篇(27.7%)。而单独研究西部地区的物流产业效率的文献并不多，具体地区的物流产业效率则更少了，对于具体某个地区物流产业效率评价一般以全国各省市地区物流产业效率作为研究对象，而DEA是相对效率的比较，因此强调的是各比较单元之间的同质性。我国各区域之间经济发展程度不同，物流设施设备的投入、管理技术水平等也不同，地理环境的不同，使不同地区缺乏可比性。

从评价指标和文献分析来看，研究我国物流产业效率的主要方法是"非参数法"随机前沿分析和"参数法"数据包络分析。其中，使用最多的方法是数据包络分析。王舒鸿等基于DEA方法，通过公路里程和铁路里程以及能源指标作为投入指标，各省市的物流业产值作为产出指标，对各省物流业资源的利用效率进行了研究。樊敏基于三阶段DEA，以物流从业人数和固定资产投资额作为投入指标，以货运周转量作为产出指标对我国八大经济区域的物流产业效率进行了分析。黄勇、彭文冲、裘伟超以物流产业投资总额、物流产业从业人员、公路里程以及能源消费量作为投入指标，货运量和社会发展以及国民经济总量作为产出指标。基于数据包络分析方法下的物流产业效率评价指标大部分文献都从人、财、物三个方面衡量，主要分为投入指标：劳动力投入、物流产业投资、运输线路长度。产出指标：货运量、货物周转量、物流GDP。劳动力投入主要选取了各地区物流产业的从业人员数。物流产业投资主要有交通运输、邮政、仓储业固定资产投资。物流业投资反映了物流产业相关的投入力度。物流业GDP反映的是地区物流活动的最终成果即运输线路长度、货运量可以说明一个地区物流发展的基本情况。对于运输线路长度和货运量，王庆云对GDP与铁路、公路里程以及GDP与客货周转量的关系进行了论证，是不同经济水平下对应的某种交通方式里程数以及交通方式的强度。货物周转量全面地反映了运输生产成果，它也是计算运输效率等主要基础资料。

7. 物流产业演进的研究成果

《区域物流系统的协同演化研究》一文中认为区域物流系统是由物流子系统相互作用构成的复杂动态系统，其演化是各个子系统协同作用的结果。该论文运用自组织理论和方法，分析区域物流复杂系统的组成和自组织运行特性，并以生物种群和区域物流产业集群的相似性为基础，借鉴生态学中生物种群的生态位理论探讨区域物流系统的协同发展阶段，同时根据各阶段的演化机理分析建立区域物流系统协同演化方程，从而为区域物流系统产业结构调整和协同发展提供决策支持。《产业集群与区域物流网络空间系统演化机理研究》一文认为产业集群是区域经济发展的增长极、区域经济产业结构升级和发展的内在动力。区域物流是区域经济的重要组成部分，在一定程度上具有主导性地位。文中通过对产业集群发展演化过程的分析，探讨区域产业集群在不同阶段对区域物流网络系统的要求；从区域物流网络空间系统演化过程探讨其对区域产业集群演化发展的作用；从产业集群与区域物流网络空间系统相互作用的关系，分析两者相互作用的机理；在此基础上，提出区域物流网络系统空间布局规划的创新思路，即从区域物流空间系统演化的规律进行规划和布局以及从产业集群发展角度进行规划和布局等，以指导我国区域物流网络空间系统的布局规划。

国外物流产业的研究主要侧重于微观主体的运作研究，而国内物流产业的研究虽然比较注重产业关联及宏观层面的研究，但综合分析以上文献发现目前物流产业发展方面的研究存在以下几个问题：

一是物流产业微观主体的界定不清。物流作为一个系统中的产业提法，早已成为实践和理论研究发展的需要。从研究成果看，对物流产业的研究主要针对物流产业组织、物流产业结构、物流产业政策等方面的研究。而我国目前企业自营物流量占全社会物流量很大的比例，因此物流企业并不能完全代表物流产业中的微观主体。因此，对物流产业系统中微观主体的研究，不能只研究物流企业，还应该包括自营物流的企业主体。

二是物流产业系统研究结构失衡。目前对物流产业的研究主要集中在物流产业的市场结构、物流企业行为、物流产业市场绩效的研究。但物流产业的演化和发展离不开宏观经济环境的影响；物流产业发展靠的是物流服务市场的开拓与培育，而物流服务市场的开拓与培育离不开企业自身物流能力的培育。因此物流产业系统的演化研究离不开宏观环境的研究和微观物流主体的研究。

综上所述，我国物流产业的研究，主要以我国各省市地区为研究对象。在区域上主要是中部、东部、长江经济带地区，对西部地区物流产业效率的研究还略显不足。具体某地区物流产业效率的评价都是基于全国各省市为研究对象的，而忽略了区域与区域之间由于自然环境、地理位置、经济发展程度使物流产业发展的不一致的问题。从评价指标来看，主要是从人、财、物三个方面选取的，使用最多的投入指标分别是物流产业投资、物流从业人数、运输线路长度。产出指标是物流 GDP、货运量、货运周转量。在研究物流产业效率时可以进一步完善评价指标，这样对于更加客观的分析物流产业效率提供有力的支撑

2.2 产业链研究综述

2.2.1 产业链的理论渊源

产业链的思想最早来自于世纪中后期的西方古典经济学家亚当·斯密关于分工的卓越论断，其著名的"制针"和"毛纺"的例子就是对产业链功能的生动描述。这种产业链仅指企业把外部采购的原材料和零部件，通过生产和销售等活动，传递给零售商和用户的过程。因此，早期的产业链主要局限于制造企业的内部活动，关注的是企业自身资源的利用。

马歇尔后来把分工扩展到企业与企业之间，强调企业间分工协作的重要性，这可以称为产业链理论的真正起源。1985 年，赫希曼在《经济发展战略》一书中从产业前后向联系的角度论述了产业链的概念。不过上述这些理论更多的是从宏观层面讨论劳动分工、专业化对经济发展的意义。但是，随着价值链、供应链等理论的兴起与运用，产业链的研究相对弱化，从产业链发生与发展的实际情况来看，价值链、供应链理论对产业链理论的研究起到了关键的导向作用，具有极其重要的借鉴意义，成为进一步丰富产业链研究的理论基础。1985 年，迈克尔·波特在《竞争优势》一书中首次提出价值链的概念，认为"每一个企业都是在设计、生产、销售、发送和辅助其产品的过程中进行种种活动的集合体。所有这些活动可以用一个价值链表示出来"，并进一步指出"企业的价值创造是通过一系列活动构成的，这些互不相同但又相互关联的生产经营活动，构成了一个不断实现价值增值的动态过程，即价值链"。产业链和价值链之间有着本质的联系，都表达了具有某种特征的不同要素之间的相互联系和经营链条之间的相互依存。实际上，价值链理论正是从微观层面和价

值创造的视角阐述了产业链中价值增值的原因和机理。

供应链的概念源自于价值链,作为一种新的企业组织形态和运营方式,供应链从微观层面考察了企业之间的关联关系。史蒂文斯认为"供应链就是通过增值过程和分销渠道,控制从供应商的供应商到用户的用户之间的流,开始于供应的起点,结束于消费者的终点"。哈里森基于价值网络的概念,将供应链定义为采购原材料,将它们转换为中间产品和成品,并且将成品销售到用户的功能网链。马歇尔·费希尔则指出"供应链是指由原材料的供应商、制造商、分销商、零售商、顾客等成员,通过与上游、下游成员的连接组成的链状结构或网络结构"。产业链内部的联系归根结底还是企业之间的联系,这样产业链和供应链之间就具有极强的相关性,实际上,供应链理论正是从微观层面和企业管理的视角阐述了产业链中企业之间分工协作的形式与内容。尽管产业链的思想最早来自于西方古典经济学家的相关论断,并且诸多西方学者也分别从微观层面对价值链和供应链进行过较为深入的分析和研究。但是,国外对于中观层面的产业链却几乎没有涉足,并且大都以报道的形式出现,内容主要是为了说明某种产业变化对产业链的影响。这些文章虽然涉及了产业链,但是并没有分析产业链,对产业链发展的内在机理更是无从涉及。由此可以看出,国外有关产业链的研究尚处于空白状态。

产业链的思想最早起源于亚当·斯密(1776)在《国富论》中分析制针企业的效率时提到的分工理论。亚当·斯密在《国富论》中写到"生产一种完全制造品所必要的劳动,也往往分由许多劳动者担任"。亚当·斯密将产业链定义为企业内部生产产品的过程。亚当·斯密在研究制针企业的时候提出,分工可以提高效率。同时,他认为每个人都是理性人,会期望实现个人利益的最大化。那么社会最后的均衡只能是人与人之间互相博弈的结果:每个人都让出了一部分个人利益,这些让出的个人利益的总和就是社会利益。因而企业内部的分工得以进行。以分工理论为基础的早期产业链理论认为产业链是企业采购原材料、生产制造和运送给零售商的内部活动。后人对亚当·斯密的观点进行了进一步拓展。马歇尔(1920)认为,产业链不止是存在于企业内生产分工的概念,也存在于企业间的分工,产业链是由具有经济联系的企业作为主体形成。赫希曼(1958)在亚当·斯密的基础上,利用产业关联理论,进一步定义了产业链的有关概念,阐述了产业链的具体化关系。他运用前向联系和后向联系拓展了产业链。他认为产业链是由供应商、生产制造商、批发商和消费者,通过信息流交流共同组成的有机整体。随着价值链(Value Chain)、生产链(Production Chain)和商品链(Commodity Chain)等概念相继出现,国外文献对于产业链的研究逐渐减少。当代国外文献主要集中于从价值链和供应链的角度出发,将产业组织学的理论应用于管理学,对要素之间的相互关系和重要性进行研究。因此,尽管产业链的概念起源于国外,但是国外对于产业链的理论研究没有进行深入发展。

从物流角度看,Houlihan认为产业链是从供应商开始,经生产者或流通业者,到最终消费者的所有物质流动。从信息化角度看，Stevens将产业链定义为由供应商、制造商、分销商和消费者连接在一起组成的系统，其中贯穿着反馈的物流和信息流。这种观点把信息流提高到与产品同等重要的地位，并且强调产业链中存在反馈过程，是产业链思想的一大进步。从组成结构看，最近产业链的概念更加注重围绕核心企业的网链关系，同时强调合作企业的战略伙伴关系问题。马士华在总结分析前人研究成果的基础上，认为产业链是围绕核心企业，通过对信息流、物流、资金流的控制，从采购原材料开始，制成中间产品以及最终产品，最后由销售网络把产品送到消费者手中将供应商、制造商、分销商、零售商直到最终用户连成一个整体的功能网链结构模式。

国内文献有关产业链的研究从20世纪90年代起取得了蓬勃发展。关于产业链的定义，1990年傅国华在海南热带农业的调查研究中，首次使用产业链概念。但是傅国华对于产业链的概念，只是根据海南热带农业发展的实践经验提出，没有理论上的依据，也并没有进行明确的学术界定。张耀辉（2002）认为产业链是资源通过上游产业向下游产业的转移过程。芮明杰和刘明宇（2006）认为产业链是供应商、制造商、分销商直到最终消费者的所有过程。

产业链的理论渊源虽然可以追溯到亚当·斯密关于分工的论断以及马歇尔关于企业间协作的观点，并且西方的价值链理论和供应链理论也从微观层面和价值创造、企业管理的视角阐述了产业链价值增值的机理和企业间协作的内容，但是产业链理论却在中国真正引起了人们关注并得到广泛研究。我国产业链研究起步于农业产业链，目前已经将产业链研究扩展到包括能源、移动通信、文化、建筑、服装、高新技术、生物医药、会展旅游、现代物流等在内的广泛的产业领域，同时我国学者还对产业链的基础理论进行了深入研究，主要集中于产业链内涵、产业链类型、产业链运行机制、产业链纵向关系、产业链优化整合、区域产业链六个方面的研究。

2.2.2 产业链的研究现状

产业链真正引起人们的关注并得到广泛研究是在20世纪90年代之后的中国，从某种意义上来说，产业链是比较具有中国特色的经济学概念。据蒋国俊考证最早提出"产业链"一词的是我国学者姚齐源、宋武生的《有计划商品经济的实现模式——区域市场》里提出将产业链规划作为实现区域经济发展目标的战略重点。而据李心芹、李仕明考证最早提出"产业链"一词的是我国学者傅国华于1990年至1993年在立题研究海南热带农业发展课题中，受到海南热带农业发展的成功经验的启迪而提出来的。

在有关产业链环节分析的文献里，张铁男、罗小梅（2005）通过灰色关联分析法解决了战略环节的判断问题，但是对于数据要求太高，不能在各种产业链里普遍应用。刘贵富和赵英才（2006）采用微观机制研究判断产业链中的节点企业，但是仅仅局限于是否是节点企业，而不能确定该节点企业的权重大小。刘玥和路正南（2007）以节点为分析对象，根据各个节点在产业链中的作用强弱，在产业链中划分出显性节点和隐性节点。但是这种观点的缺陷是没有明确指出隐性环节的判断方法，即发掘和发展的过程，因此在实践的过程中具有一定难度。

在将产业链与具体产业相结合的研究中，姜韦韦（2006）通过对大连市海洋渔业研究认为，水产业产业链由捕捞、养殖、加工、运输贮藏和销售构成。通过一体的专业化生产、区域化布局，形成增加水产品附加值的作用。余文权（2011）认为农业产业链是某一种农产品从原材料采集、生产加工、农产品运输到销售的过程。它由前期调研、资金集聚，农作物和禽类畜牧业养殖到农产品加工处理直至最终销售构成一个网络结构。吴彦艳（2009）认为汽车产业链研究的是上、下游企业之间的经济活动，正是这些经济性活动产业链价值增值。研究产业链的最终目的是对企业价值链进行重组和整合，增强汽车制造企业和产业的竞争力。

我国产业链的研究起步于农业产业链，已经在农业产业链的内涵、类型、组织形式、优化途径、成长机理和经济效应等方面进行了较为全面的研究。例如，金玉言在《农业产业链的构想》中提出农业产业化必须带出二、三产业，而三产业的合理配置需要构建完善的农业产业链。王凯、颜加勇在《中国农业产业链的组织形式研究》中通过对中国现有各种农业产业链组织形式的形成动因、运行机制的对比分析，探讨了我国农业产业链组织形式构建的基本原则、前提条件，明确了农业产业链组织形式的发展趋势。赵绪福在《农业产业链优化的内涵、途径和原则》中探讨了农业产业链优化的具体内涵原则和途径。李杰义在《农业产业链的内涵、类型及其区域经济效应》中通过对农业产业链的分析揭示了农业产业链的基本特征和主要类型，阐述了农业产业链在区域发展中"以工促农、以城带乡"的经济效应。我国对农业产业链的研究已经逐步深入到农业细分行业和农产品加工业的研究中。例如，喻林、张明林的《我国农产品加工产业链成长机理研究》运用动态概念模型论述了农产品加工产业链的成长机理，提出了农业产业链成长的六个阶段。王桂霞的《中国牛肉产业链研究》在牛肉产业链主要环节市场结构实证分析的基础上，对牛肉产业链的联结方式、内在机制、纵向协作特征、产业链各利益主体的选择行为进行了研究。侯淑霞等的《乳品产业链纵向组织关系的经济学分析——以"公司奶站农产"为例》全面分析了乳品产业链纵向组织关系的经济学实质，设计出新的乳业产业化经营的组织模式。郭承龙等的《林业产业链的形成机制探析》探讨了林业产业链的内涵和结构，提出林业产业链形成的价值模型，阐述了蛛网结构的林业产业链形成机制，明确了林业产业链价值实现的途径。目前我国的产业链研究已经扩展到除农业之外的较为广泛的产业领域，这些领域主要集中在能源产业、移动通信业、文化产业等，同时还对建筑业、服装业、高新技术产业、生物医药业、会展旅游业等也有一些初步的研究。例如，于立宏的《需求波动下的中国煤电产业链纵向安排与经济规制研究》,张明文的《中国煤电产业链协调发展的优化模型研究》,谭忠富、张明文、李莉的《我国能源产业链协调发展中的问题研究》,余章坤的《移动通信产业链的控制力研究》,王昕的《移动通信产业链创新系统研究》,计雪峰、梅笑冬的《传媒产业链发展模式研究》,张梅青、王稼琼、靳松等的《创意产业链的价值与知识整合研究》,戴晓林的《我国动画产业链构建研究》等。现代物流业作为我国的新兴行业,近年来也开始成为特定行业产业链研究所关注的重点。刘秉权在《探讨构筑铁路运输产业链促进铁路物流化发展》中首次提出铁路运输产业链的构成,强调铁路运输产业链的构筑要由铁路主业和辅业共同完成。安文香在《我国港口群物流产业链重建》中描述了港口群物流产业链的构成,以及港口群物流产业链重建的途径及未来港口群物流产业一体化发展的三种形态。魏修建等在《试论物流服务链》中探讨了物流服务链的内涵与特征,描述了物流服务链的服务内容与服务体系。陈祥燕在《海运产业链上企业纵向关系研究》中借鉴产业纵向关系的研究理论,结合海运产业链的特殊性,讨论了海运产业链上企业纵向关系的发展趋势。魏然(2008)在《航空物流服务链的特征及现状》中分析了航空物流服务链的构成,描述了航空物流服务链的特征,指出了目前中国航空物流服务链运作中存在的若干问题。蒋畅(2009)在《铁路多元化经营企业产业链构建研究》中立足于铁路的多元化经营现状,提出构建铁路多元化经营产业链的思路。除了对特定行业的产业链研究外,我国学者还对产业链的基础理论进行了广泛而深入的研究。通过对我国产业链文献资料的全面分析,可以总结出目前我国有关产业链的研究主要集中于以下六个方面。

1. 产业链内涵的研究

不同学者从不同的研究视角分别论述了产业链的内涵与定义。产业链的这些定义大约分为三种观点。第一种观点是基于价值链和供应链角度的定义,如刘刚(2005)、李万立(2005)、张铁男(2005)、汪先永(2006)、周新生(2006)、芮明杰(2006)、吴金明(2006)、周路明(2001)、贺轩(2005)、郁义鸿(2005)等学者的观点;第二种观点是基于战略联盟角度的定义,如蒋国俊(2004)、李心芹(2004)、刘贵富(2006)等学者的观点;第三种观点是基于产业关联角度的定义,如简新华(2002)、杨公朴(2002)、鲁开垠(2002)、卢明华(2004)、龚勤林(2004)、赵绪福(2006)等学者的观点。这三种观点分别从微观层面、中观层面和宏观层面表达了产业链的内涵。

2. 产业链类型的研究

与对产业链内涵的研究一样,不同学者也从不同的角度对产业链的类型进行了相关的研究。比较有代表性的研究文献有:潘成云(2001)从产业价值链的发育过程将产业价值链分成技术主导型、生产主导型、经营主导型、综合型四种类型;从产业价值链的形成诱因视角,将产业链分成政策诱致型和需求内生型两种;从产业价值链的适应性视角,把产业价值链分为刚性产业价值链和柔性产业价值链两种。李心芹等(2004)根据产业链内部企业与企业之间供需关系的依赖强度,把不同产业的两个企业组建的产业链分为四种结构类型:资源导向型、产品导向型、市场导向型和需求导向型。郁义鸿(2005)从理论研究视角将产业链分为产业链类型Ⅰ、产业链类型Ⅱ和产业链类型Ⅲ。都晓岩、卢宁(2006)根据产业链中企业之间联系的紧密程度不同,将产业链分为低级形式和高级形式两种,其中低级产业链中的各企业之间属单纯的市场交易关系,高级产业链中的各企业之间是长期的战略联盟关系。刘贵富(2006)则在借鉴并综合上述产业链分类的基础上,总结归纳出产业链分类的六种情况。

3. 产业链运行机制的研究

目前我国对产业链运行机制的研究主要包括对产业链的形成机制、演化机制、稳定机制等问题的研究。例如,蒋国俊、蒋明新(2004)在《产业链理论及其稳定机制研究》中总结了推动产业链稳定运行的竞争定价机制、利益调节机制和沟通信任机制。刘贵富(2007)在《产业链运行机制模型研究》中明确提出产业链的运行机制主要有利益分配机制、风险共担机制、竞争谈判机制、信任契约机制、沟通协调机制和监督激励机制六种机制,并在此基础上,建立了产业链运行机制模型图。任迎伟、胡国平(2008)在《产业链稳定机制研究——基于共生理论中并联耦合的视角》中比较分析了产业链系统串联耦合与并联耦合的两种模式,提出有效解决产业链条系统不稳定与低效率问题的方法。刘贵富(2009)在《产业链形成机理的理论模型》中从静态视角和动态视角追溯引发产业链现象出现的主要因素,得出产业链形成的动因。

与此同时,我国学者还对特定行业产业链的运行机制进行了较为深入的研究。例如,张明林(2006)在《农业产业化进程中产业链成长机制研究》中运用超边际数学模型说明了我国农业产业组织形态由初级农产品自给自足型,向加工农产品自给自足型、市场交易型,再向企业化经营型逐级跃迁的过程。王秀丽(2007)在《生态产业链运作机制研究》中对生态产业链的运作机制进行了系统研究,讨论了生态产业链中企业和政府的策略选择问题。程宏伟(2008)等在《资源产业链演化机制研究——以西部地区为例》中建立了以知识、资本、资源、生态共生关系为基础的资源产业链动态演化模型,并以此构建了资源产业链"四要素整合"机制。

4. 产业链纵向关系的研究

纵向关系历来是产业组织理论研究的焦点问题,目前也正在成为我国产业链研究的主要领域之一。近年来,吴金明(2006)和刘贵富(2006)等学者在对产业链形成机制和产业链分类的研究中,根据产业链形成的市场交易式、纵向一体化、准市场化和混合式的四种模式,将产业链分为市场交易式、纵向约束式、纵向一体化三种类型,或者将产业链分为市场式交易模式、模块式治理模式、关系式治理模式、控制式治理模式和等级式治理模式五种模式。这些研究内容已经涉及到了对产业链纵向关系的研究。

除此之外，张雷、杨蕙馨等学者则对产业链纵向关系进行了专题的研究，与此同时，于立宏、唐步龙、侯淑霞、陈祥燕等学者主要围绕农业、农产品加工业、能源行业和交通运输业，展开了对产业链纵向关系的深入研究。

张雷(2007)在《产业链纵向关系治理模式研究》中探讨了产业链纵向关系治理模式的影响因素，从产业链纵向关系治理的视角，分析了中国汽车产业链纵向关系治理模式的演变历程、未来调整与创新的方向。杨蕙馨等(2009)在《产业链纵向关系与分工制度安排的选择及整合》中提出成本与收益的比较是决定分工制度安排选择的主要因素，成本与收益的变化又决定了分工制度安排的进一步整合，认为通过实施不同的产业链纵向关系可以实现不同分工制度安排的选择与整合。

于立宏、郁义鸿(2006)在《基于产业链效率的煤电纵向规制模式研究》中以产业链整体效率为基准，归纳了7种煤电纵向价格规制模式，提出了"基于产业链规制"的概念，并对相关的辅助政策提出了建议。唐步龙(2007)在《产业链框架下江苏杨树产业纵向协作关系研究》中按照杨树产业链中主要产业阶段的先后顺序，研究了杨树产业链的纵向协作关系，提出高杨树产业链纵向协作密切程度的政策建议。侯淑霞等(2008)在《乳品产业链纵向组织关系的经济学分析》中探讨了新的乳业产业化经营的纵向组织关系。

陈祥燕(2006)在《海运产业链上企业纵向关系研究》中借鉴产业纵向关系的研究方法和思路，全面分析了海运产业链上纵向关系的现存形式和企业的纵向关系行为，识别出影响产业链纵向关系的内生和外生因素，分析了海运产业链上企业纵向关系行为选择的框架。这是目前我国国内首次针对现代物流业产业链纵向关系所进行的系统研究，也为未来现代物流业其他细分行业的产业链纵向关系的研究奠定了基础。

5. 产业链优化整合的研究

不同学者从不同的研究视角和不同的细分行业对产业链优化整合的整合模式、动力机制、影响因素、绩效模型等进行了深入的研究。例如，朱毅华、王凯(2004)的《农业产业链整合实证研究——以南京市为例》构建了农业产业链整合绩效模型；芮明杰等(2006)的《论产业链整合》提出了产业链知识整合、价值模块整合与产品整合的三维度模型，探讨了产业链分化整合的机理以及整合过程中知识共享的动力机制、模块创新机制、知识创造机制以及产业链整合的组织模式；卜庆军等(2006)的《基于企业核心竞争力的产业链整合模式研究》总结了产业链整合的股权并购、战略联盟、产业集群的三种模式；赵红岩(2008)的《产业链整合的阶段差异与外延拓展》论述了产业链整合在规模经济、专业经济、模块经济、网络经济四个演进阶段中所体现出的产业链整合效应、知识溢出效应、资产专用性效应和亚市场优势效应等功能特性。

6. 区域产业链的研究

我国学者还对区域产业链的空间特征、形成因素、动力机制、经济效应等进行了相关的深入研究。例如，龚勤林（2004）的《区域产业链研究》描述了产业链的空间分布与空间特征，阐述了产业链与区域经济发展和区际经济关系的关联，并对构建优化区域产业链的实践进行了理性思考[27]。陈朝隆（2007）的《区域产业链形成与演变的实证研究——以中山市小榄镇为例》探讨了区域产业链的概念、形成与演变因素，并以中山市小榄镇为例对区域产业链的形成与演变进行了实证研究。郭超、马小利（2007）的《论区域产业链节点的联系及其经济效应》剖析了产业链节点联系的动力机制和产业链接通的区际经济效应。

2.2.3 产业链相关研究的简要评述

综上所述，无论是对特定行业的产业链研究，还是对产业链的基础理论研究，我国产业链的研究均在深度和广度上取得了显著的进展，并正在逐渐形成完整的理论框架和逻辑体系。

首先，从我国产业链研究所涉及的产业领域来看，始于农业的产业链研究已经扩展到包括制造业和服务业在内的广泛的产业领域，并针对各细分行业的特点，进行了更有针对性的分析和研究。

其次，从目前我国产业链研究所涉及的六个方面的研究内容来看，产业链的内涵和类型是产业链理论的研究基础，产业链的运行机制、纵向关系和优化整合是产业链理论的主体框架，区域产业链的研究则显示了产业链理论与区域经济学的相互融合。其中，产业链的运行机制主要研究产业链形成与演化过程中的内在机理，产业链的纵向关系主要研究产业链实际运行过程中各构成主体之间经济联系的变化规律，产业链的优化整合则主要研究产业链形成与发展过程中链条构建与优化升级的实施途径。因此，产业链六个方面的研究内容已经逐步构成产业链理论的逻辑体系。

但是，从产业链研究所涉及的产业领域来看，目前某些细分行业的产业链分析与研究还存在着盲区和空白，当然也就无法针对这些不同细分行业的产业链在运行机制、纵向关系、优化整合以及区域分布等方面的异同进行全面总结。因此，产业链理论的应用研究和产业链理论更深层次的理论研究还有待于加强，这需要在不断深化产业链基础理论研究的基础上，将产业链基础理论进一步运用到更多细分行业的产业链分析与研究中，并从这些细分行业的产业链研究中进一步提炼和丰富产业链的理论体系和研究内容。

综合而言，我国关于产业链的研究虽然比国外丰富，但是还处于初级阶段，不能形成一套完备的理论。已有的文献集中在两个方面：对具体某个行业的产业链分析和构成产业链的企业间关系的研究。但是这两种研究方法都没有明确的产业链的内涵与界定，不能清晰界定产业链、价值链和供应链概念的共性与个性。

2.3 物流产业链研究综述

《中华人民共和国国家标准物流术语》的定义中指出：物流是指物品从供应地到接收地的实体流动过程，根据实际需要，将运输、储存、装卸、搬运、包装、流通加工、配送、信息处理等基本功能实施有机结合。物流产业是由多个部门组成的综合性、服务性、基础性产业。物流产业链是一个三次产业融合的新理念，从商品制造开始，包括采购、运输、储存、装卸、搬运、包装、流通加工、配送、批发零售、信息处理、金融服务等各个环节组成的网络结构。可以划分为工业品物流产业链、农产品物流产业链、再生资源产业链等。

我国关于物流产业链的研究并不丰富，现有的文献对物流业产业链的研究也很分散。章建新（2006）认为，物流业具有显著的规模经济和区域经济特点。因此物流业要在产业链中充分发挥产业集群的优势和地位。即通过物流产业链的协同作用、制度效应和创新效用，实现企业之间的合作优势，促成资源共享和优势互补，使现在产业链上的整体优势最大化。范学谦，司安金和王华（2011）认为物流产业链是物流业根据地区的比较优势，基于一定的技术经济关联，按照特定的逻辑关系形成的链条式关联形态，以产业合作的形式解决区域分工和需求矛盾。他们将物流产业链等同于物流产业集群，即以第三方物流企业为核心，以交通运输枢纽设施为基础，包装、仓储运输、装卸、加工配送、物流企业和和流通企业空间集聚的现象。面对武汉物流业政府间缺乏协调、监管不足、物流企业间标准不统一、各自为政、整合意愿薄弱、基础设施老化、人才和技术不到位的问题，武汉政府需要确定一个空间上更宏观的战略定位；实现物流业与上游行业的无缝对接，实现物流产业链的融合，明确物流监管；利用吸纳信息技术和物流装备，整合仓储运输、装卸、搬运、包装、加工和贸易等延伸物流业产业链，实现物流业信息化、一体化。王同滨（2015）在研究牡丹江市粮食物流产业链时，认为粮食物流产业链是粮食生产加工和仓储运输、信息应用的过程。每个过程环环相扣，任何一环节薄弱都会制约牡丹江市的粮食运输。因此，发展粮食物流产业链的关键就是增强各个环节的协调发展。金汤等（2011）认为在全球一体化背景下，物流产业链为了适合服务业和制造业产业链的发展需要，需要在企业规模、服务范围、运作模式、技术手段上进行产业升级，提供优质的物流服务。基于物流产业链所具有的功能作用，陈国红（2016）认为物流产业链在实际运作中一般具有以下特征：物流产业链之上各种服务方式相结合，即交通工具业、信息业、设备制造业、物流地产业、仓储业、装卸业等多个方面紧密结合在一起；物流产业链与服务对象相融合，即通过供应链管理与上家形成紧密的合作关系；物流产业链管理紧跟相关政策，政府部门所颁布的法律法规为物流产业的发展提供了环境，而在实际操作中相关法律法规为物流产业的发展指明了方向，进而促进物流产业的发展。徐金蝶（2017）研究了海外仓与物流产业链协同，指出协同是整合资源、提高物流服务水平和物流整体效率，可解决制约跨境电商海外仓发展的物流"瓶颈"问题，促进跨境电子商务海外市场的发展。物流产业链协同将各节点企业之间打通，实现节点之间的信息共享，实现资源的最大利用。海外仓企业应挑起协同作业的大梁，整合各种业态的物流企业，各种资源协同分配、互补短板、共谋发展、互利共赢，更好地带动海外仓业务与物流产业链业态的有效协同。在实现物流产业链协同的前提下，海外仓与其之间的协同发展应与本地的实际发展情况相结合；跨境电商企业、物流链各节点企业、海外仓的发展趋势相结合，实现优劣互补；同时需要直面行业痛点，结合行业问题开展协同作业。

还有一些国内外学者对粮食产业链进行了研究，John·F.Frittelli(2005)提出关于在粮食运输方面尤其涉及到粮食物流基础设施建设方面的投入，应由政府部门给予更大的支持，认为公路运输更适合一些粮食散户等国内对粮食短途运输；海运和铁路等运输方式更能满足运量大、距离远的粮食运输。Amit Sachan，B.S.Sahay，Dinesh Sharma(2005)以系统动力学(SD)方法为基础创建粮食供应链总成本模型，并通过采取系统动力学方式研究了印度粮食供给链本钱，进而进一步认识并预测在差异情况下不同的粮食供应链模式的未来结果，为减少粮食供给链本钱提出一定的解决措施。James Nolan 和 Jason Skotheim(2010)在对加拿大粮食物流研究后，认为粮食运输在粮食物流中对于加快粮食物流建设、提高粮食物流效率具有重要的作用，并在文在提到建议该地区的粮食搬运和运输系统的调节以及在粮食法律方面需要进行一定的调整，以保障粮食物流能够更有效的运转。

目前，我国许多专家学者在粮食物流产业方面进行了一系列专题调研和相关著作发表，让人民对粮食物流产业的概念和内涵有了更直接、更深刻的认识和了解。韦恒、李友华(2003)在对黑龙江省粮食物流的各个因素全面认识和分析的基础上，指出了黑龙江省在粮食物流环节中的不足之处：粮食市场的调节能力不足，粮食物流缺乏合理规程，粮食的基础设施不足和流通效率普遍不高，进而提出了相应的解决办法和措施：加强粮食物流调控能力，对粮食企业尤其是国有粮食企业进行改革，发展粮食物流各个环节的重要力量，形成壮大粮食物流力量，加强粮食物流各个环节的衔接力度，形成黑龙江省粮食物流特有的物流体系。孙宏岭、阮承建(2007)指出粮食物流应重点加强粮食物流产业链中管理力度，构建成多元化、多样化等形式多样的的粮食物流销售模型，形成综合成本最小化的运行模式。贾晓航、丛黎亮、万静(2007)指出了粮食仓储信息系统的重要作用和意义，并对如何建立现代粮食仓储信息系统提出了一些想法和意见。平海(2007)阐述了我国的粮食物流体系现状，指出实现粮食物流业发展必须解决管理体制问题，并应加强政策引导，促进粮食物流产业发展。刘佳明(2013)认为粮食物流现代化是关系到政治稳定、社会和谐和建设社会主义新农村的大事，认为我国发展粮食现代物流对于提高耕地产出效益、降低物流成本、优化资源配置具有十分重要的意义。孙丹、邓帷航(2014)阐述了黑龙江现代物流的研究还处于起步阶段，粮食物流发展的研究更是薄弱，研究成果较少而且较为分散。其文章在一定程度上可以丰富现代粮食物流的理论，深化对知识经济时代粮食物流模式的认识，对现有的粮食物流进行分析，查出其优势和不足，以动态的观点指出粮食物流模式的发展变化规律和趋势。这些研究成果既可以为粮食物流研究提供新的参考，又可以对从业粮食物流的人员有一定的指导意义。

综合我国现有的农产品物流产业链的研究，其代表性的观点有：叶宗云（2010）认为在推动我国农产品物流发展过程中，应当率先优化农产品的物流管理组织机构，建立适合我国的农产品流通组织。邵燕华（2007）认为应采用先进的冷链物流技术，提高生鲜农产品的物流效率。张宝文（2007）提出加快我国第三方物流的发展，综合发挥各物流模式的优势，加快二级批发市场建设。张京卫（2008）认为应借鉴美国农业发展形成的一套相对完善的物流体系，提高我国物流组织化程度和建立市场规范。张东芳（2008）认为，相比于美国的物流体系，日本在各方面条件与我国更加相似，可以参照日本农产品的物流模式，对照我国进行改革。秦颐等（2008）指出我国农产品物流模式供应链过长，是交易成本过高、运输损耗严重的根本原因之一。张静（2005）和邱明静等（2011）均认为以第三方物流系统为中心的物流运行模式是我国农产品流通的未来发展方向。申翔浩等（2010）针对现有的物流系统模式通过构建模型，进行物流效率评价，获得了较好的收敛结果。陈文莉（2015）指出供应链中资本的投入对于物流整体效率的提升具有明显的效果。张洪坤（2015）指出农产品物流供应链不能单单解决物流系统中存在的问题，需要依靠整体的协同作用才能从根本上提高农产品物流总效率。我国学者针对农产品物流的研究普遍认为：我国农产品物流链条过长，农产品流通组织作用发挥不明显，使我国农产品流通成本过高。

综上所述，目前关于物流产业链的研究主要集中在宏观层面或中观层面。已有的研究主要是为了实现物流业的高效、结构的优化升级；关注如何发挥物流产业链的规模经济效应；论证物流产业链的节点间的经济联系和每一个环节的重要性。目前，物流产业链的研究缺乏深入描述微观机制和应用数据进行的实证分析。

第 3 章

物流产业链的现状及问题

3.1 物流产业的发展历程：从单环节到全链条

物流产业是新产业，仅有 20 多年的历史。20 世纪 80 年代以来，随着经济全球化的持续发展、科学技术水平的不断提高以及专业化分工的进一步深化，在美国、欧洲一些发达国家开始了一场对物流各种功能、要素进行整合的"物流革命"，物流活动由此开始走向系统化、专业化，并由独立的经济组织承担的新型经济活动，出现了专门从事物流服务活动的"第三方物流"企业。进入 90 年代，各种专业化的物流服务企业在欧美发达国家大量涌现并呈现出快速的发展趋势，由此形成了物流产业，并成为发达国家服务业中的一个重要组成部分。任何产业的发展都将经历产生、发展到衰弱的过程，而这一过程实际上包括产业内部市场主体的成长过程以及市场的连接方式。物流产业也不例外，这是不以人的意志为转移的客观规律，我国的物流业的发展也必将遵循这一规律，它不可能脱离现状而发展，更不可能超越现状而凭空发展。

国际上，物流产业从生产到发展经历了一个比较长的过程，以日本为例，自从 50 年代以来，日本的物流行业经历了六个发展阶段：第一阶段：物流前期。物流按不同的功能和不同的场所互不联系地分别运行，这一阶段按生产和销售部门的要求进行保管和运输。第二阶段：个别管理期。物流成本意识的出现期。这一时期只有保管部门或发货部门在努力地降低成本。第三阶段：综合管理期。作为一项独立业务开始建立物流管理部门，采取措施综合解决各种物流功能的优化组合问题。第四阶段：扩大领域时期。对于生产部门来讲，企业在产品设计阶段就已经考虑物流的问题了，如统一包装规格等方面。对于销售部门来讲,则在接受订货的计划性、订货的数量单位及交货期限等方面提出要求。这一阶段,企业将物流作为"第三利润"来源。第五阶段:整体体制时期。物流进入小批量、多品种发货的新时代。第六阶段:生产、销售、物流一体化时期。建立以物流信息为核心的一体化系统。在物流的整个价值链中完全依赖电子技术、网络技术,已经形成低物流成本向客户提供优质物流服务的机制,实现速度、安全、可靠和低费用的原则。

我国物流产业处于物流产业发展的第二阶段与第三阶段之间,这主要基于以下3个方面的判断:(1)占我国国民经济主体的国有企业继续延续着传统经济体制下的"大而全""小而全"的经营模式。产、供、销一体化,仓储、运输一条龙是目前我国国有企业的主要物流运行方式,并且这种运行方式在短期内难以改变,这主要是因为产权处理上不仅存在着技术性的壁垒,如产权的界定,人员的处置,技术的改造等,而且存在着体制方面的壁垒,如国家对流通性企业的股权规定,国有企业本身经营困难而不愿意放弃这些业务等;(2)尽管存在着物流的管理部门,但这种管理不是综合性的管理,而是行业性的管理。商业、铁路、航运等部门各自为政,使物流行业的各个部门难以协调发展,使全社会难以形成综合性的物流服务,其后果是重复建设、功能单一和使用率低下;(3)以"契约"为基本特征的物流业发展所必须的信用条件在我国还没有真正建立起来。物流企业之间的联结方式可以有3种不同的供给制度安排:永久性契约、一系列的短期契约和纵向一体化。不论哪一类契约关系,其形成的两难困境是:为了防止独立的各方当事人从对自己有利的角度来解释契约的模糊之处,就必须对各种意外的供给关系作出详尽无遗的规定。否则,各种分歧就只能通过无休止的争论、乃至最终诉讼才能解决。即使假定详尽无遗的规定是可行的话,它的代价也是昂贵的。契约的不完全有两个主要原因。"第一,不确定性意味着存在大量可能的偶然性因素,且要预先了解和明确针对所有这些可能性的反应,费用是非常高的。第二,考核具体的契约绩效,诸如一个雇员从事一项复杂工作的能力水平,费用可能也是非常高的。"这样,机会主义行为的存在可能会阻碍契约的实现,从而会迫使一方当事人进行纵向一体化。在目前我国的信用制度很不健全的条件下,"契约性"物流企业成长的土壤受到明显的制度瓶颈。正是物流发展中所处的阶段决定了我国物流的效率,也决定了我国物流发展的重点:打破单环节发展模式,注重各环节之间的整合,逐渐形成完整的全产业链发展。

物流过程是一个将企业采购、生产、制造、销售等功能有机地联系在一起的产业链中间环节,是现代产业转型升级及企业降本增效的"润滑剂""加速器"和"第三利润源泉"。物流产业贯穿一、二、三产业,衔接生产与消费,涉及领域广、发展潜力大、带动作用强,是连接产业链上、下游环节的关键节点,其发展程度决定了一个国家在全球价值链分工中的地位和作用。目前,国内大部分物流企业是从原来的储运业转型而来的,企业规模偏小,实力不强,业务主要停留在仓储、运输和城市配送等基本物流服务上,物流业与制造、分销、金融等产业融合不充分,多数物流企业运营方式单一,产业链价值增值的包装、加工、配货、定制服务等增值业务仍处于发展的完善阶段，尚不能形成完整的供应链物流体系，造成物流环节上的浪费，物流速度的降低和物流成本的上升。一方面，导致物流行业的整体利润水平偏低；另一方面，我国社会物流总费用也居高不下。总之，物流产业缺乏与制造业、分销、金融等产业链环节的充分融合已经成为我国制造业普遍产能过剩，竞争力不强的重要原因之一。在我国经济新常态下，物流企业纵向产业链融合发展，对于转变物流发展方式、调整物流产业结构、促进降本增效和产业转型升级具有重要意义。

物流业不仅仅成为我国重要的服务产业，而且成为引领其他产业发展的重要整合、创新力量，尤其是服务或运作模式创新推动物流向流通领域、生产领域的延伸，在实现供应链一体化管理，推动物流业与工业、流通业，乃至金融业的有效融合、创新的同时，使物流业走向了产业发展的前端，在当前的产业发展和运行模式创新中发挥了重要作用，在未来的产业转型和提升发展中，物流业也将扮演重要角色，奠定了物流业在国民经济中的重要地位。

伴随着现代通讯技术、智能技术和互联网经济的快速兴起，如何重塑物流产业的供应链，如何与其他产业联动发展、融合发展，如何通过资源融合、组织融合、服务融合、实现合作共赢迫在眉睫。我国有关部门从2007年起就开始提出物流业要与制造业、流通业实现联动融合，积极推动物流企业融入制造、流通企业的采购、生产、销售等环节，形成紧密联系的战略合作关系。产业联动融合是产业发展到一定阶段的产物，合作的重要基础就是物流竞争力。物流企业过硬的物流竞争力保证了联动融合的最终成功，制造和流通企业对物流竞争力的重视也推动了联动融合的快速发展。物流企业加快向产业链延伸服务，逐步向供应链一体化管理拓展，有效推动了上、下游产业的融合发展。

随着信息技术尤其是互联网在多个领域的应用，以及全球经济的深度推进，物流行业的发展经历着深刻的变革与重塑，同时也获得了越来越多的关注。现代物流已发展成为包括合同物流、快递及快运、货运代理、第四方物流以及跨国物流在内的庞大体系。据56街研究院的最新数据显示，截止2015年底，全球物流业市场规模已经超过9万亿美元，相比于2009年6.62万亿美元的规模增长35.95%。分国别来看，2015年，中国物流业市场规模达1.71万亿美元，占全球的19.05%，位居世界第一，排名第二的为美国。随着各国经济的复苏，全球物流业仍将快速发展，预计年复合增长率为6.69%。自2015年起，物流行业发展呈现出三大明显的特征：(1)传统物流快递企业转型升级或产业链延伸；(2)物流互联网平台型企业颠覆式、创新发展；(3)更多物流衍生型服务企业应运而生。

3.1.1 制造业环节

从80年代开始，为了提高物流效率，降低成本，越来越多的企业主动进行物流系统的改善。美国田纳西大学的物流学教授John Iangley于1997年对制造业的调查报告显示，五大产业已经普遍使用第三方物流服务，计算机产业、消费制造业使用第三方物流比例分别高达83.3%、87.5%。对于制造业而言,第三方物流公司为制造业提供专业优质的物流服务,可以在采购配送、生产加工、销售配送多个环节上提高制造业供应链效率,帮助企业降低成本。

我们认为高端制造业对于提效降本的需求更强烈:一方面,产品结构逐渐复杂、零部件品类更多,所涉及到的上、下游生产商、供应商、批发商也随之增多,需要利用第三方物流实现物流规模效益;另一方面,从市场需求来看,计算机及电子类产品更新换代比传统工业品更快,消费者更愿意追求新兴潮流的产品,这就要求企业加快供应链反应速度,提高存货周转率,并且可以达到降低成本的目的。

早在80年代,中国就从日本引入了物流业,但是国内企业当时还缺乏对现代物流的认识,缺乏"现代物流能够提高效率、降低成本"的认知。同时,巨大的廉价劳动力优势使企业对于物流成本还不敏感,物流水平低在当时还不会导致竞争劣势,这些因素都导致企业在使用物流外包服务时一直比较保守、意愿不高。这种环境下,80年代的中国制造业企业多数选择了自建传统的物流仓储设施(也就是我们平时俗称的"仓库")。

进入21世纪后,中国制造业生产商品的档次和附加值不断提高,从以前的纺织品、玩具、鞋服等低附加值产品,向手机、电脑、装备制造等高附加值产品转型升级。高端制造业因其自身资金密集、产品结构复杂等特征,过高的库存或者太慢的存货周转,都会对其资金链造成压力,因而存在对物流服务强烈的需求。专业的第三方物流所提供的物流服务,可以帮助高端制造业策划实施物流管理,提高企业存货周转率,降低库存水平。我们认为,在中国第三方物流业的发展不断深入、"物流"概念逐渐为企业接受的趋势下,未来高端制造业企业也会转向使用第三方物流服务,从而推动市场对物流设施的需求。

3.1.2 物流地产环节

上世纪80年代以来,物流地产作为整个物流供应链中的周转物流环节,也由此迎来了快速发展,成为地产行业细分领域的蓝海市场。物流地产,属于工业地产范畴,泛指经营专业现代化物流设施的载体,是出于房地产开发企业对利润的追求,根据物流企业客户需要,选择一个合适的地点,投资和建设企业业务发展所需的现代物流设施。相较于大家熟知的住宅、办公楼和商业地产而言,物流地产行业交易频率更低。物流地产是由美国的普洛斯公司(GLP)率先提出并实践的,开始于上世纪80年代,至今为止已有30多年的历史,物流地产发达的国家以欧洲和美国为主。物流地产大致涵盖了物流园区、物流仓库、配送中心、分拨中心等物流业务的不动产载体。数据显示,美国人均拥有的商业面积只有2平米,但是人均拥有的仓储面积达到了5平米以上。而中国现在的人均仓储面积只有0.4平米,不到美国的1/10。市场日益向B2C模式(企业对消费者)发展,这将产生对物流配送中心的巨大需求。物流地产将成为物流产业链中的一个重要环节。

3.1.3 第三方物流

随着物流热的兴起,第三方物流得到长足的发展,既有量的增加,也涌现出许多物流企业。尽管第三方供应链物流开始晚,但随着市场的发展,随着物流行业的发展,到2015年,我国市场已经有7000亿元的规模,并且物流行业增长率达到了20%。第三方物流对企业物流成本的降低起到了不可忽视的作用。据统计,第三方物流为企业物流成本节约了12%左右,同时,对物流企业的存货总量也减少了10%。可以看出,随着第三方物流的迅速发展,其优势已经开始逐渐体现。但从整体上看,企业规模不大,服务水平不高,第三方物流还只停留在某一个层面或某一个环节上,没有实现从原材料供给到商品销售整个供应链的全程服务,还没有形成真正意义上的网络服务。根据中国物流行业协会调查,在国内,有80万家机构和企业与物流有关,到2014年年初,我国A级物流企业达到2679家,但是其中高水平的第三方物流企业仅仅占据了110家,这对于我国庞大的物流行业而言所占比例远远小于其他国家。通过对我国第三方物流供应商进行研究和分析,在企业初期阶段,企业利润较低,企业不集中,仅设置了基础的物流服务,且仓储设施不先进,这样一来,成本很高,使行业更加"小、散、乱"。但随着我国物流产业结构化,第三方物流企业正逐渐规模化、专业化,目前,我国第三方物流已经进入了整合阶段。

3.1.4 零售及电商环节

80年代后,零售业竞争加强,行业集中度不断提升,进一步带动了对高标仓储的需求。这是由于:一方面,大型连锁零售商广泛的网络化布局、商品种类的愈加繁多,使连锁零售企业寻求物流规模化,降低物流成本的诉求强烈;另一方面,高标仓储配合自动化、智能化硬件设施,可以实现多个连锁店的库存信息实时共享,进而提升货物周转效率、缩短存货在库时间。

电商兴起于20世纪90年代,进入21世纪开始快速发展。2016年全球范围内,电商尽管仅占整体零售额的8.6%,但整个行业已经居于相当的规模,2015年全球电商销售额已经超过1.5万亿美元。作为电子商务起源最早和目前较为成熟的国家,美国市场上的电商销售额持续保持着快速的上涨趋势,过去5年美国电商销售额平均每年的增长速度为15.35%,在线零售占整体零售额的比重也持续增加,2015年达到10.6%,相比2011年约提高了4个百分点。

3.1.5 物流金融环节

物流金融是基于金融服务于实体经济的创新型融资模式,满足了金融机构、物流企业、中小企业的共同需求,备受各界期待。我国物流企业呈现出的特点是多、散、差、弱,导致融资难和融资贵的问题日益凸出，阻碍着物流行业的转型升级。在此背景下，物流金融获得前所未有的关注。所谓物流金融，一般是指第三方物流提供商在供应链业务活动中，运用金融工具有效地组织和调剂物流领域中货币资金流动，使物流产生价值增值的融资活动。根据业务内容分类，物流金融分为物流结算金融、物流仓单金融、物流授信金融；根据金融模式分类，物流金融分为动产质押融资模式、融通仓业务、应收账款质押模式和国内保理业务。我国物流金融业起步较晚，各主体的参与状况呈现两极分化的状态。在物流企业上，国有大型控股物流企业较早参与了物流金融，而民营中小型物流企业参与度低；在银行方面，股份制商业银行布局更早、创新形式更多，而国有银行才逐步开展。从各主体的参与状况可知，我国物流金融业务存在不少问题。据前瞻产业研究院发布的《2017—2022年中国物流金融市场前瞻与投资战略规划分析报告》分析，我国物流金融主要存在四个方面的问题。第一，银行对中小企业的支持力度不足。在质押物选择上，银行通常只接受价值相对稳定、流动性强的大宗商品，而中小企业的存货主要是原材料、半成品等，因而难以获得融资。第二，物流金融运营混乱。由于未形成统一的经营管理规范和标准，且缺乏系统的风险规避和突发事件应急机制，物流金融业务的运营比较混乱。第三，物流企业的服务水平低下。物流金融业务要得以顺利开展，与物流企业自身服务水平有很大关系。然而，国内很少企业能满足标准仓单质押业务要求，且存在货物存放不分区、出入库随意等问题。第四，物流金融业务发展不均衡。在东部沿海地区，物流金融业务发达，而在西部地区，物流金融业务尚处于起步阶段。

物流产业具有明显的外部经济性，说明物流产业的发展问题并不仅仅是靠物流产业本身就能解决，更不是靠某些企业的成长来发展物流产业，或者是引进国外技术就能解决问题，它需要对旧体制下产生的运行方式彻底地改造，制度的重新整合要先于物流产业的发展，只有先解决物流的外部性经济问题，同时结合其他产业的并行发展，优势互补，物流产业才能真正发展起来。

3.2 物流产业链发展的现状分析

近三年来，虽然深化改革带来了社会经济下滑，我国物流产业发展仍然取得了稳定增长。虽然2015年社会物流总额的增幅同比下降，但是仍然维持了5.8%的增速。2016年我国社会物流总额的增速开始起稳步回升。

3.2.1 中国物流产业发展的现状

相对于发达国家的物流产业而言，中国的物流产业尚处于起步阶段，其发展的主要特征是：

1. 企业物流仍是重点，专业化物流服务需求已初露端倪

近年来，随着买方市场的形成，企业对物流领域中存在的"第三利润源泉"开始有了比较深刻的认识，优化企业内部物流管理，降低物流成本成为目前多数国内企业最为强烈的愿望和要求，并成为当前全社会物流活动的重点。与此同时，专业化的物流服务需求已经出现且发展势头极为迅速。其中在中国从事生产、销售及采购活动的跨国公司和国内优势企业对专业化物流服务的需求发展迅速，成为带动我国物流产业发展的一个十分重要的市场基础。此外一些新兴的经济领域，如私营企业、快递服务行业以及电子商务领域等，也产生和存在着一定规模的物流服务需求。

2. 专业化的物流企业开始涌现，多样化的物流服务有了一定程度的发展

近年来，我国经济中出现的许多物流企业，主要由三部分构成。一是国际物流企业，如丹麦有利物流公司等。这些国际物流公司一方面为其原有的客户——跨国公司进入中国市场提供延伸物流服务，另一方面，针对中国市场正在生成和发展的专业化物流服务需求提供服务。二是由传统运输、储运及批发贸易企业转变形成的物流企业，它们依托原有的物流业务基础和在客户、设施、经营网络等方面的优势，通过不断拓展和延伸其物流服务，逐步向现代物流企业转化。例如，中外运集团等。三是新兴的专业化物流企业，如广州的宝供物流公司、北京的华运通物流公司等。这些企业依靠灵活的竞争策略和对专业化物流的认识，在市场竞争中发展较快，成为我国物流产业发展中一股不容忽视的力量。

在物流企业不断涌现并快速发展的同时，多样化的物流服务形式也有了一定程度的发展。一方面围绕货运代理、商业配送、多式联运、社会化储运服务、流通加工等物流职能和环节的专业化物流服务发展比较迅速，另一方面是正在起步的系统化物流服务或全程物流服务，即由物流企业为生产、流通企业提供从物流方案设计到全程物流的组织与实施的物流服务。

3. 物流基础设施和装备发展初具规模

经过多年的发展，目前我国已经在交通运输、仓储设施、信息通讯、货物包装与搬运等物流基础设施和装备方面取得了长足的发展，为物流产业的发展奠定了必要的物质基础。在储运设施方面，我国目前已经建成了由铁路运输、公路运输、水路运输、航空运输和管道运输五个部分组成的综合运输体系，在运输线路和场站建设方面以及运输车辆及装备方面都有较大的发展。在仓储设施方面，除运输部门的货运枢纽和场站等仓储设施外，我国商业、物资、外贸、粮食、军队等行业中的仓储设施相对集中，近年来发展比较迅速，年投资规模出现了快速的增长趋势。

在信息通讯方面，目前我国已拥有电信网络干线光缆超过30万公里，并基本形成了以光缆为主体，以数字微波和卫星通讯为辅助手段的大容量数字干线传输网络，其覆盖范围包括全国地市以上城市和90%的县级市及大部分乡镇，并与世界主要国际信息网络连通。

此外，EDI、ERP、MRP、GPS等一些围绕物流信息交流、管理和控制的技术也得到了广泛的应用，在一定程度上提高了我国物流信息管理水平，促进物流效率的提高。在包装与搬运设施方面，现代包装技术和货物搬运技术在我国已有广泛的应用，在一定程度上改善了我国物流活动中的货物运输的散乱状况和传统的手工搬运方式，并且带动了包装、搬运等机械设备制造业的发展。

4. 物流产业的发展引起各级政府的高度重视

目前深圳、北京、天津、上海、广州、山东等地政府极为重视本地区物流产业的发展，并已开始着手研究和制定地区物流发展的规划和有关促进政策。其中，深圳市已明确将物流产业作为支持深圳市21世纪经济发展的三大支柱产业之一，并初步制定了物流产业发展的策略；北京市就物流产业发展所需要的物流设施系统进行了比较全面的研究和规划；天津市也根据其城市功能定位和物流经济发展的需要正在积极研究制定天津现代物流发展的纲要。中央政府有关部门，如国家经贸委、国家计委、交通部、外经贸部等，也从不同角度关注着我国物流产业的发展，并积极地研究促进物流产业发展的有关政策。

3.2.2 中国物流产业链的发展趋势

1. 物流产业的发展将成为21世纪中国经济发展的一个重要的产业部门和新的经济增长点

物流产业发展的历史和国际经验表明，物流产业作为新兴的服务部门，已经进入全面的快速发展阶段。相比较而言，中国的物流产业仍然处于起步阶段，但在一些领域和地区已经表现出快速发展的趋势和潜力。

从物流需求情况来看，发展迅速的领域主要集中在：一是以三资企业、私营企业等非国有经济为服务对象，"第三方物流"将继续呈现快速发展的势头；二是一些优势国有企业在优化内部物流管理的基础上，逐步产生和发展的物流服务需求；三是以消费者为对象的物流服务，如商品快运服务、配送服务等也有快速的发展。

从专业物流企业的发展来看，一是随着中国加入WTO，我国在公路货运、商品分销、仓储设施等领域的开放，将有更多的外资物流企业进入中国；二是民营企业、多元化股权结构的新兴物流企业发展迅速，这类企业的优势在于经营观念、机制、管理方式能够适应市场快速发展的要求，将成为中国物流产业发展进程中最为活跃的部分；三是部分传统工业运输、仓储、批发企业，在其原有业务领域的基础上，通过向物流服务领域延伸，成为物流产业中强有力的竞争者。

从物流的区域市场发展来看，经济发展迅速和比较活跃的地区，物流产业发展将快于其他地区，特别是沿海开放城市、重要的枢纽城市和中心城市等将成为区域物流市场快速发展的主要基地。

2. 中国物流产业的发展将从整体上改善国民经济的运行效率，直接提高全社会的经济效益

与欧美的发达国家相比，我国物流总成本约相当于 GDP 的 16.7%。这说明，目前中国经济运行的物流成本远高于欧美发达国家，物流领域的管理水平和效率还比较低，但同时也说明我国物流成本节约的空间还非常大。据世界银行估计，通过发展物流服务业，提高运输效率，加快商品周转与减少资金占用及其利息支出，可以在相当程度上提高全社会的物流效率，降低物流成本。在"十五"期间，如果中国物流成本占 GDP 的比例降低到 15%，每年将为全社会直接节省约 2400 亿元的物流成本，并为企业和社会带来极为可观的经济效益。1998 年以来，山东等地开始了以优化企业物流管理为切入点的试点工作，通过整合物流资源、完善产品配送服务系统、采用第三方物流服务等，使一批优势企业取得了降低物流成本、减少资金占用，降低库存水平等方面的显著成效。

3. 物流产业的发展将促进国民经济各产业部门的健康发展

首先，促进制造业降低产品成本，调整传统的"大而全、小而全"的经营组织形式，有助于提高制造业企业的核心竞争力。其次，物流产业的发展能够促进新型商业企业和业态形式的发展。第三，物流产业能够促进运输服务方式的创新和传统运输企业的发展。这主要表现在：一是物流服务将促进我国新型运输服务方式的发展，特别是多式联运的快速发展；二是专业化物流服务的发展将改变运输企业以运力为中心的经营观念，进而促进运输企业经营方式的改变；三是促进运输企业大力引入现代化管理手段和技术手段，通过提高管理水平和技术水平，获得新的发展空间。最后，物流产业的发展还会带动和促进许多相关领域的发展，如物流设备制造行业、以互联网技术为基础的电子商务的发展等。

4. 中国物流产业的发展对提高我国的国际竞争能力有极其重要的影响

一方面，发达的物流产业和基础设施有助于改善投资环境，吸引更多的外国企业和国际资本进入中国市场。另一方面，也是最为重要的方面是，在中国经济融入世界经济一体化进程加快的背景下，无论是在国际市场还是在国内市场，我国企业都面临着巨大的、全方位的国际竞争压力。加快中国物流产业的发展已经不仅仅是强化物流领域的竞争能力问题，更重要的是，为所有的中国企业和整个国民经济创造一个高效的物流环境，提供高水平的物流服务，从整体上提高中国企业和中国经济的竞争能力，这对促进中国经济发展有十分重要的现实意义。

作为复合型的服务类产业，物流业完美地将仓储业、运输业、加工配送业等多产业进行融合，是在国民经济发展战略中的一种新型基础类产业。中国的物流行业属于现代服务业，在经济新常态下，供给侧结构性改革对我国物流业提出更高的要求。从企业生产成本来说，每百元主营业务生产成本是 85.97 元，其中 30% 是物流成本，而发达国家只占 10%—15%。物流行业在供给侧改革方面，特别是在降低成本上，有很大潜力。在全面建

设小康的过程中,中国的物流行业是最有发展潜力的重要行业。物流供给侧改革已经不是经济改革的"可选项",而是促进整体经济平稳发展的"必选项"。作为连接供给和需求的纽带,不管是传统行业的"互联网+"转型,还是电商化、O2O化浪潮,背后都需要一个强大的物流系统为支撑。物流业供给侧改革将很有可能成为国家综合供给侧改革战略意义上的突破口和先行军。

3.3 物流产业链发展的问题分析

2016年全国社会物流总额为229.7万亿元,其中,工业品物流总额为214.0万亿元,农产品物流总额为3.6万亿元,再生资源物流总额为0.9万亿元,单位与居民物品物流总额为0.7万亿元。2016年物流业总收入为7.9万亿元,社会物流总费用与GDP的比率为14.9%。不过,物流成本虽然一直在下降,但我国社会物流总费用与GDP的比率不仅比美、日、德等发达国家高出一倍左右,且高于全球平均水平以及印度、巴西等其他金砖国家。2016年1—11月不同类型物流企业利润涨跌不一。其中,综合型物流企业物流业务利润同比上升143.3%;运输型物流企业物流业务利润同比上升8.8%;仓储型物流企业物流业务利润同比下降16.3%。显示出综合性物流服务日益成为物流企业发展的重要方向。目前,我国物流产业链呈现出以下特点:

3.3.1 物流产业链发展不均衡

我国制造业规模大,实力强,终端零售批发企业的规模也很大,最接近终端消费者,掌控着市场,处于中间的物流企业实力相对较弱,物流企业是国家的基础产业,在如今的市场格局中,规模化仍旧是企业地位的象征。如今想整合物流行业的企业越来越多,也越来越浮躁,都想一步到位走捷径,所以,依然摆脱不了多、小、散、弱的现状。"小、散"并非致命弱点,而"弱"的确是物流企业经营困难的核心原因,在国外,小、散并非导致弱,而在国内很多因素会导致大家低价恶性竞争,自身没有核心竞争力让小散和弱划了等号,而且推波助澜,愈演愈烈。制造业前十强的营业收入总和是物流业的10.16倍,零售业前十强的营业收入总和是物流前十强的5.93倍;制造业第一、零售业第一和物流业第一的差距分别是14.83∶1和11.35∶1。这一现象使我国在物流产业链环节中更为注重加工、销售,很难形成一条完整的产业链。另外,物流产业链的地域发展也不均衡,我国东部地区的物流产业链发展较为先进,而西北部地区的较为落后,表现为物流基础设施和规模大的企业多集中于东部沿海地区。据统计,我国物流基础设施有54%分布在东部、有30%分布在中部,有16%分布在西部,呈现明显的梯级递减模式。物流基础设施"鸿沟"已经成为制约中西部物流产业快速发展的瓶颈。另外,我国城市物流与农村物流发展严重失衡,农产品物流与农资物流发展滞后,城乡物流的"二元鸿沟"现象显著。

表3-1 制造、物流、零售业前10强的营业收入对比

制造业前10强	营业收入(万元)	物流业前10强	营业收入(万元)	零售业10强	营业收入(万元)	对比
中国石油化工	184977795	中国远洋	12471555	天猫	141500000	14.83:1:11.35
上海汽车	67044822	中国海运	7906602	京东	93920000	8.48:1:11.88
东风汽车	52045396	中国外运长航	7531999	大商集团	23525202	6.91:1:3.12
中国兵器装备	44041718	厦门象屿	5992331	国美电器	18243000	7.35:1:3.04
华为技术	39500900	河北物流产业	5501006	苏宁云商	17350000	7.18:1:3.15
中国一汽	39499035	顺丰速运	4810000	华润万家	10349462	8.21:1:2.15
中国兵器工	38725293	中铁物资	3596298	康成投资	932900	10.77:1:2.59
中国航空	37862420	天津港	3503500	沃尔玛(中国)	7669751	10.81:1:2.19
北京汽车	34522067	山东物流	2643449	联华超市	5978485	13.06:1:2.26
山东魏桥	33323772	河南能源国龙物流	2312648	唯品会	5659000	14.41:1:2.45

3.3.2 物流产业链各环节衔接不紧密

物流业发展滞后制约了制造业的发展。我国的物流业发展滞后,不能促进制造业的发展,而且成为制约制造业发展的"瓶颈"。目前,我国大型制造企业还是以国有经济为主导,由于规模大并受传统计划经济影响大,物流外包所占的比重较小。而物流业作为一个新兴的产业,发展以民营经济为主,规模还相对较小,双方难以提升到同一层面进行合作。更为重要的是,我国的运输、物资流通、信息、服务等功能未按照现代物流的规律和要求进行组织和管理,主体数量过多,规模过小,缺乏合理的专业分工,内在质量和运作水平亟待提高。物流服务业的发展滞后不能满足制造业对物流服务的需求,无法给制造业的发展和产业结构的升级提供优质的服务和强有力的支撑。目前,很多制造业很少依赖物流企

业,一方面是由于物流企业服务水平跟不上,另一方面是担心核心运营信息外泄。这种格局造成物流企业缺少发展和锻炼、提高自己能力的平台,在一定程度上使物流企业的发展受到制约。制造业与物流业不能联动发展,便不能形成相互促进、共同进步的良好局面,从物流资源整合和一体化角度来看,物流产业重组、并购不再仅仅局限于企业层面上,而是转移到相互联系、分工协作的整个产业链条上,经过服务功能、行业资源及市场的一系列重新整合,形成以利益供应链管理为核心的、社会化的物流系统;从物流市场竞争角度看,随着全球贸易的发展,发达国家一些大型物流企业跨越国境展开连横合纵式的并购,大力拓展物流市场,争取更大的市场份额。物流行业已经从企业内部的竞争拓展为全球供应链之间的竞争;从物流技术角度看,信息技术把单个物流企业连成一个网络,形成一个环环相扣的供应链,使多个企业能在一个整体的管理下实现协作经营和协调运作。很多制造企业对外包认识不到位,不少企业搞"大而全""小而全",产供销一体化,仓储运输一条龙,物流过程费用大、浪费惊人,不仅造成制造业的低效率,也严重制约了物流业的发展。2015年工业、批发和零售业企业对外支付的物流成本占企业物流成本的65.4%。

3.3.3 物流产业链短、窄、薄

我国物流产业链条较为短小,生产、加工、销售前向延伸不够。我国物流产业链的横向拓宽不够,缺乏物流地产、物流金融等产业的延伸,使整个产业链看起来较为狭窄。金融、结算、保险、通信、信息技术等行业同样处于高度垄断、低质低效的发展阶段,因而在物流领域推广电子商务是很困难的。我国物流产业链的适应能力差,组织化程度低,导致产业链较为脆弱。并且我国物流业起步晚、门槛低,行业小微型企业占比高,大多数企业集中在中、低端市场,同质化竞争现象严重。物流服务附加值低、增值服务少,难以满足市场日趋增长的一体化、网络化、定制化的高端服务需求。随着技术、商业、政策等综合环境的变化,用户的需求更趋多元化、随机化、碎片化和这种传统的痛点加速了延伸与转移,物流企业的服务则需要更加前移,移动到客户的需求端,移动到客户的消费端。以期望整合商流,间接转移痛点,挖掘机会,物流仍旧需要重新定位,重新思考,重新组合,随着个性化、定制化、碎片化进行全面渗透。整合零散分布的物流管理功能,向供应链上下游方向延伸扩展,提供包括采购、制造、流通、售后及逆向物流在内的一体化服务使其成为物流企业的盈利增长点。

3.3.4 物流领域资源浪费情况严重

据统计,目前我国商品周转率只有发达国家的30%,每平方米库存的商品量只及发达国家的25%,配送差错率为发达国家的3倍。每年因包装造成的损失约为150亿元,因装卸、运输造成的损失约为500亿元,因保管不善造成的损失在30亿元左右。仓库过剩量达

到40%，公路货运因缺乏合理的物流组织，空驶率多年来保持在50%左右。物流活动的诸多环节不可避免地对环境造成危害。

污染浪费现象出现在物流行业的各个环节。在运输环节，不合理的运输安排不仅增加了道路需求面积，同时会产生了大量能耗和废气污染。在仓储环节，保管不当会造成货品损坏浪费，同时会对周边环境产生污染。在包装配送环节，易产生过分包装、废弃物难处理等问题。细化到数据，污染与浪费情况更为严峻。去年10月，国家邮政局指导的快递最后一公里峰会上，北京印刷学院校长助理周忠发布了2016年中国快递领域绿色包装发展现状及趋势报告，相关统计数字更是触目惊心。报告指出，2016年来我国快递包装量增长非常快，其中快递运单有207亿枚，塑料袋有82.68亿个，胶带有169.85亿米，相对于2015年而言，7类快递包装中有6类同比增长超过了45%。全国人大代表、山东华泰纸业股份有限公司董事长李建华介绍，现在由快递包裹产生的包装废弃物达到了百万吨级，但回收率却不足10%。

3.3.5 物流产业链的政府扶持不够

主要表现在物流交易系统分内贸外贸，运输行业分属数个部、委、局机关，流通受地方保护主义限制，各行业、各地区用尽了一切办法进行物流垄断和不正当竞争。重复布点、重复投资带来的浪费严重，而市场垄断又带来物流服务严重的低质量和低效益。政府对于物流产业链的监管部门众多，但权责不清，法律法规也不健全，导致我国物流产业链的发展战略较为混乱，企业的信息搜集费用随之提升，大大增加了企业交易成本，使企业无法很好地发挥产业链管理的正面作用。

我国社会物流运行效率低下。社会物流总费用与GDP的比率和单位GDP对社会物流需求的系数是衡量物流业在国民经济中运行效率的主要指标，社会物流总费用所占的比率越低，说明经济运行效率越高。2011年社会物流总费用与GDP的比率为16.8%，同比下降了1.5个百分点，物流费用成本呈下降趋势有效地促进了经济运行质量的提高。而同在2010年，美国物流成本仅占GDP的8.3%。2015年我国社会物流总费用为10.8万亿元，比2014年增长了2.8%，占GDP的比率达到16.0%。物流成本占生产成本的比例达到30%—40%，远高于同期西方发达国家的10%—15%，导致生产制造企业的利润很大程度上被物流蚕食，直接影响了上游生产制造业的国际竞争力。说明我国运输费用在社会总物流费用中占据了主要部分，并且社会运行中的物流总成本比较稳定，起伏不大，但一直维持在比较高的水平。因此降低物流成本、推进流通体制改革，对于上游作为生产制造业的供应商来说迫在眉睫。不同的省市都提出过相应的解决政策：山西大幅降低高速公路的通行费用，所有货车对通行费用都有12%的折扣；如果使用ETC卡结算，还可以享受额外8%的折扣优惠。贵州提出，采取综合措施，降低全省社会物流总费用占生产总值的比重。

四川提出,通过两种措施降低物流运输成本:对物流运输企业收取的通行费用进行补贴;整顿安检费、码头闸口费等费用的使用。广西提出,既对使用储值卡结算的运输企业实施优惠补贴,同时也减少对通行费用的收取。

总体来讲,我国物流业市场结构不合理。物流产业的机械自动化水平低,目前还处于初级阶段。消费品对物流需求虽然高涨,但是需求结构单一、供给能力欠缺的问题根深蒂固。企业物流运作模式粗放,规模小的物流运输、仓储企业,恶性竞争导致无法发挥物流业自身特有的规模经济效应。随着互联网技术的应用,物流业开始不仅仅关注物流产业的成本,更加关注产业链的价值:物流信息与供应商、生产商、经销商信息共享与协同,物流系统与生产、采购、营销融合,形成以供应链为纵向、协作链为横向的集合。供应商与经销商的关系,通过采购与营销过程中物流信息的传递、反馈得到加强,实现双向、公平的高度协同,实现共赢。

在日益激烈的全球竞争环境下,企业间的竞争已突破了地域的限制,竞争的中心逐步转移为物流服务的竞争。物流服务是物流企业占领物流市场、提升竞争力的关键因素,是物流企业获得利润的源泉。从国际上来看,现代物流服务经历了顾客自我服务(第一方物流服务)、供应商提供物流服务(第二方物流服务)、第三方物流服务、第四方物流服务等模式。现代物流不能单纯地考虑从生产者到消费者的货物配送问题,还需考虑从供应商到生产者对原材料的采购,以及生产者本身在产品制造过程中的运输、保管和信息等各个方面,全面地综合效率的问题。因此,现代物流是以满足消费者的需求为目标,从全产业链出发,把制造、运输、销售等市场情况统一起来考虑的一种战略措施,重在打造物流生态圈。

3.4 物流产业链发展的原因分析

物流业是全社会的服务行业,涉及国民经济的所有产业,需要统一规划,制订具体的发展目标,分部门组织实施,使物流行业的各个部门协调发展。但是,由于体制没有理清,各部门之间的分工又有交叉,造成了物流行业管理中存在的条块分割、部门分割、重复建设等种种问题,使全社会难以形成综合性的物流服务。在物流产业链的发展过程中,多个方面存在着多种不同的影响因素。

3.4.1 政策方面

随着改革开放和社会主义市场经济体制的建立,人们对物流产业的认识逐步清晰,政府相关主管部门对物流产业政策的制定和实施也经历了从各自分立到逐步协调、配合的渐变过程。我国物流产业虽然从改革开放初期开始起步,但是直到20世纪90年代,我国都没有综合性的物流产业政策。只是在运输、物资部门和行业协会的若干文件中偶尔见到相关的提法。20世纪90年代中、后期,有关部门、地方政府和物流运输企业认识到发展物流业的重要性,国内学术界、行业协会等对物流业的研究越来越深入,相关主管部门出台了具有本部门特点的物流发展政策,一些沿海地区也尝试把发展现代物流作为一项重要的提升地区竞争优势的战略任务,物流产业政策初具雏形。进入21世纪后,物流业的发展进一步受到重视,国务院、各部门、地方政府等陆续出台了物流业政策,支持物流产业的发展。在这一阶段的部委政策中,2004年国家发改委等九部门联合制定的《关于促进我国现代物流产业发展的意见》对于消除各部门间的政策冲突、为国内物流产业发展以及统一物流市场的形成起到了很大的推动作用。2005年,经国务院批准,由国家发改委牵头,商务部等13个部门和中国物流与采购联合会、中国交通运输协会参加,建立了现代物流工作综合协调机制——全国现代物流工作部际联席会议。联席会议的主要职能包括制定现代物流发展政策,推进、协调全国现代物流发展规划,研究解决现代物流发展中的重大问题。

1. 产业政策政出多门,系统性和协调性不足

物流业是融合运输、仓储、货代、信息等产业的复合型服务业,是支撑国民经济发展的战略性、基础性产业,受现行的条块分割的管理体制的严重制约,物流业的管理权限被分别划归为若干部门,涉及的部门较多,每个部门自成体系,实行层级管理,使得部门之间、地区之间的权利和责任存在交叉和重复,由于各部门侧重管理的领域不同,直接导致各种要素的分散和整合的困难,难以有效合作和协调。因此,现有的一些物流产业政策措施依然零散、繁杂、重复,甚至还有一些条款互相打架、掣肘。同时,各个地方间还存在许多政策和制度壁垒,未来比较长的时间内我国还存在地区间、城乡间的巨大差异,导致各部委、地方政府的物流发展政策衔接性较差,既容易造成部门政策之间的冲突,又容易形成地方保护主义。虽然2006年成立的"全国现代物流发展部际联席会议"负责统筹协调全国物流发展的重大问题,但是它不是常设机构,现代物流发展需要的综合协调管理体制与机制尚未形成。

2. 政策手段的行政性仍然过强,越位和不到位并存

由于物流管理信息不对称,行政管理效率依然较低。一些物流相关资质如道路运输、医药物流、快递物流、超限运输、危险品运输等需要向不同部门分别申报,申请周期长,难度大。企业在办理行政许可、资质申请等手续过程中涉及部门多,手续繁琐。基础设施等配套环境建设中依然存在缺位、不到位的问题,不同地方执行的审批标准、流程和收费不统一,物流经营在海关通关、城市交通、技术标准、企业融资方面还存在困难,地方保护现象难以消除。

3. 政策措施难以落地,推动实施力度偏弱

国务院和各行政主管部门出台了一系列促进物流产业发展的政策,很多政策的内容甚至在各级政府出台的各个政策或规划中反复出现,但是政策的作用力度似乎并不够,许多

政策并没有解决根本问题，政策的实施效果并不理想。而且有些政策出台的随意性太强，时序安排有问题，刚出台没多久，地方政府和企业尚未来得及消化、贯彻，又出台了类似的新政策，物流企业等被指导者反映其无所适从。特别是在目前中央和地方财政分权的情况下，如何既发挥出地方积极性，又避免了发展中的盲目和无序，使国家有限的物流资源得以有效整合、合理利用具有重大的现实意义。

4. 某些政策对物流业的影响具有两面性，小微企业比较艰难

在调研中，一些物流企业反映，真正影响物流企业发展的可能并非物流政策，而是"营改增"等税收政策。由于没有考虑细分行业的差异，同时物流产业政策的制定和执行主体较多，一些功能性政策对物流产业的影响更大。如"营改增"政策扩围后，大型物流企业普遍税负有所降低，但是小微企业因难以获得抵扣发票，税赋相对增加，企业发展受到一定影响。

物流产业政策虽然可以加速对市场失灵的校正，同时也存在政府失灵的现实风险，如何低成本、高效益地创新物流产业政策，对处于传统物流向现代物流转型的我国物流业十分重要。

3.4.2 传统制度

目前我国物流业的制度安排基本上仍沿袭计划经济体制，使原本是一个系统资源的物流业的管理权限被分别划分成若干个部门。比如，铁路、公路、航空、海运等运输资源，均分属于不同的管理部门，一方面大大降低了运输的效率，若一个企业要在国内从事铁路、公路、航空、海运货物运输，就必须分别向不同的部门有关审批单位提出申请。另一方面，每个部门都自成体系，使物流环节的运输工具、承载设施和设备的标准和规范不统一，导致物流无效作业环节的增加，物流速度的降低，影响了物流的效益、快速反应能力和竞争力。

传统制度的缺陷，具体表现在3个方面：一是布局问题，由于缺乏统筹考虑，各行业部门大多从行业角度出发，在衔接和协调上缺乏统筹考虑，重复建设，造成了资源的浪费。例如，商业系统有自己的物流园区，工业系统也有自己的物流园区，物资流通系统也有自己的物流园区，各口岸也有各自的物流园区，但是各行业各自为政，大多物流园区又功能单一，利用率低，这种布局上出现的整体效率的损失是显而易见的。二是多式联运问题，现代物流要求货物运输速度快、时间少、质量高，因此保障现代物流的货运交通系统应实现货物运输的连续性，即建立各种运输方式的联合运输体系，但是目前我国的多式联运现状不尽人意。以上海为例，上海浦东的对外交通尚未形成系统，上海海钦联运铁路比重仅占1.3%，功能不全，没有一个适合集装箱多式联运的场站，浦东地区空港、海港的陆上集疏运条件尚不完善，浦东铁路还处在规划论证阶段，与集装箱物流市场蓬勃发展的势头不相

适应;三是信息系统问题,信息系统因为隶属于不同的部门而各自封闭,规范性差,各个系统之间的转换和衔接困难,造成人为的信息阻断,如海关、港航两个分中心的 DEI 应用系统均是各自封闭的系统,相互之间不联网,且技术标准不统一,铁路部门尚未加入上海 DEI 网络,铁路近年来正在开发的集装箱跟踪系统也是按本行业技术标准自成体系。所以急需整合已有的资源,从全市的角度制定符合上海经济增长需要的统一的物流规划。

3.4.3 基础设施建设

我国物流业的基础设施一直备受重视。工欲善其事必先利其器。基础设施的完善是物流业畅通的基础。我国一向不遗余力地进行基础设施建设,2008 年后,国家按照惯例完善、建设公路、铁路、水路、管道和机场等物流基础设施,同时将第三代和第四代港口物流建设也提上日程。

截至 2017 年全国社会物流总额 252.8 万亿元,同比增长 6.7%,增速比上年同期提高 0.6 个百分点。全年社会物流总需求呈现稳中有升的发展态势。2017 年社会物流总费用 12.1 万亿元,同比增长 9.2%。其中,运输费用 6.6 万亿元,增长 10.9%,增速比上年同期提高 7.6 个百分点;保管费用 3.9 万亿元,增长 6.7%,提高 5.4 个百分点;管理费用 1.6 万亿元,增长 8.3%,提高 2.7 个百分点。2017 年物流业总收入 8.8 万亿元,比上年增长 11.5%,增速比上年同期提高 6.9 个百分点。

1. 物流基础设施规划缺乏区域间的协调

随着现代物流业近年来在我国的逐渐走热,各地各级的地方政府纷纷上马物流基础设施的开发建设项目,然而截至目前,我国在全国性或区域性的物流规划体系尚处于初步阶段,在具体的物流园的规划建设上缺乏专业性的指导方向和清晰的整体规划全景。由于缺乏对于区域内部及与区域间在物流规划方面的协调机制和高层物流规划指导,区域内部各主体及各区域所作的规划缺乏衔接和互补,有时甚至会存在重复建设、资源浪费的现象。以广州市为例,市政府规划的广州北部物流中心和白云区规划的太和物流园区在地理区位上就十分接近。在区域层面,东部地区的多个沿海城市在规划当地现代物流发展时大多均未考虑与周边城市的协调和配合,各城市均提出打造区域物流枢纽中心的口号;而西部地区的物流枢纽城市体系目前也未形成相对清晰的格局。在进行物流基础设施的规划和开发建设时,不仅要考虑区域内的市场需求,同时还必须考虑实施跨区域的协调和配合。地方政府跨区域的协调、物流基础设施开发建设的网络化发展,将是未来区域物流基础设施规划布局的重要趋势。由于在制度上缺乏全国性或是区域性的物流规划体系,且受到地方行政利益冲突、整体规划意识不强等消极因素的制约,目前我国物流园区规划建设分布有待优化。根据中国物流和采购联合会、中国物流协会于 2008 年公布的第二次全国物流园区调查结果,我国物流园区总量已达 475 个。地市、区县一级政府审批建设的园区数量占比明显偏高:在其调查的由政府规划推动建设的有效物流园区样本中,通过省级政府审批的占32%;地市级政府审批的占59%;区县级政府审批的占9%。由于地方政府(尤其是省级以下)往往会从地方经济发展出发,过高估计其境内物流聚集的能力,造成地区之间的重复规划,结果造成很多难以形成气候的小规模物流中心相互竞争却无法形成规模效应,反映出来变成某一地区内物流基础设施的供大于求,但是园区的设施配置和运作效率不能满足现代物流的需要。

合理的物流规划需要更好地利用社会资源形成集聚效应和规模相应,相适应的就是物流园区规划的规模要求。

2. 加快物流节点建设

针对我国物流结点建设滞后、物流结点少而分散的状况,我国应尽快建设一些连接多种运输方式的物流结点,通过这些结点将各种物流网络连接起来,形成全国统一、开放和先进的物流网络。在国外,物流结点大都建在地区经济中心、运输枢纽的附近,既有以中转为主,也有以配送为主,更多的是综合功能的物流结点。我国在对物流结点进行统筹规划时,应重点考虑交通干线、主枢纽规划的建设。通过调查生产力布局和物流现状,并根据各种运输方式衔接的可能性,在全国范围内进行规划,主要考虑其空间布局、用地规模和未来发展。

当前,我国应重点建设好以下两类物流结点:一是综合物流中心。这是将各种不同运输方式集约在一起,用先进的科技手段和装备有效地组织包装、装卸、搬运、运输、仓储、流通加工、配送、物流信息等物流系统的活动,通过规模、效率和效益推进物流的现代化而形成的新的流通产业。物流量和集配运输状况是建立这种物流中心的两个基本条件。因此,在一些经济发达的大城市、重要商品生产基地、大宗货物集散地和交通运输枢纽地,可改组老的传统的站、仓库等,将原先单一的物流功能进行扩充和向外延伸,变静态物流为动态物流,增加在物流中的附加价值,有系统地建立一批新型的多功能物流中心,并且使它在全国的物流体系中均衡协调地合理布局,配合物流大系统的需求;二是配送中心。配送中心是一种末端物流的节点设施,其通过有效地组织配货和送货使资源的最终端配置得以完成。建好配送中心是物流网络"线"、"结"相统一、系统化作用最后体现的关键,可以以现有物流企业为基础,根据各地区的特色重点建设现代化批发网络及多功能、信息化、优质服务的配送体系。

目前,我国许多城市制定了物流发展规划,对自己的物流结点———物流中心、物流基地或物流园区进行了规划。这些物流结点的建设,无疑将会提高这些城市的整体物流水平。但是,如果从物流运作的功能整体和跨边界的特点来看,缺乏区域经济一体化意识、以城市的行政区划为基础来制定物流结点的规划具有局限性。一个城市看起来合理的物流结点,从大一点的区域或全国来看,可能会出现物流结点过密或物流结点作用不大的情况,从而影响整体的物流效果。

任何一种经济活动都不可能只局限在各自所在的行政区域内进行，它必然与周边的区域甚至国际市场形成紧密的联系。因此，各地应站在区域的高度、以市场辐射区域或经济地理区域为基础来对物流结点进行发展战略规划，充分考虑本地区在全国统一市场中的地位，特别是从供应链的角度来看本地区企业处在什么位置，考虑区域经济的辐射范围和能力，考虑与周边省市的衔接与联系。外向型经济比重大的地区，物流结点规划还应考虑参与国际经济循环的需要。

3. 拓宽物流基础设施建设投资来源

面对庞大的物流基础设施建设投资，我国应改变过去的投资主体单一（主要是政府投资而基本没有民间资本和外资）、投资渠道单一（主要依靠财政资金和银行贷款）、投资管理方式单一（主要由政府直接负责筹资和组织建设并承担还贷责任）的方式，参照国外经验，拓宽建设投资来源。

一是继续重视政府投资。物流基础设施作为关系国计民生的基础产业，政府必须保留该产业的主导权和控制力。而且，物流基础基础设施投资大，回收期长，投资的社会效益大于经济效益，一般企业投资的能力和积极性都不足，也需要政府充当投资主体的角色。

二是在坚持政府主导投资的前提下，实行投资渠道的多样化和投资主体的多元化。除依靠各级政府预算拨款外，积极利用银行贷款、信托基金、征税、发行基础设施建设债券和股票等多种渠道筹集投资资金。根据国家公路与地方公路、干线公路与次要公路等物流基础设施规模、性质差异，确定不同的多种投资主体，实行政府、企业及民间组织共同投资、协手兴办物流设施的政策。具体建议如下：属于大型或超大型的建设项目（如铁路干线、重要公路、机场等）和大型物流枢纽工程应由各级政府出资兴建；中型建设项目（如区域性物流中心、支线性道路等）可采取政府与民间资本联合投资的办法加以兴建；小型物流设施建设（如城市配送中心、地区性物流基地等）可按照谁投资谁受益的原则吸引社会资本以股份合作制的形式共同承担。考虑到国外运输投资来源中，中央政府投资的数额日趋减少，地方政府和私人部门的投资逐步增多，吸引社会资金的力度逐渐加强，我国也应进一步放宽基础设施投资限制，给民间资本投资基础设施以"国民待遇"，吸引和鼓励更多的民间资本向物流基础设施分流。

三是放宽投资限制，将外商投资的试点范围进一步扩大，积极吸引外资建设物流基础设施。

3.4.4 人才培养

1. 物流科技人员需求旺盛

目前，物联网技术和大数据广泛应用于交通运输、物流装备、仓储等方面，物流领域信息化、智能化、可视化、网络化水平越来越高；农产品生产、流通全程监控，信息追溯得以实现；基于云平台的 RFID 智能安全保温周转箱在医院内部物流中得以推广,药品冷链信息化水平提高;物流公共信息服务平台与"滴滴"模式推动货运市场供需双方信息透明,货运中介功能弱化。此外,冷链物流促进自动化冷库技术、运输车自动温控技术、保鲜技术等进步。然而,技术人才的缺乏制约物流装备科技与信息化的发展,调查结果显示,2013 年,就有 44.5% 的样本企业认为信息化人才严重短缺;培养大量的技术开发、技术应用、技术维护和管理人员这一工作刻不容缓,尤其是自动化控制、软件开发、物联网技术、食品药品保鲜、新材料研发等人才的培养。

2. 供应链一体化运营人员不足

2013 年 12 月,工业和信息化部联合国内十多个工业协会,如钢铁工业协会、机械工业协会、汽车工业协会等,提出建设工业物流服务体系、优化企业供应链以及工业物流人才培训的重要性。现阶段,我国物流运作集中于某一功能或几个功能模块,缺乏系统性;供应链一体化理念协同采购、生产、销售、回收等模块发展,组织好原材料及零配件采购、运输与储存;准时、定量地将物料送至指定工位,满足生产现场需求计划;根据客户需求特点与地域分布情况,制定成品库存水平和运输及配送方式;以绿色理念组织好废弃物的运输与仓储。企业供应链一体化,采购、生产计划、生产配送、干线运输、城区配送及供应链运营人员需求量必然增加,从业人员需要有较高的视野与全局观,较强的协调与管理能力。

3. 冷链物流应用型人员紧缺

降低农产品、药品、食品等流通损耗,建设全程冷链成为必然。目前,我国冷链物流从业人员多数是从普通物流企业改行过来的,对药品、农产品的特性了解不够,物流操作不规范,冷链运输、储存、配送、装卸、信息处理等知识与经验欠缺。冷链基础条件建设、冷链运行标准制定与完善,需要从国外引进高水平冷链物流应用型与复合型人才;优化冷链流程、制定冷链工艺、强化全程监管与协调,需要大量的懂技术、会管理的冷链人才。

4. 快递快运操作人员与管理人员缺口大

快递业劳动属密集型行业特征,直接就业人数达 200 多万,间接带动就业人数在 240 万左右。快递与快运业运作方式相近,核心部分在分拨中心和"最后一公里"运输,需要提高分拣作业能力,提高配货配载能力,提升送货效率与准确性,提高服务水平。分拣、配货、送货需要操作层面的人员,操作员和驾驶员面临招工难、流动性大、素质低等问题;同时,分拨中心需要现场运营人员、调度人员、客户服务人员和管理人员,其应具备较强的物流知识、企业管理知识和实战经验,然而,很多高校物流的专业毕业生不能适应基层作业"苦、累"的现状,没有培养到足够经验时就另谋职业。

我国经济进入新常态,物流产业发展呈现新特征,全社会一定要有针对性的引进与培养中、高端物流运作与管理人才,引导和培养更多的技术人员从事物流技术开发与应用,只有这样,我国新常态下的物流产业才能转型成功,才能更好地促进我国经济的发展。

第4章

物流产业链集中度研究

4.1 问题提出

物流业是融合运输、仓储、货代、信息等产业的复合型服务业,是支撑国民经济发展的基础性、战略性产业。加快发展现代物流业,对于促进产业结构调整、转变发展方式、提高国民经济竞争力和建设生态文明具有重要意义。2014年全国社会物流总额达到210万亿元,比2005年增长4.37倍。物流总收入达7.1万亿元,比2005年增长3.78倍。物流业增加值于2014年达到3.24万亿元,比2005年增长2.66倍。物流业吸纳的就业人数快速增加,从业人员从2005年的1780万人增长到2013年的2890万人,年均增长6.2%,见图4-1。

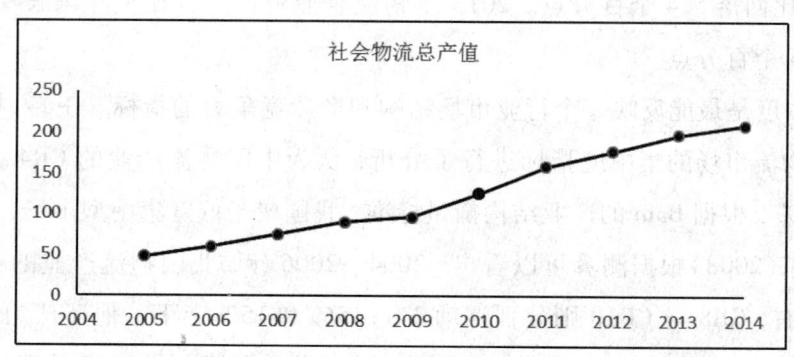

图4-1 2004—2014年社会物流总产值(万亿元)

在物流业快速增长的同时，物流总费用由 2005 年的 33860 亿元增长到 2014 年的 106000 亿元，增长了 3.13 倍。物流总费用占国民生产总值的比例则仍然达到了 16.71%，这一比率高于美国、日本和德国 9 个百分点左右；高于全球平均水平约 6 个百分点；高于"金砖"国家印度和巴西 5~6 个百分点左右。但与此同时，全社会物流企业收入增速低于全社会物流费用增速，物流企业普遍盈利能力偏低。2013 年物流企业物流业务利润额比上年增长 9.3%，收入利润率为 7.9%。2013 年物流企业资产总计比上年增长 9.5%，增幅同比回落 4.4 个百分点。从近 5 年的情况看，物流企业资产规模增速逐步放缓，进入平稳增长阶段。

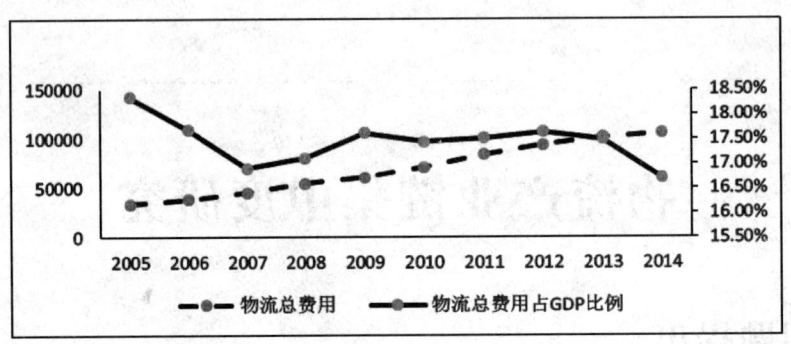

图 4-2　物流费用及所占 GDP 比重

"社会物流成本偏高"与"物流企业盈利偏低"相并存。我国的物流企业大多规模小、实力弱、能力低，在与国际大型物流公司的市场竞争中处于不利地位。当前，我国物流产业集中度低，物流企业数量众多，但企业规模偏小，单个企业业务量小，难以形成规模。《2010 年全国重点企业物流统计调查报告》显示，2009 年物流企业资产大于 10 亿元的企业占 14.2%，资产在 5000 万元到 1 亿元间的企业占 12.6%，资产小于 5000 万元的企业占 44.7%，物流市场企业规模整体偏小（辜胜阻，2014）。不仅如此，近年来物流企业营业收入和资产规模增长速度放缓。2013 年物流企业物流业务收入比上年增长 6.7%，增幅同比回落 5.4 个百分点。2013 年物流企业资产总计比上年增长 9.5%，增幅同比回落 4.4 个百分点。

产业集中度是最能反映一个行业市场结构和产业竞争力的指标。王玲、杨路（2005）对目前我国物流市场的集中度指标进行了分析，认为中国物流产业的 CR4 为 12.93%；CR8 为 20.9%，根据 Bain 的产业结构衡量标准，我国属于低度集中型市场，市场竞争性很强。王晓东（2008）根据测算可以看出，2004—2006 年，我国物流产业的 CR4 主要范围在 10% 左右，CR8 与 CR10 则分别浮动于 11.5% 和 15% 上下。他还认为按照产业组织理论中贝恩对产业垄断和竞争类型的划分，我国物流行业目前属于低度集中、高度分散的"原子型"市场组织结构。动态地看，2004—2006 年的 CR4 先平后降，而 CR8 与 CR10 均呈现先升后降的趋势，2005 年相对于 2004 年的变化浮动并不明显，而 2006 年这3个指标均出现了明显的下降趋势。之所以集中度下降(即大企业所占比重降低),是由于全国物流行业整体规模的扩展速度十分快,单个物流企业的销售收入增长幅度不及全国行业总体的增幅所导致(王晓东,2008)。谷维阳(2013)则计算出2012年我国物流产业的市场集中度指标CR4和CR8,分别为13.6%和15.5%,根据贝恩对市场集中度的衡量标准划分,我国物流产业属于低度集中型市场。桂寿平等(2014)计算得出2005—2011年市场集中度(%)数据CR8分别为16.23、14.54、15.10、15.37、10.75、12.04和11.17。解京淑(2012)计算得出1999—2008年我国物流产业集中度数据CR4分别为1.09、1.09、1.79、2.13、2.70、3.63、3.80、3.93、3.75和4.88。物流产业集中度数据CR8(%)分别为1.34、1.38、2.19、2.58、3.49、4.65、5.03、5.26、4.82和6.59。蒋博(2011)计算出我国物流产业集中度数据CR4分别为9.36、9.36和8.56,物流产业集中度数据CR8(%)分别为10.43、10.47和9.69。

综上所述,对于中国物流产业的市场集中度研究文献并不是很多,而且得出的结论也不相同,集中度的数据都不一样,但趋势是一样的,就是集中度每年基本上都是略微下降的。通过比较,研究所用的数据都来自中国物流信息中心每年公布的物流业50强数据,研究方法用的都是贝恩的方法。之所以产生不同的原因可能有两个方面:一个原因是中国物流信息中心公布的是50强的主营业务收入,但并未公布物流业总收入的数据,只有2005、2013、2014年公布了,正因为没有公开的权威数据,所以会有出入,很多学者将物流业总费用看成是物流业总收入。另一个原因,可能是计算方法中的数据口径不一致。正因如此,在吸收了以往研究的优点基础上,较为全面地介绍2005年以来的物流业集中度,按照物流业总收入和物流业总费用两个数据全面地计算了物流业集中度,根据调研访谈,提出了物流业集中度未来一段时间的发展的判断,最后提出政策建议。

4.1.1 物流产业集中度的现状

长期以来,由于受计划经济的影响,我国物流社会化程度低,物流管理体制混乱,机构多元化,原物资部、原商业部、对外经贸部、交通部以及中央各部(煤炭部、林业部等等)、城乡建设环境保护部均有各自的物流系统。这种分散的、多元化的物流格局,导致社会化大生产、专业化流通的集约化经营优势难以发挥,规模经营、规模效益难以实现,设施利用率低,布局不合理,重复建设,资金浪费严重。由于利益冲突及信息不通畅等原因,造成余缺物资不能及时调配,大量物资滞留在流通领域,造成资金沉淀,发生大量库存费用。另外,我国物流企业与物流组织的总体水平低,设备陈旧,损失率大、效率低,运输能力严重不足,形成了"瓶颈",制约了物流的发展。根据第三次经济普查数据得知,我国共有物流企业26.2万家,其中,小微企业为24.7万家,有证照的个体经营户为878.6万户,法人单位从业人员有1299.5万人,个体经营户从业人员有1674.5万人,资产总计188690.7亿元。

表4-1 按登记注册类型分组的交通运输、仓储和邮政业企业法人单位和从业人员

	企业法人单位(万个)	从业人员(万人)
合计	25.2	1247.0
内资企业	24.8	1195.2
国有企业	0.9	343.0
集体企业	0.5	24.7
股份合作企业	0.2	5.3
联营企业	0.1	2.5
有限责任公司	5.6	379.3
股份有限公司	0.5	88.8
私营企业	16.0	332.9
其他企业	1.0	18.6
港、澳、台商投资企业	0.2	30.3
外商投资企业	0.2	21.5

产业集中度是产业经济学或者产业组织理论的核心概念之一。市场结构首先决定了市场行为,继而决定了市场绩效。产业集中度(Market Concentration Rate)表示在一个产品市场中,按照资产规模、销售收入或员工人数对生产企业进行排序,对前几名的企业所占的市场份额进行定量测度的指标,这种指标衡量了市场垄断的强度和竞争的不平等性,这种不平等性可以运用描述性统计方法(如正态分布图)来进行直观分析。产业组织理论中通常认为产业集中度是决定市场结构最基本、最重要的因素,集中体现了市场的竞争和垄断程度。这是最基本的集中度指标,通常用产业内最大的前 n 位企业生产值、销售额、职工人数、企业资产等指标累计数占整个产业相应指标总数的

$$CR_n = \sum_{i=1}^{n} X_i / \sum_{i=1}^{N} X_i$$

比例来表示,其中 CR_n 表示产业内规模最大的 n 位企业的行业集中度;X_i 表示产业中第 i 位企业的产值、产量、销售额、销售量、职工人数或资产总额等数值;n 表示产业内的企业数;N 表示产业的企业总数。n 的取值可以根据计算的需要确定,通常取 $n=4$ 或 $n=8$。

根据中国物流信息中心发布的数据,可以计算出2005年以来的物流产业集中度。由于发布的数据中仅有2005年、2013年和2014年有整个物流产业的营业收入,其他年份的物流行业数据缺失,所以分别按照物流业收入和物流业费用两个数据来计算产业集中度,见表4-2和表4-3。

第4章 物流产业链集中度研究

表4-2 根据物流业收入计算的产业集中度

CR1	CR4	CR8	CR10
4%	8.4	9.5	9.8
12.2%	4.7	6.8	7.5
2%	4.9	7.2	8

根据表4-2可以看出物流产业，大企业的市场份额在逐步地下降。近10年来，最大物流企业中国远洋公司的份额由最高的4%下降到2%，前四个大企业的份额则由8.4%下降到4.9%，前八个大企业的份额由9.5%下降到7.2%，前10个大企业的份额则由9.8%下降到8%。根据物流业费用计算的产业集中度所反映的确实也是如此，大企业的规模近10年来没有太大的变化(见表4-3)。

表4-3 根据物流业费用计算的产业集中度

年份	CR1	CR4	CR8	CR10
2005	2.23%	4.67%	5.26%	5.45%
2006	2.27%	5.18%	5.80%	6.00%
2007	1.94%	4.52%	5.12%	5.32%
2008	2.25%	4.96%	5.64%	5.89%
2009	2.43%	5.03%	5.86%	6.14%
2010	1.47%	3.50%	4.34%	4.61%
2011	1.92%	4.27%	5.42%	5.91%
2012	1.69%	3.62%	5.17%	5.71%
2013	1.56%	3.34%	4.77%	5.26%
2014	1.36%	3.27%	4.85%	5.38%

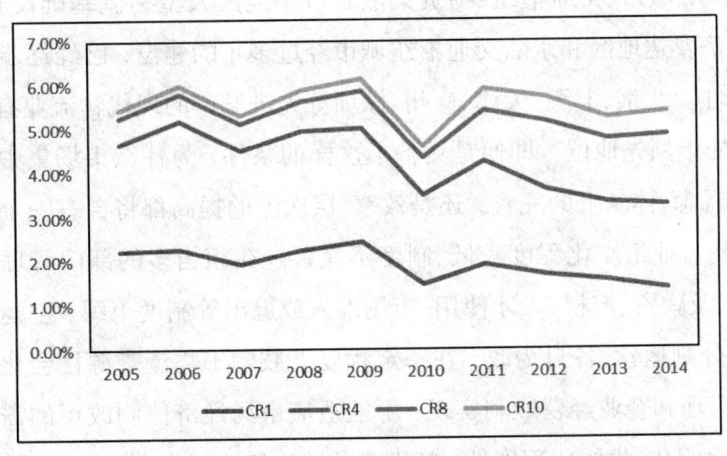

图4-3 2005—2014年物流产业市场集中度变化图

根据美国经济学家贝恩和日本通产省对产业集中度的划分标准,将产业市场结构粗分为寡占型(CR8≥40)和竞争型(CR8<40%)两类。其中,寡占型又细分为极高寡占型(CR8≥70%)和低集中寡占型(40%≤CR8<70%);竞争型又细分为低集中竞争型(20%≤CR8<40%)和分散竞争型(CR8<20%)[44]。

表4-4 产业结构衡量标准

市场类型	评价标准
极端高度集中的市场	CR4≥75%;CR8=85%~95%
高度集中的市场	CR4=65%~75%;CR8=85%~90%
中高度集中的市场	CR4=50%~60%;CR8=75%~85%
中度集中的市场	CR4=35%~50%;CR8=45%~75%
中低度集中的市场	CR4=30%~35%;CR8=40%~45%
低度集中的市场	CR4=10%~30%
微粒市场	CR4<10%

根据贝恩的产业划分标准可以看出,中国物流业的市场集中度不高,属于微粒市场。产业内部没有具有号召力和影响力的大型企业,微粒市场接近于完全竞争市场。改革开放以来,我国已初步具备了发展现代物流业的经济环境和市场条件。一是随着买方市场的形成,优化企业内部物流管理,降低物流成本,已成为目前多数国内企业强烈的愿望和要求,大量企业要求有专业化的物流服务。二是我国已经在交通设施、物流与技术等方面有了一定的发展,奠定了必要的物流基础。我国物流基础设施建设不但加快了,且已经初步形成了以公路为基础,以铁路为骨干,水运、航空、管道和城市道路协调发展的高效便捷的综合交通运输网络。三是中央政府有关部门,如国家发改委、交通部、外经贸部、海关总署等,也从不同角度关注我国物流产业的发展,积极研究促进物流产业发展的有关政策,并明确提出,要加强对中心城市、交通枢纽、物资集散和口岸地区大型物流基础设施的统筹规划。四是东部沿海经济发达地区和水陆交通枢纽城市经过多年的建设,已经逐步具备发展现代物流业的基础条件。北京、上海、天津、广州、深圳等先进城市的现代物流业有了一定的发展规模,并在全国处于领先地位。即便是具备了这样的条件,为什么市场集中度却不高?我国物流业无论在观念、体制上的完善,还是效率、层次上的提高都将会有一个渐进和替代的较长过程,我国物流业组织化程度较低、制度不完善。在相当多的部门管理中存在着政企不分、条块分割以及融资、产权、人才使用、市场准入或退出等制度束缚,空运、铁路、公路等专业化物流系统分割运营、各自为政,在一定程度上肢解了物流资源社会化配置的综合效益,影响政府的管理和企业经营顺利实现,不能适应市场经济体制改革的需要。物流业的标准化、信息化、组织化、集约化程度低,特别是公路物流业的小、散、弱格局没有根本改变,行业集中度很低。我国现有1112万辆载重汽车,但是经营主体有多少家呢?722万家,只

有一台车的个体运输户占公路运输市场份额的40%。由于信息化滞后,车找不到货,货找不到车的问题十分常见。即使是物流发达的上海,2011年货运汽车的空驶率仍然高达37%,是欧美平均水平的3倍。这些情况表明我国是物流大国,但还不是物流强国,全面提升物流业的发展水平还有很长的路要走。这个事要提上议事日程,但是要真正解决问题还需要一个相当长的过程。

在"互联网+"的背景下,物流成为电子商务、OTO等创业创新发展的关键,加之,资本市场的助力,未来的一段时间必定是物流行业新模式颠覆旧模式,快速增长的企业兼并传统企业的关键时期,兼并整合将是物流行业的主题。物流行业的创新创业企业将会出一批只有两三年和三四年的企业,利用资本市场的杠杆作用,就足以兼并和干掉大部分做了十年以上的公司,原因在于十年以上的公司并没有强大的新兴增长动力,所以不可能获得很好的资本资源,也不可能获得很好的发展动力,很多原来传统的模式就成了新模式的配角。

4.1.2 物流集中度为什么不断下降?

近年来,我国经济增长面临着一系列的问题和挑战,经济下行压力较大,物流业发展面临新的形势和挑战。行业增速持续放缓,货运价格低位徘徊,社会物流成本居高难下,物流企业盈利空间遭受挤压。物流是市场供给和需求的供应链关键节点,是供给侧结构性改革的重要支撑体系,作为产业链的服务体系,物流业也是供给侧结构性改革的重要内容和对象。1978年,由原国家计划委员会、财政部、原国家物资总局等部委以及一些地区的人士组成的中国物资工作者考察团对日本物流进行了考察,起到了"取经"的作用,物流的概念正式进入我国(王之泰,2015)。随后物流在国内市场遍地开花,迅速发展壮大,2015年全国社会物流总额为219.2万亿元。但物流产业依然多、小、散、弱、差,而且好像几十年一致如此。物流企业的"小、散、乱、差",决定着其经营效益和服务质量很难令人满意。激烈的竞争和无休止的价格战导致了物流企业经营效益的连年下降。实际上,由于行业竞争较大,导致整体利润率较低。同时,面临着日益攀升的各项物流成本,如人力、租金、车辆、油耗和运营等,正处于举步维艰的十字路口。

表4-5 根据物流业收入计算的产业集中度

	CR1	CR4	CR8	CR10
2005	4%	8.4	9.5	9.8
2013	2.2%	4.7	6.8	7.5
2014	2%	4.9	7.2	8

张喜才(2015)发现物流产业大物流企业不大,大物流企业的市场份额在逐步下降(见表4

-5、图 4-4)。近 10 年来,最大的物流企业中国远洋公司的份额由最高的 4% 下降到 2%,前四个大物流企业的份额则由 8.4% 下降到 4.9%,前八个大物流企业的份额由 9.5% 下降到 7.2%,前 10 个大物流企业的份额则由 9.8% 下降到 8%。根据物流业费用计算的产业集中所反映的确实也是如此,大物流企业的规模近 10 年来没有太大的变化。

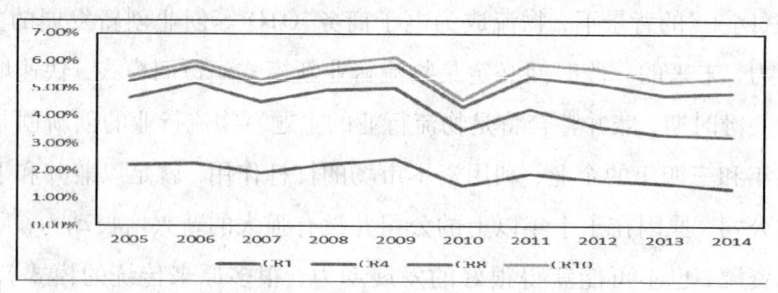

图 4-4　2005—2014 年物流产业市场集中度变化图

根据张喜才(2015)的综述,对于中国物流产业的市场集中度研究文献并不是很多,而且得出的结论也不相同,产业集中度的数据都不一样,但趋势是一样的就是集中度基本上每年都是略微下降的。王晓东(2008)认为决定物流产业集中度的主要因素包括规模经济性、市场需求量、进入退出壁垒、产品差异化水平和产业政策,通过回归分析得出产业集中度 $=13.03+023×规模经济-0.16×市场需求增长率-0.14×物流企业进入率+0.18×生产扩张能力+0.19×产业政策+0.2×产业政策+0.13×产业政策$。蒋博(2011)将物流集中低归因于市场准入制度低和缺乏规范的市场法则。解京淑(2012)分析了物流企业规模小、物流需求旺盛且市场容量大、物流企业的专业化服务差别化程度低下、进入壁垒失效与退出壁垒高等原因是物流市场集中度低的主要原因。对于物流行业多小、散、乱和市场集中度低的研究很多,但原因解释一种是计量分析,单一的回归分析,对于集中度和影响因素之间的关系过于牵强。一种是定性分析,描述多,但没有理论体系。基于此,本文通过建立 S-D-S 模型和古诺模型来分析物流企业过度进入的情况,进一步分析物流集中度下降的原因和影响。

4.2 物流企业过度进入的 S-D-S 模型分析

假设物流市场处于不完全竞争市场,引用 S-D-S 模型(Spence,1976;Dixit 和 Stiglitz,1977)。模型假设只存在单一的、有代表性的消费者,喜爱并消费各种物流服务。新进入物流企业不会使市场中现有物流服务的替代性增强。每个物流服务都与市场上的其他物流服务发生竞争。假设代表性消费者的效用函数为:

$$U = q_0^{1-r} \bar{q}^r$$

在这个过程中，q_0 代表一类非差异物流服务的消费量，$\check{q}$ 是一系列差异化的物流服务的数量集合，被定义为 CES（定常替代弹性）的指数形式：

$$\check{q} = \left(\sum_{i=1}^{n} q_i^{\frac{\sigma-1}{\sigma}}\right) \frac{\sigma}{\sigma-1} \quad (1.1)$$

其中 q_i 代表消费者对物流服务 i 的消费量，n 是差异化物流服务的数量，$\sigma > 1$ 表示两种差异物流服务产品间的替代弹性。代表性消费者在入约束 $q_0 + \check{p}\check{q} \leq y$ 的条件下最大化效用 U，其中 $\check{p}$ 代表差异化物流服务的价格指数（在下面方程中被定义），y 代表消费者收入。当消费者收入耗尽时，我们可以用 $q0 = y - \check{p}\check{q}$ 重新表示消费者效用函数：

$$\max_{\check{q}} U = (y - \check{p}\check{q})^{1-\gamma} \check{q}$$

从一阶条件得到：$\frac{\partial U}{\partial \check{q}} = \check{q}^{\gamma-1}(y-\check{p}\check{q})^{-\gamma}\gamma[(y-\check{p}\check{q})-(1-\gamma)\check{p}\check{q}] = 0 \rightleftharpoons \check{p}\check{q} = \gamma y$

从上面的方程中发现，消费者将收入中的固定一部分 $y\lambda$ 用于差异化物流服务。现在，为了得到消费者对每种差异化物流服务的消费量。需要寻找最大化表达式(1.1)的 q_i，约束条件为：

$$\sum_{i=1}^{n} p_i q_i \leq \gamma y$$

此问题的拉格朗日函数为 $L = \check{q} + \lambda(\gamma y - \sum_{i=1}^{n} p_i q_i)$

一阶条件为：$\frac{\partial L}{\partial q_i} = \frac{\partial \check{q}}{\partial q_i} - \lambda p_i = 0 \rightleftharpoons \check{q}^{\frac{1}{\sigma}} q_i^{\frac{-1}{\sigma}} = \lambda p_i \Rightarrow \check{q}\lambda^{-\sigma} p_i^{-\sigma}$

$$\frac{\partial L}{\partial \lambda} = \gamma y - \sum_{i=1}^{n} p_i q_i = 0 \rightleftharpoons \sum_{i=1}^{n} p_i q_i = \gamma y$$

根据上述两个等式得到：$\sum_{i=1}^{n} p_i (\check{q}\lambda^{-\sigma} p_i^{-\sigma}) = \gamma y \rightleftharpoons \check{q}\lambda^{-\sigma} = \frac{\gamma y}{\sum_j p_i^{-(\sigma-1)}}$ 将此式代入 q_i 的表达式，便得到了物流服务的消费量：

$$q_i = (\check{q}^{\sigma-1}\gamma y) p_i^{-\sigma} \tag{1.2}$$

每一个物流服务的需求都是所有物流服务价格的函数。如果生产物流服务 i 的物流企业定价高于竞争对手，代表消费者将减少消费物流服务 i，但由于消费者对多样性的偏好，对此种商品的需求依然存在。

由于 $\check{p}\check{q} = y\lambda$，将式(1.2)代入式(1.1)中便得到了价格指数 p：

$$\check{q} = \left(\sum_{i=1}^{n} q_i^{\frac{\sigma}{\sigma-1}}\right)\frac{\sigma}{\sigma-1} = \check{q}p_i^{-\sigma}\left(\sum_{i=1}^{n} p_i^{-(\sigma-1)}\right)\frac{\sigma-1}{\sigma} \rightleftharpoons \check{p} = \left(\sum_{i=1}^{n} p_i^{-(\sigma-1)}\right)\frac{\sigma-1}{\sigma} \rightleftharpoons \check{p} = \left(\sum_{j=1}^{n} p_j^{-(\sigma-1)}\right)^{\frac{\sigma-1}{\sigma}}$$

注意到如果所有价格均相同且等于 p，那么 $\check{p} = pn^{-1/(\sigma-1)}$，因为 $\sigma > 1$，所以 $\check{p}$ 随差异化物流服务数量 n 的增加而降低。对物流服务 i 的需求弹性为：

$$\eta_i = -\frac{\partial q_i}{\partial p_i}\frac{p_i}{q_i} = \sigma(\check{p}^{\sigma-1}\gamma y) p_i^{-\sigma-1} \frac{p_i}{(\check{p}^{\sigma-1}\gamma y) p_i^{-\sigma}} = \sigma$$

物流企业 i 根据逆弹性法则来确定利润最大化的物流服务价格。假设所有物流企业边

际成本均为常数 c，那么：

$$\frac{p_i - c}{p_i} = \frac{1}{\sigma} \Rightarrow p_i = \frac{\sigma}{\sigma - 1}c$$

注意到价格与市场总消费量是无关的，因此在差异化物流服务数量一定的条件下，可以得到均衡时的产量和利润：

$$q(n) = \frac{\sigma}{\sigma - 1}\frac{\gamma y}{nc} \text{ 并且 } \pi_i(n) = \frac{\gamma y}{n\sigma} - e$$

最后，回到博弈的第一阶段，在经济利润为零的条件下，确定自由进入均衡时市场中物流企业的数量：

$$\pi_i(n^e) = 0 \Rightarrow n^e = \frac{1}{\sigma}\frac{\gamma y}{e}$$

均衡物流企业数量（也就是差异品种数量）随消费者对差异化物流服务预算份额的（γy）增加而增加，随固定进入成本（e）的增加而减少，随差异化物流服务替代弹性（σ）的增加而减少。在自由进入均衡时，每个物流企业的物流服务产量为 $q(n^e) = (\sigma - 1)e/c$。

现在分析社会最优量。继续假设存在一个次优规划者，他能够管制进入市场的物流企业数量，但不能管制物流企业进入后的行为。假设规划者对消费者征收定额税来补偿固定进入成本（ne），那么可支配收入变为 $y - ne$。利用上面的结论，消费者将可支配收入的 γ 部分用于消费差异化物流服务：$\bar{p}\bar{q} = \gamma(y - ne)$。因为对所有物流企业来说，$p_i = \frac{\sigma}{\sigma - 1}c$ 所以价格指数为 $\bar{p} = \frac{\sigma}{\sigma - 1}cn^{-1/(\sigma - 1)}$ 又因为对称性。消费者对所有差异化物流服务的消费量均为 q，这意味着 $\bar{q} = qn^{\sigma/(\sigma - 1)}$，所以 $\bar{p}\bar{q} = \frac{\sigma}{\sigma - 1}cnq$ 通过 $\bar{p}\bar{q} = \gamma(y - ne)$，得到：

$$q = \frac{\sigma}{\sigma - 1}\frac{\gamma(y - ne)}{nc} \text{ 和 } \bar{q} = \frac{\sigma - 1}{\sigma}\frac{\gamma(y - ne)}{c}n^{\frac{1}{\sigma - 1}}$$

此外，消费者选择 $q_0 = (1 - \gamma)(y - ne)$，效用函数可以重新表示为：

$$U = q_0^{1-\gamma}\bar{q}^{\gamma} = [(1 - \gamma)(y - ne)]^{1-\gamma}\left[\frac{\sigma - 1}{\sigma}\frac{\gamma(y - ne)}{c}n^{\frac{1}{\sigma - 1}}\right]^{\gamma} = Kn^{\frac{\gamma}{\sigma - 1}}(y - ne)$$

其中 $K = (1 - \gamma)^{1-\gamma}\left(\frac{\sigma - 1}{\sigma}\frac{\gamma}{c}\right)^{\gamma}$。由于物流企业总利润与物流企业数量无关（等于 $\gamma y/\sigma$），并且固定进入成本为向消费者征收的定额税，因此社会最优的物流企业数量可以通过消费者效用的最大化得到：

$$\frac{\partial U}{\partial n} = K\left(\frac{\gamma}{\sigma - 1}n^{\frac{\gamma}{\sigma - 1} - 1}(y - ne) - en^{\frac{\gamma}{\sigma - 1}}\right) = 0 \Rightarrow n = \frac{1}{\sigma - (1 - \gamma)}\frac{\gamma y}{e} > n^e = \frac{1}{\sigma}\frac{\gamma y}{e}$$

在目前的模型设定下，垄断竞争提供的物流企业数量没有达到社会最优的要求。但是，从不同的角度分析 S-D-S 模型，可以得到相反的结论。因为更多的物流企业进入可能不会获得利润但可以增加社会总剩余,从社会角度来看物流企业数量是不足的,这使得物流企业和社会的行为动机会变得愈发紧张。但是,新进入物流企业的部分利润来源于竞争对手,进入量也可能超过社会最优。

由于我国地域广阔,物流市场高度分散,新进入的物流企业带来额外差异化物流服务可能获得的利润不多但会增加社会总福利,导致物流企业过度进入。

4.2.1 物流企业集中度的原因分析

构建一个物流企业收入的动态模型并分析物流市场规模对物流企业数量、效率和收入的影响。物流企业进入市场需要支付成本。并且此成本在物流企业退出时不能收回,这称为外生沉没成本(称其为外生,是指其为模型中不受决策影响的参数),而均衡时市场中物流企业的数量取决于需求和成本条件。首先在以前的分析框架中回答这个问题,假设沉没成本是外生的,然后再分析当部分固定成本内生时的变化。利用测量市场集中度的方法,如赫芬达尔指数或 n 个物流企业的集中度如 C4 或 C6 理论界推测市场集中程度随规模的增长而降低。

外生的沉没成本和市场集中度

上面所有分析市场进入的模型所得出的结论,都是较高的进入成本导致较低的均衡物流企业数量,而市场规模的增加(对市场需求起到乘数效应)会使均衡物流企业数量较高,允许更多的物流企业进入市场获利。随着市场规模的增长,一家物流企业进入市场就更有可能获得利润并抵消进入时产生的成本,这也就降低了市场集中度。因此,当市场增长没有边界时,市场就会处于散乱状态。这在古诺模型中显而易见:如果进入成本 e 趋近于零,那么均衡物流企业数量就趋于无限。同样的,如果市场规模趋于无限大,则均衡物流企业数量同样趋于无限。当市场中物流企业生产同质物流服务且沉没成本外生时,这种特点尤为明显。

命题2:物流企业沉没成本外生,物流市场规模快速扩大,市场集中度不断降低。

萨顿(Sutton,1991)提出考虑集中度边界的下限。挑选出一批市场集中度很低、市场规模相似的观测样本,然后理论预测对于规模足够大的市场边界,集中度下限趋近于零。市场的需求持续增长而且集中度也不断升高(通过赫芬达尔指数测量)。同样,假设能够有效识别不同区域的市场,这些大小各异的市场同样具有很高的集中程度。这些观测事实均与基于外生沉没成本的经济理论相悖。很难想象投入成本(或其他外生成本)的增加能够抵消市场规模扩张的影响。对此,在假设固定成本部分内生的基础上进行理论研究。

质量增长的古诺模型

对物流服务质量的投资纳入分析范围,根据物流市场特征建立一种质量增长的古诺模型。在这个模型中,物流企业进入市场后先对物流服务质量进行投资 s_i,然后再进行产量竞争。特别地，假设消费者效用函数为柯布—道格拉斯形式 $u(q_0, q) = q_0^{1-\gamma}(sq)^{\gamma}$。然后，消费者将收入 y 的 γ 部分用于古诺模型中竞争对手提供的物流服务。假设 M 为市场中消费者的数量，同时代表了市场规模。市场中的总消费量为 M_{yy}。对于市场中的 n 个物流企业，"价格—质量"比均相同，例如对所有物流企业 i,j 均有 $p_i/s_i = p_j/s_j \equiv \lambda$。因此，市场总收入为：

$$R = \sum p_i q_i = \lambda \sum s_i q_i$$

整理后

$$\lambda \equiv \frac{R}{\sum s_i q_i} \tag{1.3}$$

λ 取决于物流企业 i 的物流服务质量 $\frac{dy}{dq_i} = -\frac{Rs_i}{(\sum s_i q_i)^2} = -\frac{s_i \lambda^2}{R}$

物流企业最大化自身利润 M_π，其中 π 为单位消费者产生的利润

$$M_\pi = (p_i - c)q_i = (\lambda s_i - c)q_i$$

对 q_i 求一阶条件得到：

$$\frac{d\pi_i}{dq_i} = (\lambda s_i - c) + s_i q_i \frac{d\lambda}{dq_i} = 0$$

重新整理替换后得到：

$$\lambda s_i - c = s_i^2 q_i \lambda^2 / R \text{ 或等同于 } \frac{R}{\lambda} - \frac{cR}{s_i \lambda^2} = s_i q_i \tag{1.4}$$

考虑 n 个物流企业的一阶条件，得到：

$$\frac{nR}{\lambda} - \frac{cR}{\lambda^2} \sum_i \frac{1}{s_i} = \sum_i s_i q_i$$

根据表达式(1.4)，因为总收入等于总支出，所以上式等于 R/λ。将等式左右同除以 R 并乘以 λ 得到：$n - \frac{c}{\lambda} \sum_i \frac{1}{s_i} = 1$。

重新整理得到：$\lambda = \frac{c}{n-1} \sum_i \frac{1}{s_i}$ (1.5)

现在将 λ 代入表达式(1.4)中

$$s_i q_i = \frac{R}{\frac{c}{n-1}\sum_i \frac{1}{s_i}} - \frac{cR}{(\frac{c}{n-1}\sum_i \frac{1}{s_i})^2 s_i} \Rightarrow s_i q_i \frac{R}{c}\left[\frac{n-1}{\sum_i \frac{1}{s_i}} - \frac{(n-1)^2}{(\sum_i \frac{1}{s_i})^2 s_i}\right] \Rightarrow q_i = \frac{R}{c}\frac{n-1}{s_i \sum_i \frac{1}{s_i}}$$

$$\left[1 - \frac{n-1}{s_i \sum_i \frac{1}{s_i}}\right] \tag{1.6}$$

由此得到对所有物流企业来说收入均大于零的一个充分必要条件，即上述表达式括号内中的多项式对所有物流企业均为正。如果物流企业 i 具有最低的物流服务质量，则可以

得到：

$$\frac{1}{n-1}\sum_i \frac{1}{s_i} > \frac{1}{s_i}$$

因此，物流服务间的质量差异不能过大。如果所有物流企业的物流服务质量相同，则均衡时产量与质量无关。这是由于柯布—道格拉斯式效用函数使市场总消费固定。为了得到物流企业设定物流服务质量阶段的利润函数，需要替换价格。利用方程(1.5)和 λ，均衡时物流企业 i 的价格—成本差满足：

$$p_i - c = \left(\frac{s_i}{n-1}\sum_i \frac{1}{s_i} - 1\right)c$$

通过上述方程并结合表达式(1.6)，得到产量竞争阶段的均衡利润为：

$$(p_i - c)q_i = \left(\frac{s_i}{n-1}\sum_i \frac{1}{s_i} - 1\right)\frac{n-1}{s_i \sum_i \frac{1}{s_i}}\left[1 - \frac{n-1}{s_i \sum_i \frac{1}{s_i}}\right]R = \left[1 - \frac{n-1}{s_i \sum_i \frac{1}{s_i}}\right]^2 R$$

如果引入进入成本 e 和固定的质量生产成本 $C(s)$，在质量给定 $s_i \equiv s$ 的对称均衡中，物流企业的净利润等于 $(P^*(n) - c)q^*(n) - e - C(s) = R/(n^2) - e - C(s) = M_{\gamma\gamma}(n^2) - e - C(s)$。这意味着当市场规模 M 增长时物流企业的数量趋于无限。

命题3：物流服务质量不规范导致物流市场不存在严格正的集中度下边界。

内生的沉没成本和市场集中度

现在分析三阶段博弈中的前两个阶段，首先物流企业决定是否进入市场，然后确定物流服务质量，最后确定物流服务的提供量。考虑 n 个物流企业进入市场后在第二阶段的行为。

如果其他物流企业均设定物流服务质量为 s，物流企业 i 的利润为（考虑进入成本）：

$$\left[1 - \frac{n-1}{s_i\left(\frac{1}{s_i} + \frac{n-1}{s}\right)}\right]^2 R - C(s_i) = \left[1 - \frac{1}{\frac{1}{n-1} + \frac{s_i}{s}}\right]^2 R - C(s_i)$$

为了得到更一般的结果，设成本函数为 $C(s_i) = \alpha s_i^\beta$。在 $s_i = \hat{s} \equiv s^*$ 对称平衡中得到：

$$2\left[1 - \frac{1}{\frac{1}{n-1} + 1}\right]\frac{\frac{1}{s^*}}{\left(\frac{1}{n-1} + 1\right)^2} R = \alpha\beta(s^*)^{\beta-1}$$

或等同于

$$\frac{(n-1)^2}{n^3}R = \frac{\alpha\beta}{2}(s^*)^\beta$$

因此均衡时的物流服务质量为：

$$s^* = \sqrt[\beta]{\frac{2R(n-1)^2}{\alpha\beta \cdot n^3}}$$

其随市场总收入($R=M_{\gamma y}$)的增加而增加。这意味着随着市场规模 M 的增长,物流企业的物流服务质量竞争更加激烈。至少部分利润由于质量竞争而抵消,这导致更高的投资但并不影响收入。因此,物流企业的净利润为 $\frac{M_{\gamma y}}{n^2}-e-\frac{2(n-1)^2}{\beta}\frac{M_{\gamma y}}{n^3}=\frac{M_{\gamma y}}{n^3}(n-\frac{2}{\beta}(n-1)^2)-e$

如果利润为正数,则 $n-2(n-1)^2/\beta$ 一定大于零。例如,如果 $\beta=3$,则当 $n\leqslant 3$ 时表达式才大于零。注意到表达式与市场规模 M 不相关,因此即使 M 无限增长,市场中均衡物流企业数量也是存在上限的(因此市场集中度有大于零的下限)。

物流企业数量的上限可以表示为 $\bar{n}\leqslant 1+(\beta+\sqrt{\beta}\sqrt{\beta+8})/4$。图4-5给出了均衡时物流企业数量的一个例子(假设参数分别为:$\beta=5$, $e=0.2$, $\gamma y=1$)。均衡物流企业数量随市场规模的扩大而增加,但即使规模趋于无限时,数量也不会超过4。这证明了市场具有寡头图划给出了均衡时物流企业数垄断的自然属性,因为只有少量物流企业能够独立于市场规模而存在。

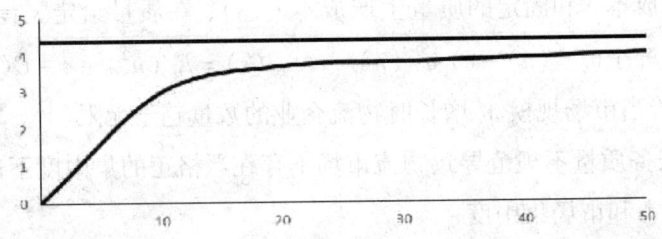

图4-5 沉没成本内生市场中均衡企业数量

当市场规模增加时,市场变得更有价值,促使物流企业在物流服务质量上投入更多。对物流服务质量的投入是有策略考虑的:保证物流企业在产量竞争时占有优势。均衡阶段,所有物流企业投资相同的金额,因此他们的相对位置保持不变。

命题4:物流企业内生性沉没成本不高,导致物流企业过度进入。物流企业不断提高内生性沉没成本,可以有效提升物流产业集中度。

这表明存在于最终竞争阶段的沉没成本能够明显改变市场规模和集中度间的关系。固定投资增加了物流企业物流服务对消费者的价值,同时也提升了内生沉没成本,例如广告或物流服务创新带来的质量提升。此外,这些支出也降低了物流服务的边际成本,如工艺创新。因此,Sutton(1991)对其理论进行延伸,希望得到内生的沉没成本会产生严格正的集中度下限;他并不承认在市场规模和集中度之间存在函数关系。图4-6描绘了内生和外生沉没成本条件下集中度下限的区别。这里 C_n 代表测量的集中度,如前四或前六大物流企业的市场份额或赫芬达尔指数。

命题5:沉没成本内生的市场中,存在一个市场集中度下限,并且随市场规模增大而降低;但对任何市场规模而言,均存在一个严格正的最低集中度。

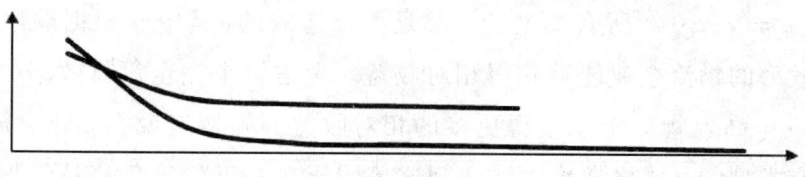

图 4-6 内生和外生沉没成本下的集中度下限

物流企业的动态进入和退出

假设能够分析小型活跃物流企业的均衡分布,物流企业是连续的且以"数量"作为度量。物流企业间的区别主要在于不同的边际成本和前一阶段是否活跃。一个新物流企业在时间 t 处的边际成本服从 $[0,1]$ 区间的某种分布 G。已存在的物流企业(即在上一阶段是活跃的)以概率 a 继承 $t-1$ 时刻的边际成本,以概率 $1-a$ 获得和新进入物流企业一样的边际成本。参数 a 用于衡量技术的持续性(或者合同限制的成本价格)。

规模为 M 的市场中有许多消费者,时间 t 是离散的,在持续经营的假设下,物流企业最大化折现后的预期利润;通常的折现因子为 δ。在前一期单位消费者的均衡利润用 π 表示,其取决于实际的边际成本和市场中活跃的物流企业数量。假设不活跃的物流企业有外部选择,此处设其对所有物流企业相等且为零。

在每个阶段内,市场按如下方式运行:在第一阶段,潜在进入者决定是否进入市场。如果一个物流企业进入市场,其进入成本为 e 且在此阶段变为沉没成本。在第二阶段,只有第一阶段进入市场的物流企业才能够了解边际成本的实现值。在第三阶段,新进入的和已经存在的物流企业决定是否退出市场和变为非活跃的物流企业。

规模为 M 的市场中,处于竞争阶段的物流企业均衡利润 M_π(忽略固定成本)取决于物流企业实际的边际成本以及竞争对手的数量和效率。μ 用来衡量物流企业的规模,因此可以把物流企业的均衡利润表示为 $M_\pi(c;\mu)-f$。对利润 π 做了一系列假设:首先,假设具有更低边际成本的物流企业能够获得更高的利润(当利润为正时),这是一个在任何寡头垄断模型中都成立的自然假设。第二,对 μ 引入偏好顺序:对所有可行的 c,如果存在 $(c;\mu)$,就说 c 优于 μ。规定,在每个有效层级上如果 μ 比 c 拥有更多的物流企业,则 μ 优于 c。其中的含义是,在 μ 下市场竞争稍微缓和,因此物流企业能够获得更高的利润(因为存在更少的、有效率的竞争物流企业)。假设 μ 完全按顺序排列,因此如果一个低成本物流企业在环境 μ 中的表现好于 μ',那么对于一个(在环境 μ 中有正似然函数的)高成本物流企业同样成立。

假设 π 是连续的。此外还需要两个额外假设。假设物流企业偏好 μ。首先,高效率的物流企业从 μ 转移到 μ 能够比低效率的物流企业获得更高的绝对收益,例如在 μ

下，$\pi(c;\mu) - \pi(c;\mu')$ 对所有类型的 c 都是严格递减的（其中 μ 根据顺序排列）。第二，假设低效率的物流企业能够获得相对收益。考虑一个完全没有效率的物流企业，它在 μ 下比一个高效物流企业获得更多的相对收益。确切地说在 μ 下，$\pi(c;\mu) - \pi(c;\mu')$ 对所有类型的 c 严格递增。注意到这等同于在 μ 下均衡价格持续增加。例如，差异化物流服务、线性需求的古诺模型和设定价格的物流企业满足所有假设（物流企业数量连续）。

首先，考虑退出阶段物流企业的决策。为此，比较物流企业退出时（标准化为零）和留在市场中的价值。后一种情况下，物流企业现阶段获得利润 $M_\pi(c;\mu) - f$。下一阶段，物流企业或者延续上一阶段的成本（以概率 α），或者重新根据分布 G 获得成本参数。因此，成本为 c 的物流企业在退出阶段的价值为：

$$V(c) = \max\{0, \bar{V}(c)\}$$

其中定义 c^* 为最大解，对于所有 $c < c^*$，有 $V(c) > 0$。因此 $c > c^*$ 类型的物流企业退出市场，反之 $c < c^*$ 的物流企业留下来达到进入的静态均衡时 $V(c^*) = 0$。

在进入阶段，一个潜在进入物流企业获得的预期收益为 $V^e = \int_0^1 V(c) G(\mathrm{d}c) - e$。达到进入的静态均衡时，只要期望收益大于零，物流企业就会选择进入，因此 $V^e = 0$。这意味着对 $c < c^*$，我们需要求解，等同于 $(1 - \delta\alpha)$。对 $c > c^*$，方程为。因此，物流企业的最优退出条件为：

一个新物流企业服从退出策略，在 $c \geq$ 的条件下退出市场，它的价值可以表示为：

$$\bar{V}(x;u) \int_0^x V(c) G(\mathrm{d}c) - e$$

因此自由进入条件可以重新表示为。

最优退出策略取决于：

将分析限制在均衡时物流企业收入严格为正，可以发现均衡是独一无二的。活跃物流企业的均衡分布与被 c^* 重新调整的 G 的分布方程有同样的形式。由于效率低于 c^* 的物流企业而退出市场，我们可以将市场中的活跃物流企业表示为 $\mu([0, c^*])$。如果 m 代表新进入的物流企业数量，那么收入比率为 $\tau = m/\mu([0, c^*])$，在静态均衡时可以表示为：$\tau = (1 - \alpha) \dfrac{1 - G(c^*)}{G(c^*)}$

在自由进入均衡时，衡量活跃物流企业的 $\mu([0, c^*(M)])$ 和市场规模 M 正相关。对于服从任何分布的活跃物流企业和任何退出策略，市场规模增长都会提高活跃物流企业的价值。特别是价格固定时，存在市场扩张效应。因此，活跃物流企业数量随市场规模 M 的提高而增加。但是，市场规模扩大和活跃物流企业数量的上升导致价格存在向下的压力。这种价格竞争效果对不同效率的物流企业产生不同的效果：低效率物流企业的毛利较低,其利润下降的百分比幅度更大。考虑市场规模由 M 扩大至 M',边际利润为 $c^*(M)$ 的物流企业在市场规模 M' 下收入为负。因此,物流企业在大市场中比在小市场时更有效率,$c^*M > c^*(M')$。竞争压力随市场规模的扩大而增强,所以,物流企业收入 τ 和市场规模 M 正相关。

命题6:在垄断竞争市场,市场规模扩大导致市场中物流企业数量增加,同时也会改变活跃物流企业的分布,只有非常有效的物流企业才会留在市场并且有更高的收入比率。

本文根据不完全市场竞争模型解释了我国物流产业的集中度低的原因,发现物流市场规模碎片化、物流服务质量标准不规范、物流沉没成本外生是物流市场集中度低的主要原因。鉴于我国物流市场的巨大潜力,今后一段市场活跃的企业必将获得更高的收益,而不活跃的企业则会被淘汰。据此,提出以下建议:

1、建立符合中国特色的物流市场管理体制,营造法治化营商环境

一是坚持政策统一性和属地化管理相结合,既要鼓励全国性大企业的发展,也支持地方性企业的壮大。二是简政放权,减少物流企业的行政性壁垒,整合统筹资源,清除地方保护主义的政策和法规,保证立法的协调性。三是制定一个关于第三方物流资质管理的法律规定,为物流企业创造公平竞争的环境。

2、支持平台型物流企业建设发展,鼓励物流企业联盟化

支持社会资本有序建设综合运输信息、物流资源交易、大宗商品交易服务等专业化经营平台。鼓励平台企业拓展社会服务功能,推进"平台+"物流交易、供应链、跨境电商等合作模式。支持平台企业与金融机构合作提供担保结算、金融保险等服务。

3、完善标准化市场体系,规范物流服务质量标准

建立物流服务质量评价准则。准则是开展具体评价指标体系和实施的前提和基础,制定物流服务质量评价准则,为物流服务质量评价奠定基础。颁布物流服务质量评价指标体系标准的文本,通过物流服务质量评价指标的实施及其发布,为物流服务质量认证提供统一的视角、内容、步骤和准则,提升物流服务质量认证的权威性。

4.3 物流集中度提升的策略

4.3.1 物流业集中度的阶段性判断

1. 我国物流产业集中度提升的阶段性判断

纵观物流产业的发展,我国物流产业30多年走过了发达国家几百年的道路,取得了举世瞩目的伟大成就,经历了起步、成长、逐步调整并走向成熟的三个阶段。而现阶段的特征

主要是物流产业企业数量众多,竞争激烈。

为了进一步提升物流的产业集中度,根据调研问卷和案例分析,我们判断未来我国物流行业的产业集中度将会呈现以下阶段:

第一阶段:规模继续扩张阶段(2016—2020年)。这5年将是各类尤其是大、中型物流企业建立规模的阶段。通过兼并、重组等方式收购、整合竞争对手、扩大势力范围,最大的几家公司开始凸显出来。随着快速整合的进行,物流行业将会呈现出10~50家非常具有竞争力且规模巨大的企业,同时前4位大公司将拥有总共10%~30%的市场份额。在这一阶段中,公司如何成功地为自己定位非常重要,这决定以后其是否会成为整合浪潮中的行业巨头。这一阶段的特征是将会出现大量的兼并,企业必须锻炼自己的兼并技能,主要包括学会如何在吸纳新公司的同时,谨慎地保持自己的核心文化,以及想方设法地留住被兼并的公司中最优秀的管理团队和员工,这些公司在最重要的市场上能兼并主要的竞争对手,甚至开始进行全球扩张。

第二阶段:垄断竞争阶段(2020—2025年)。物流企业经过第一阶段的残酷竞争,第二阶段的物流企业将更加注重核心业务的扩展,并继续大踏步地超越竞争对手。行业中前4位公司将控制30%—50%的市场。在这个阶段,行业里仍然会有10-30家主要竞争者存在。该阶段是一个大规模兼并和收购的时朝。企业的目标是成为全球行业巨头之一。处于该阶段的物流企业需要强调他们的核心能力,注重利润。对于公司的弱势业务,要么大力扶持,要么干脆放弃。该阶段还呈现出已站稳脚跟的企业对业绩不佳的公司的攻击,或者是打垮、或者是收购、或者是仿效。

第三阶段:平衡与联盟阶段(2025—2030年)。物流行业可能呈现出行业巨头割据的时朝,尤其以物流业为核心的全产业链的建立,中国可能出现类似于美国UPS之类的大型跨国企业。该阶段,物流行业的集中度上升到一定高度后会保持稳定,可能会略微下降,此阶段居于行业前4位的公司占据了市场50%~60%的份额,由于受到原料、政府政策、国际因素等诸多因素的影响,这些巨头的增长将变得更加艰难,大的公司将更加倾向于和同行组成联盟。企业在经营物流方面将不再会超越这一阶段,而是停留在此,企业其他业务的扩张成为发展新的动力源。这一阶段的特征还表现在,物流行业中的各个公司将捍卫自己的领导地位,他们将在成熟行业中积极地寻找发展核心业务的新途径,同时将一些新业务衍生到正处于整合早期的新兴行业,以创造新一轮的增长机会。

4.3.2 物流业集中度提升的策略

1. 加大物流体制改革创新力度,促进企业兼并整合

(1)改革行业物流管理体制,促进大物流的整合发展。物流产业延续了计划经济遗留的管理体制和市场格局。农业部门主管农业物流,工业部门则主管工业物流,交通部门主

管公路、航运物流，商务部门、林业部门、邮政部门、水利部门、供销系统等则都有行业特色的物流系统，各个系统各管一块，缺乏整合，难以产生具有综合物流服务功能和超强竞争力的大型企业。因此，要改革行业物流的管理体制，建立"一个声音说话"的管理体制，为物流企业的兼并整合奠定体制和制度基础。支持行业协会主导的质量标准、管理标准建设，支持大企业建立标准联盟，在设施设备建设、网络基础设施等方面形成一致准则，进而提升整合物流服务网络水平，提升进入壁垒，为物流市场的整合发展奠定基础。

(2) 加大物流行业提升整合模式和成功案例研究。物流行业研究的分散，各个研究部门基本上处于自说自话的状态，要么陷入脱离实际的计量模型怪圈。物流研究脱离了物流市场各类企业丰富多彩的竞争方式和创新模式。因此，要扶持新型物流智库建设，加大物联网＋背景下物流企业兼并整合的成功案例的研究，加大对国外物流企业提升整合模式研究，为全球化过程中中国物流企业的发展提供借鉴。总之，通过"模式＋案例"研究，推动物流企业兼并整合和行业集中度提升。

(3) 制定物流行业兼并整合的互联网＋通道计划。互联网＋经济的发展离不开互联网＋物流，也可以说，物流是互联网＋的前提和基础。一是推动国家智能物流服务网络建设，通过物流企业兼并整合打造互联网＋的物流通道；二是推动金融、电商、大数据等新型资源要素和物流的融合发展，通过新要素、新模式推动企业兼并整合。

2. 发挥资本市场的杠杆作用，推动物流金融的兼并整合功能

(1) 支持大企业开展供应链金融，鼓励企业发展担保、保险等新型金融业务杠杆，作用推动企业发展壮大。支持大企业积极构建供应链金融，通过远期交易、期货交易、仓单质押、担保、保险等形式开展物流金融服务，延伸物流服务功能，整合供应链条。积极推动物流园区、物流设施成为银行抵押担保对象，鼓励企业发展担保、保险等新型金融业务，通过金融手段提升大企业兼并整合的能力和手段，为物流市场集中度的提升提供支持。

(2) 支持物流企业通过上市、众筹等资本方式加快兼并整合。一要积极扶持物流企业开展上市计划，增加对物流企业兼并整合的研究和扶持；二要支持国有企业、地方政府、行业协会等利用私募基金、天使基金、众筹等成立产业整合基金，依靠资本力量加大企业兼并整合的力度。

(3) 支持物流市场商业模式创新，提升市场集中度。鼓励物流企业开展行业整合、供应链整合、电商整合等商业模式创新，然后通过资本市场迅速扩大，形成规模经济。

3. 推动物流行业人才培育和大众创业

(1) 推动大企业加快产学研结合，推动大企业再创业。目前，物流企业的大型企业主要是国有企业，竞争能力不强，管理体制僵化。所以要鼓励通过大企业建立产学研结合体，提升大企业技术研发、经营管理等发展水平，推动大型国有企业开展互联网＋背景下的再创业。

（2）加快引进、培养物流企业整合人才。举办大物流企业资本运营、兼并整合等培训和会议，加快引进、培养物流企业整合人才；培养新型物流行业管理人才，推动行业的兼并整合。

（3）鼓励物流企业大众创业，万众创新。在"互联网+"背景下，传统物流行业面临着巨大的挑战，这也为大众创业，万众创新提供了大量的机会。鼓励大学生、微型企业、个体户等利用电子商务、物联网、大数据等开展的创业创新，推动物流产业创新发展，进而提升物流市场集中度。

第5章

物流产业链整合提升研究

5.1 物流产业链的关键节点分析

物流产业是新产业,仅有30多年的历史。20世纪80年代以来,随着经济全球化的持续发展、科学技术的水平不断提高以及专业化分工的进一步深化,在美国、欧洲一些发达国家开始了一场对物流的各种功能、要素进行整合的"物流革命",物流活动由此开始走向系统化、专业化,并由独立的经济组织承担的新型经济活动,出现了专门从事物流服务活动的"第三方物流"企业。进入90年代,各种专业化的物流服务企业在欧美发达国家大量涌现并呈现出快速的发展趋势,由此形成了物流产业,并成为发达国家服务业中的一个重要组成部分。

随着信息技术尤其是互联网在多个领域的应用,以及全球经济的深度推进,物流行业的发展经历着深刻的变革与重塑,同时也获得了越来越多的关注。现代物流已发展成为包括合同物流、快递及快运、货运代理、第四方物流以及跨国物流在内的庞大体系。据56街研究院的最新数据显示,截至2015年底,全球物流业市场规模已经超过9万亿美元,相比于2009年6.62万亿美元的规模增长35.95%。分国别来看,2015年,中国物流业市场规模达1.71万亿美元,占全球的19.05%,位居世界第一,排名第二的为美国。随着各国经济的复苏,全球物流业仍将快速发展,预计年复合增长率为6.69%。2015年起,物流行业发展呈现三大明显特征:一是传统物流快递企业转型升级或产业链延伸;二是物流互联网平台型企业颠覆式、创新发展;三是更多物流衍生型服务企业应运而生。

1. 专业化模式

物流企业在企业的战略发展层面高度专注化的一种模式。物流企业将自身的精力集中到一起,可以在其为客户提供物流服务的同时,实现更高的运作效率,达到更好的效果,客户在与物流公司的业务往来中能享受到高效且人性化的服务,极大提高客户的忠诚度。同时,物流企业坚持专业化道路,可以使其有明确的市场定位,对物流自身企业品牌的建立有很大帮助,无形中增加了物流企业的品牌实力,能够在激烈的市场竞争中占得先机。

2. 供应链合作联盟模式

物流企业可以与物流供应链展开合作从而建立战略合作联盟,在这种供应链联盟的带动下,物流企业可以大大提高自身的管理水平和管理效率,并以此巩固自身在物流行业中的市场地位。同时,对于一些中、小型物流企业来说,供应链战略联盟的建立和发展壮大对自身的发展起到了十分重要的带动作用。

3. 物流集成化模式

物流集成化模式是指以物流业资源的优化和整合作为手段,将物流供应链上的生产商、分销商、供应商和终端消费者进行高效的管理,从而连接成一个集成化发展的整体。我国物流企业应该以向消费市场提供高效、专业、低价、高质的物流服务为自身发展准则,将企业的业务结构进行深度整合,合理地进行资源配置,促进传统物流企业向现代物流企业方向转变。

4. 服务增值化模式

物流企业可以通过对客户关系进行管理以及物流服务的创新等方式不断完善物流供应链服务,并以此为契机提高自身企业的经济效益。同时,通过服务增值化进一步降低成本,有效增加物流服务的便利性,提高物流企业的对市场变化的反应速度。

5.2 物流产业链整合模型

传统物流产业链面临着双柠檬市场,低水平均衡,主体力量不均等,市场和政府双失灵等困境,要构建现代物流产业链,通过产业链的延伸和优化来发展现代经济体系。从产业化经营目标来看,需要不断拓展和延伸产业链;从实现方式来看,需要产业链协调顺畅,需要产业链有竞争力的龙头企业和科技支撑。而"风险共担、利益共享"是构建物流产业链组织的基本原则。采用多种形式发展物流产业链组织,使物流产业链组织从松散到紧密,从生产为主到以销售为主,从单一到综合,从短到长,从小到大,从内到外;通过发展品牌,不断凝聚物流产业链组织发展壮大的内在动力;建立健全包括价值链、信息链、组织链和物流链的物流产业链管理系统;为物流产业链创造宽松的法律和政策环境。针对传统物流产业链的困境,本文从产业链主体、内容和组织形式来具体讨论如何构建现代物流发展的产业链。

5.2.1 现代物流产业链的建设主体

现代化的物流产业链是由一家企业建设还是由产业链条上每个产业主体共同建设呢？新产业组织理论广泛使用博弈论对企业的策略行为进行分析，发现信息不对称在产业链整合过程中增加了协调成本，交易费用大大提高，而且各个不同的市场主体因为拥有各自的利益而存在双重加价的价格扭曲(Double Marginalization)，每个主体在每个阶段都加上自己的价格——成本边际，导致整个产业链的利润大大降低，因此，以龙头企业为主体，通过纵向一体化来建设完整的产业链条，这样可以责任明确、利益清楚、降低交易成本。

物流产业链条上的市场主体众多，有加工企业、经销商等，第三方物流企业是物流产业链条中实力最强的主体。相对其他主体而言，企业拥有更加超前的经营理念、现代化的技术水平、强大的资源整合能力和较高的市场营销水平，可见，第三方物流企业更容易建设成功的产业链。从整个链条的方便性上看，由于第三方物流企业位于整个链条的中间，而且业务交叉更多，因此，第三方物流龙头企业组建产业链最合适。

5.2.2 现代化物流产业链的构成要素

1. 产业环境与第三方物流企业资源的联动优化

产业组织理论(包括哈佛学派和芝加哥学派)充分强调了市场竞争和产业定位的重要性，主张通过市场的充分竞争就能达到提高行业集中度、实现产业可持续发展的目的，但事实并非如此。主要原因：一是传统组织理论忽视了企业资源的异质性，把企业当成一个"黑箱"，只知道企业可以通过产业链整合提升竞争能力，不知道产业链的竞争优势到底来自何处，而且也没有考虑产业链整合的交易费用。二是产业组织理论忽视了国情因素和产业环境，正是不同的国情和产业具体环境的因素打破了理想的市场竞争的结局；三是产业组织理论由于源于新古典经济学的竞衡分析框架，导致这套理论从本质上说是静态的，即使进行了动态的努力，也是从一个均衡点到另外一个均衡点的比较分析。企业能力理论认为企业的持续竞争优势被模仿以后仍然能在均衡点上保持持续的竞争优势，但是这个均衡点是均衡模型中的"逻辑时间"，跟现实的日历时间没有任何的联系。我们处在这个十倍速变化的时代，产业链分解整合的速度越来越快，产业组织理论必须要重视企业内部资源与外部产业环境的互动。基于以上分析，我们认为现代化的物流产业链的基础要素就是产业环境与企业资源的联动优化。产业环境包括混沌(Chaos)环境和可持续发展。

2. 搭建现代物流的公共行政信息平台

现代化的物流产业链要想各个环节都能形成一个整体，提高控制和协调的效率，就需要建立公共行政信息平台。首先，企业要通过现代化的电子信息网络，建立产业链各环节共享的信息平台，让各环节的信息共享实现全方位、零距离。其次，通过内部媒体、流通网络和培训系统等多种形式，大力宣传产业链发展战略、广泛深入宣传物流管理法规、政策和物流安全使用技术，突出宣传现代物流理念，促进和提高现代生产和消费水平。

3. 完善一个利益共享、风险共担的产业链条

在产业环境与第三方物流企业资源联动优化的基础上，将原料采购与贸易、制造与加工、产业园区建设与服务、流通模式、现代金融、品牌、市场销售等八大环节联结起来，形成现代化的产业链。

5.2.3 现代化物流产业链的建设方式

1. 建立混合纵向一体化的链接机制

从制度经济学的角度看，产业链组织的形成是一种制度选择和制度创新，对此是需要付出成本的，这种成本是一种交易费用。市场结构通常是不完善的，企业具有以内部一体化替代市场组织的作用，能够以市场交易"内在化"来克服市场结构的缺陷。产业链组织中的"龙头"企业支配资源配置，将市场交易内部化，可以节省交易费用。根据企业能力理论，任何企业不可能拥有无限的资源来支配整个物流产业链的各个环节，必须引进专业的经济实体以利益为纽带将其连接起来，过去大多数的产业化一条龙企业失败的根源就是单独一家企业支配整个产业链无法控制风险。多个产业链的成员企业作为一个个独立的经济体，又客观存在自我利益的追求，相互间在进行产品或服务供需交换、谋求共同战略利益的同时，也存在利益差异与冲突。因此，为了实现物流产业链合作企业的共同战略利益，使加盟产业链的企业都能受益，就必须形成一种长期合作博弈的机制来加强成员企业间的合作，使得成员企业能够风险共担、利益共享。这种机制就是混合纵向一体化连接方式。这种模式就是以一家农业龙头企业为主进行产业链设计，按照专业、高效和运作经验的原则，将某些环节以某一利益主体独资、控股或参股的形式参与产业链各环节的投资经营，而又与其他利益主体在某一(些)功能环节以合同契约的形成进行联结。

2. 建立"公司+园区+市场"的组织形式

传统的物流企业规模小、市场分散，交易成本巨大，通过现代物流园区的建设解决了一系列的问题，因而具有先进性。

3. 建立"品牌+标准+规模"的经营体制

物流产业链成功与否取决于整个产业链的效益，而产业链的效益取决于"品牌+标准+规模"的经营体制。其中品牌是终端产品实现价格增值的主要手段，没有终端产品的品牌溢价，就没有整个链条价值的提升，风险就无法避免。传统物流产业链失败的原因之一就是各链条的行情风险无法因为品牌溢价而避免。标准化是品牌的保障，正是由于标准的严格执行品牌才能有溢价的空间。规模化就是将产业链模式复制放大，取得规模效应。

5.2.4 现代物流产业链的一般框架

人们对中国物流产业作了深入考察和分析后,认为建立一个基于联动优化的新物流产业链有助于现代产业体系的建设和可持续发展(见图5-1)。

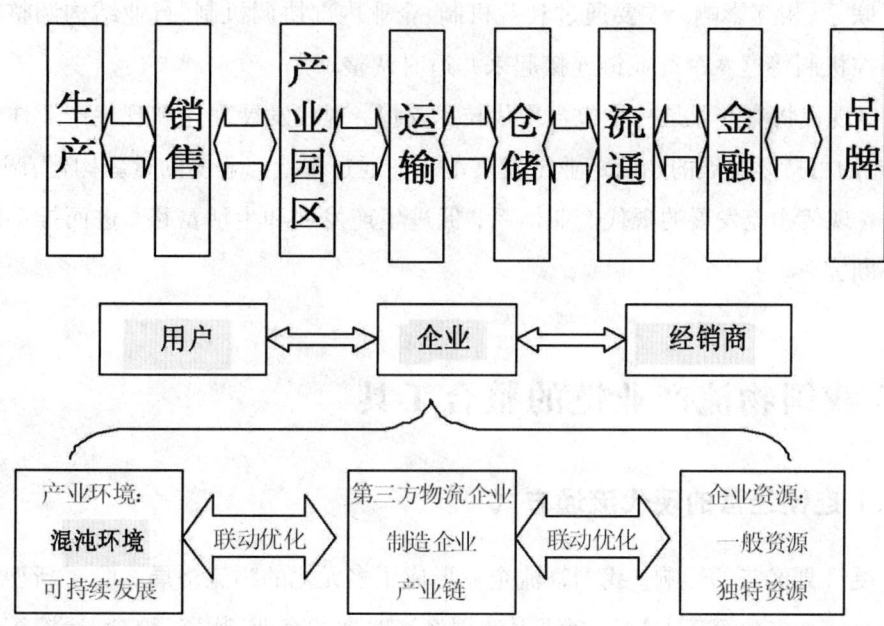

图5-1 基于联动优化的现代物流产业链框架

第一,与以往产业组织理论静态研究不同,这是一个基于产业环境和企业资源双向连动优化的动态理论框架。连动,就是产业链中任一要素与存在该系统中的其他要素是互相关联的,又是互相制约的,它们之间的某一要素如果发生了变化,则应对其他相关联的要素也要相应地改变和调整。优化,就是指整个产业链达到一种投入最少、产出最多、风险最小机遇最大、统筹兼顾的理想状态。从系统科学上说,优化就是找出在某些约束下变量取最大或最小值(极值原理(extremum principles))的系统状态。实际上,优化就是系统整体结构或功能最优。连动和优化是一对相辅相成的对立统一体,两者密不可分。产业链中的要素之间只有实现连动才能达到这个系统结构或功能最优;而产业链要想优化也必须实现要素的连动。

第二,与以往产业组织理论重视市场竞争和交易成本不同,这个理论框架还强调中国物流的产业环境和不同企业的资源禀赋。中国物流产业环境包括混沌环境和可持续发展。混沌环境的内容有非确定性(行情)、非有序性(竞争)、非对称性(零担物流与现代企业)、非物质性(竞争的关键);可持续发展要求物流产业的生态化、规模化、集约化,物流产业链必须解决混沌现象并且要实现可持续发展。企业资源包括一般资源与独特资源两种,其中的独特资源具有价值性、稀缺性、不可模仿性和不可替代性四个特征。第三方物流企业正是凭借自身的独特资源才能整合产业链的各个环节。

第三,在基于联动优化的基座之上通过四大机制连接三大主体和八大环节。八个产业环节相互联系、相互影响,主要通过利益机制、企业内部协调机制、行业结构调整机制和宏观政府调控机制将这八个产业链连接起来并适时调整。

总之,现代物流产业是一个包含现代技术支撑,现代发展理念和现代产业体系的综合性、多功能的可持续发展的物流产业链发展范式。通过现代产业链的重新构建、调整和优化整合,建立现代物流发展的现代产业体系,促进生产发展和生活富裕,进而推动现代经济体系的不断完善。

5.3 我国物流产业链的整合工具

5.3.1 连锁经营的现代流通方式

由于受计划经济的影响,我国物流企业形成了多元化的物流格局。除了新型的外资及民营企业外,大多数第三方物流企业由计划经济时期的商业、物资、粮食、运输等储运企业转型而来,规模偏小、经营业务单一、效率低、损耗大,且条块分割严重,集中度不够。据相关统计,我国1700万家流通企业中,93%为单体经营户,达到一定规模以上的仅占1%。连锁这一新颖经营业态和销售模式的出现,正顺应了新时期物流产业链求真、求廉、求便、求全的发展趋势,具有较大的市场潜力。其经营模式是以设立在城市的总连锁店为核心,不断向本区域的各个乡镇以及附近区域及其部分乡镇辐射,通过规范化经营,实现规模效益的。由于连锁经营在降低采购成本、销售成本、管理成本行的同时,提高了企业的品牌形象和信誉,降低了竞争风险,因此也取得了较高的成功率。

发展连锁店无论在店址选择还是内部装潢上的要求均相对较低,可以大大降低资产的固定投入;开架销售、电子化管理和各门店之间统一采购,可以减少人力物力支出、加快资金周转速度、压低商品进价;更重要的是通过加盟连锁的形式,可以极大地减缓总部的资金压力和风险。通过连锁的形式进军物流市场不但可取得经济效益的稳步增长,而且还可取得社会效益的明显进展,同时用现代流通方式,走连锁经营之路,无疑是新时期开拓物流市场一条切实可行的途径。但是,连锁经营在持续发展的进程中,依然存在着各个方面的问题。连锁的运营是以追求规模为目的的,往往掩盖着运营管理方面的问题,在资源整合和管理方面形成越来越多的潜在危机,企业向各种业态全面扩张使资源处处短缺,特别是在物流配送环节,受主观、客观因素的限制,很难充分发挥其存在的巨大潜力。所以,这些有待加强的地方,需要我们分析,并提出合理的对策。

一般作为连锁企业其根本要求是实现"六统一":即统一进货、统一配送、统一核算、统一管理、统一信息。从整体看,特别是统一进货、统一配送属于物流范畴的这两方面最难实现,这恰恰是现代物流产业链的发展趋势所在。

5.3.2 供应链管理的现代管理方式

随着我国加入世贸组织,到形成企业核心竞争力这一段改为供应链是以客户需求为导向,以提高质量和效率为目标,以整合资源为手段,实现产品设计、采购、生产、销售、服务等全过程高效协同的组织形态。党的十九大报告提出,在中高端消费、创新引领、绿色低碳、共享经济、现代供应链、人力资本服务等领域培育新增长点、形成新动能。可以说,加快供应链创新,建设现代供应链,已成为深化供给侧结构性改革、建设现代化经济体系的重要内容,将极大地推动我国现代供应链创新与实践进入一个新的发展阶段,同时也表明我国经济在转型升级发展过程中,进入到供应链创新时代。

但在中国,供应链管理仍有较大发展潜力,我国物流业正加快进入现代供应链时代,一批物流领先企业开始加快延伸服务链条,承接企业物流业务,并提供供应链增值服务,向供应链一体化服务商转型。

供应链管理成为关系企业生存和发展的关键,在国外,供应链管理已成为企业的"第三利润"来源,但在中国,供应链管理仍乎较大发展潜力。供应连管理就是优化公司的整体行为,以创造产品和服务的组合。其目标是管理和协调整个过程,从原材料供应商到最终用户,而不是仅局限于特定的业务部门的优化,是创造出一个非常具有竞争力的价值链,并使参与协调的各方获得双赢的结果。供应链管理的概念是:对供应链中的信息流、物流和资金流进行设计、规划和控制,从而增强整个供应链中各成员的竞争力,提高供应链中各成员的效率和效益。

5.3.3 资本运营的现代运作方式

物流业联系着千家万户,维系着国计民生,在国民经济中占据重要地位,但融资难一直是行业发展的瓶颈。据中国物流与采购联合会物流金融专业委员会估算,物流业仅运费垫资一项,每年就存在约6000亿元的融资需求,但这约6000亿元的融资需求中只有不到5%是通过银行贷款方式获得的。当前,我国物流业的发展仍然较为粗放,亟须借助金融行业的力量进行整合,从而实现结构性调整,焕发新活力。在中国经济加快转型的背景下,资本将加速进入有发展潜力和国家政策支持的物流企业。其中,2018年,物流信息化、物流装备仍将获得资本的进一步青睐,无人机、无人货车、无人仓储、无人快递等也将获得更大发展和普及。以无车承运人为代表的物流平台企业也将迎来更大的发展空间。近年来，物流行业以市场为主导，不断地优胜劣汰，逐渐形成了京东自营物流和菜鸟物流平台等龙头企业，而在今后的发展过程中，规模较大的物流企业，将继续借助规模经济，在渠道布局和新技术的引进上，逐渐形成绝对的优势地位。而对于那些服务功能少、竞争能力弱、信息化程度低、经营秩序不规范的小企业来说，竞争环境将日益恶化。只有不断创新并探索新的物流模式，才有可能获得新的发展机会。

利用资本市场直接融资进行物流产业链经营，不仅可以分散投资风险，减轻政府与银行的压力，具有融资额度大、成本低、操作灵活等优点，而且可以有效地促进经营机制和经营理念的转变，还可以凭借资金优势和成功经验，通过收购兼并、资产重组和产权交易等手段进行资产重组和改造，提高资源的配置效益，获得低成本、超常规的发展。

5.3.4 信息化的现代技术方式

尽管我国物流信息化发展较快，但是不得不承认，与国际先进水平相比，整体水平尚处于较低层次，特别是中、小型物流企业的信息化水平很低。一方面，先进的信息技术应用较少，应用范围有限。调查显示，在国外物流企业得到广泛实用的条码技术、RFID、GPS/GIS和EDI技术在中国物流企业的应用不够理想。同时，立体仓库、条码自动识别系统、自动导向车系统、货物自动跟踪系统等物流自动化设施应用不多。另一方面，信息化对企业运营生产环节的渗入层次较低。记者经过调查发现，在信息化水平较高的大、中型物流企业，其企业网站的功能仍然以企业形象宣传等基础应用为主，作为电子商务平台的比例相对较少，大约占16.67%。同时，已建信息化系统的功能主要集中在仓储管理、财务管理、运输管理和订单管理，而关系到物流企业生存发展的有关客户关系管理的应用所占比例却很小，大约是23.33%。

事实上，目前较低的信息化应用水平已经成为制约我国现代物流发展的重要因素，我国物流业迫切需要提高信息化水平，以提升国际竞争力。据了解，一辆丰田轿车的零件有3万个之多，但是丰田汽车公司却是零库存企业，"以信息替代库存"可谓丰田公司制胜的法宝之一。可见，中国物流业要想提升竞争力，仅依靠提升"运力"是不够的，必须大力应用和发展现代信息技术。

"大物流"急需物流信息化实现"两化"。在经济全球化的大趋势下，随着信息技术的迅速发展和竞争环境的日益严峻，要大幅度降低我国企业的物流成本，增强企业的国际竞争力，就必须以信息技术和信息化管理来带动物流行业的全面发展，构建全社会的"大物流"系统。这就迫切需要物流信息化在信息资源上实现共享化、在信息网络上实现一体化。

一是物流信息资源共享化。以往，物流企业的信息化建设十分看重硬件投入，随着企业发展的需要，信息资源的整合开发日显重要。事实上，开发物流信息资源既是物流信息化的出发点，又是物流信息化的归宿，同时，信息整合也会推动物流行业相关资源和市场的整合。我国著名物流专家陆江曾在接受采访时表示,目前,我国物流企业信息化水平较低,能利用信息技术优化配置资源的企业还不多,特别是公共信息平台的建设滞后,物流信息分散,资源不能有效整合,形成了大大小小的"信息孤岛"。我国要发展现代物流,抓住全球化和信息化带来的发展机遇,必须加强物流信息资源整合,大力推进公共信息平台建设,建立健全电子商务认证体系、网上支付系统和物流配送管理系统,促进信息资源的共享。调研数据显示,在当前物流企业的信息化发展中,对公共信息网络平台的需求比例大约为56.67%。有关专家建议,物流信息化应纳入国家信息化发展的总体规划,统筹考虑、协调发展,从体制上打破条块分割和地区封锁,从信息资源整合入手,抓好物流资源的整合。

二是物流信息网络一体化。随着经济全球化以及国际贸易的发展,一些国际大型物流企业开始大力拓展国际物流市场。而物流全球化的发展走势,又必然要求跨国公司及时、准确地掌握全球的物流动态信息,调动自己在世界各地的物流网点,构筑起全球一体化的物流信息网络,为客户提供更为优质和完善的服务。加入WTO以后,我国的物流企业要想适应国际竞争并在竞争中盈利,建立全国性乃至全球性的网络系统同样必不可少。正如广东保力得物流发展有限公司技术总监龙云所说:"通过一体化的网络,物流企业可以产生特殊的规模经济效应,更有利于吸引用户、降低成本。"

5.3.5 战略联盟的现代合作方式

我国现有的物流企业虽然数目众多,但是大多数的特点都是规模较小,服务单一,甚至有些仅仅是挂着物流企业的名头,实质上只是一些仓储公司、快递公司,根本不具备第三方物流企业所要求的服务能力。对于我国的这些物流企业而言,每个企业的资源都是有限的,但是这些有限的资源相对于不同类型的物流企业来说又都有着其特定的优势,这些优势资源分散开来互相竞争,互相打压,不但导致物流资源的浪费,而且严重影响了我国物流业的发展。而现阶段,大多数的物流公司都没有足够的资金以并购的方式扩大企业规模,建立完整的物流服务体系,所以我国的物流企业要想在激烈的竞争中得以生存和发展,就应当以企业之间结成战略联盟为侧重点进行物流资源整合。

所谓战略联盟,从资源结合体的角度界定,是指参与的企业根据各自已有资源的特异性,本着互利互惠的原则,结合资源的互补性,追求共同利益的行为。而物流企业的战略联盟,是指两个或多个第三方物流企业,或其他公司的自营物流部门,为了适应市场需求、实现资源共享、发展企业规模等特定的战略目标而签订的长期互利的协作关系。

物流服务由于其运作的复杂性,再加上一个企业的物流资源往往是有限的,单一的物流服务提供商根本没有办法满足物流服务的全球化与综合化发展需要,难以实现物流服务整体的有效控制与管理,难以实现物流全过程的价值和经营活动的最优化,难以实现低成本、高质量的物流服务,因而也无法使客户感到满意。而物流企业之间建立战略联盟,可以最大限度地发挥企业各自的特点,扬长避短,在未进行或无法进行大规模的融资的情况下,利用伙伴企业的优势资源完善各自的服务体系、增加物流产品的服务品种、扩大物流网络的覆盖面,同时还可以使物流资源信息在各合作企业间共享,降低牛鞭效应,从而在本系统内做到服务一张单,对客户的需求可以提供采购、仓储、配送等供应链上的一条龙服务。这样既节约了物流企业自身的运营成本,又提高了企业的竞争力。

虽然在物流企业之间建立战略联盟可以有效地降低企业的物流成本、减少企业的运营风险、扩大企业的物流服务范围、提高企业的服务水平,提升企业的竞争力。但是,在战略联盟实际的操作上也存在着一些需要注意的问题。

第一,要选择合适的联盟伙伴。物流企业战略联盟的成功与否,在很大程度上取决于合作伙伴的正确选择。在这里最重要的是要看所选择的合作伙伴是否具备自己所需要的资源和能力,来帮助自己更好地满足客户的需求。因为只有通过优势互补,才能真正做到取长补短,实现整体最优化,真正达到建立物流战略联盟的目的。所以,在选择合作伙伴的过程中,就要注意到资源的互补性,以此为标准来选择。比如发展侧重仓储的物流企业,就应选择发展侧重于运输、包装的物流企业。而服务网络在东部地区比较密集的物流企业就可以选择网络在西部比较密集的物流企业,等等。

第二,物流企业之间所建立的战略联盟必须转变原有企业的观念,明确自己的市场定位,同时利用各自的资源优势开展附加的物流服务,完善联盟的物流体系。而不能只把自己看作是一个简单的仓储、运输或者货运代理企业,更不能认为联盟只是运输、仓储、保管、配送等不同公司的简单叠加。所以,对联盟内的每个企业来说,要适应企业身份的转换,必须尽快把握物流真正的内涵,转换服务观念,努力发掘自身物流服务的潜力,在求得自身发展的同时和联盟内的其他企业共同进步。

第三,在结成战略联盟后,要保持稳固的信任关系。在企业之间进行联盟的过程中,合作方的不信任将会直接导致联盟关系的破裂,信任是战略联盟的前提。这就要求诚信机制的建立。一方面,联盟伙伴之间必须具有长期合作的意愿,保持相互信任;另一方面,应通过建立对双方均有约束的规章制度,使联盟伙伴之间建立稳定而持久的信任关系。这样不仅可以节约甚至避免大量的交易费用,更有利于合作关系的发展,从而提高联盟合作的成功率。

第四,企业文化也是结成战略联盟后将面临的主要问题之一。不同的企业有不同的文化,企业文化往往决定着企业的行为,只有企业文化大体相同的企业才有可能在行为上取得一致,从而结盟。但是,在物流企业战略联盟的建立中,难免会有企业文化之间的冲突,在这种情况下,就要求各方尊重对方的企业文化,同时找到双方或各方在文化上面的切入点,务实地解决联盟将面临的问题,在面临共同的竞争时,要保持求同存异的策略,回避次要矛盾,在共同的利益面前,利用各方的共同点来维持物流服务体系的正常运作。

第五，处理好战略联盟中企业间的合作与竞争关系。物流系统是由两个以上的要素组成的，单个要素不成为系统，因此，单纯的运输和仓储只是物流管理过程中具体的功能性活动。而目前我国物流业中存在的实际问题就是，存在很多这样的只有功能性活动的中、小型物流公司，缺少大型的、综合的、专业的第三方物流企业。这同我国急速增长的经济形成了矛盾，同时也无法使我国的物流企业在与国外物流企业的竞争中获得优势。所以，必须针对我国物流业的发展现状，对现有的中、小型物流企业进行以战略联盟为主的资源整合，从而解决我国物流资源浪费，重复建设严重的问题，在谋求企业生存的同时也促进我国物流业的发展。而在联盟的过程中，虽然它们处于一种合作的关系，但由于各个物流企业的服务重心和利益不同，也存在着一定的竞争，这时就要处理好合作与竞争之间的关系，发现并解决它们之间可能存在的问题，充分发挥各企业的能动性，扬长避短，优势互补，以求在战略联盟的各个物流企业之间实现双赢或多赢。

5.4 京津冀地区物流产业链整合发展的模式

5.4.1 打造嵌入式产业链合作模式

所谓嵌入式产业链合作模式是指利用京津冀地区港口、航空等物流节点众多的优势，积极嵌入区域物流网络，增强与物流节点城市的协作，在信息共享、联运等方面与其他物流园区形成联动发展。天津港物流发展有限公司是天津港整合内部物流资源、实施产业化经营而打造的唯一全资综合性物流公司，注册资本为6.67亿元人民币。天津港物流发展公司先后在唐山丰润、廊坊霸州等地设立了物流中心，此票业务的成功操作，也将成为天津港物流发展公司与各无水港、物流中心等物流功能、模式对接的复制蓝本，具有重要的示范意义。北京平谷国际陆港是天津港（集团）有限公司在北京地区参与投资的唯一"子港"，作为天津母港在北京的码头线延伸或直属后方堆场，是集货物集疏、储运、包装、理货、配送、签发提单等港口功能于一体的内陆口岸型陆港。北京平谷国际陆港实现了天津港与北京国际陆港的直通，直接面向国际国内市场发挥物流口岸功能。京津两地海关、国检部门共同协作，创新通关监管模式，北京由该陆港进出"海"的货物将一次性办结所有的通关监管手续，极大地加快了通关速度，提高了物流效率。通过嵌入式的物流产业链合作模式在优化区域经济结构，加强区域经济合作，推动京津经济一体化进程等方面产生了重要的推动作用。

5.4.2 打造连锁式产业链合作模式

物流产业是规模经济效应明显的产业，连锁则是产业扩张的重要形式。产业链整合是指通过产业链来实现公司之间、公司和经销商之间的关系和制度安排，进而实现产业链内部不同经济活动和不同环节间的协调，是企业根据经济环境的变化对分工制度安排进一步整合的过程。产业链整合并不是所有的环节都自己去做，而是组成很多合作伙伴，让合作伙伴们一起来做。优势企业可以输出人才、技术、品牌、模式等。通过连锁式产业链合作模式，可以实现河北、天津的产业资源优势与北京的商业资本、网络优势的互补、共享，产品和网络、资源与市场的联手与联盟，从而带动物流一体化发展。比如新发地批发市场，2010年4月，新发地签约落户河北省高碑店市。高碑店新发地项目总投资达到了54亿元，占地面积为2081.3亩，总建筑面积约为160万平方米，园区总面积比北京新发地还要大出近300亩，并且还预留了5000亩的耕地可拓展。园区分设5个交易中心和6大批发市场，整个项目建成后，河北高碑店新发地将拥有固定摊位5000多个，仓储能力达60万吨，可实现农副产品年交易量100亿公斤。尽管北京新发地对北京市的作用不容小觑，但作为批发市场，巨大的进、出货交易量所带来的交通、环境等负面作用也不容忽视。因此，新发地市场不是选择搬家，而是将通过一批重点项目建设升级。不过，为缓解压力，新发地将把低端蔬菜零售等部分功能挪到河北高碑店等北京周边市场之外。

通过这种连锁式的产业链合作机制，建立了农产品物流产业链条，北京负责销售，河北则主要从事农产品的生产加工。既保证了蔬菜供应，还能带动当地农业产业链的发展以及园区周边其他配套产业的兴起，解决当地的就业问题。

5.4.3 利用整体搬迁形成产业链合作模式

在京津冀一体化上升到国家战略的背景下，北京市的核心功能为政治中心、文化中心、国际交往中心、科技创新中心。这就要求"十三五"时期北京商贸流通行业发展过程中需要适应这一改变，并且制定出台相应的政策措施，进行批发市场和物流基地的调整疏解。现有批发市场和物流基地的模式、格局和机制，在某种程度上加剧了"大城市病"，为了更好地服务北京核心功能，有必要对现有的批发市场和物流基地进行调整和疏解。外迁不能急于求成，需要经历很长时间，不仅企业需要选址的时间，商户也需要认可的时间。商户对于区域位置、环境条件等方面有时比业主方还要苛刻。调整和疏解要立足于京津冀一体化，以规划调整市场转型升级、关闭搬迁低端市场，通过专业市场园区创新发展、示范带动、转型升级，通过电子商务应用，包括物联网、多式联运等推动市场升级，通过严格的交通整顿、市场监管倒逼升级，以商流物流分离推进批发市场升级，这就要求形成高效有序的京津冀物流产业链条。通过北京市的品牌联动、电子商务，河北、天津的物流仓储基地等既能将物流、仓储加工等物流产业链条疏解北京，也能通过电商、品牌等满足北京市流通功能的需要。既带动河北、天津当地的经济发展，同时可以服务北京居民的正常生活需求。例如加强环北京的香河、三河、涿州等地，大红门批发市场、动物园批发市场整体迁移至河北白沟和永清，在这些地方建立产业与商业的结合，进一步提高北京的经济辐射力。同时考虑环北京贫困带的发展需要，利用北京强大的消费需求，带动这些地方的农业、轻工业发展。

5.5 国外物流产业发展的经验借鉴

发达国家现代物流业萌芽虽然可以追溯到 100 年前,但最近 20 多年才是发生质变的关键时期,其中信息化的带动起决定性作用。我国现代物流业的发展尽管起步较晚,但信息化方面与发达国家并没有实质性的差距。只要我们结合国情,学习借鉴发达国家物流发展的经验,我国的现代物流业就一定能够实现跨越式发展,在国民经济和社会发展中发挥更加重要的作用。

1. 绿色物流业逐渐兴起

物流业虽促进了经济的发展,但在其发展的同时,也会给城市环境带来不利的影响,如运输工具产生的噪音、排放的污染、阻塞交通、物流废弃物的不当处理,都会造成环境污染。为减少物流对环境的损害,提出了大力发展绿色物流的新观念。绿色物流包括两方面内容,一是对物流系统污染进行控制,即在物流系统和物流活动的规划与决策中,尽量采用对环境污染小的方案,如采用排污量小的货车车型、近距离配送、管道运输、夜间运货(减少交通阻塞,节省燃料和减少排放)等措施。二是建立工业和生活废料处理的逆向物流系统,由目前的"线性开放式的生产物流"变成能回收旧产品和废料的"循环型闭环式物流系统"。

2. 物流业的发展需要政府的统筹规划和支持

根据国内外发展物流的经验,物流业的发展离不开政府的合理规划。日本政府对物流业进行全面、整体的规划,是促使物流业迅速发展的一个重要原因。深圳、上海物流业之所以处于国内领先地位,也与政府的合理规划和指导分不开。同时,物流业从总体上讲是一个投入高、见效慢的产业,其发展离不开政府在政策方面的大力支持。物流园区和交通运输网络、港口、码头等物流基础设施投入都很大,更需要政府事先做好统筹规划,引导物流业向健康有序的方向发展,避免重复建设和资源的大量浪费。

3. 物流业向集约化和国际化发展

随着物流活动和规模的进一步扩大,物流企业正在向集约化与国际化方向发展。具体表现为规划建设物流园区和物流企业的兼并与合作。随着国际贸易的发展,美国和欧洲的一些大型物流企业展开跨越国境的并购,大力扩展国际物流市场,以争取更大的市场份额。从日本、深圳、上海规划建设物流园区来促进物流业发展的经验来看,物流园区对于物流产业的发展和成熟能够起到巨大的推动作用。物流园区是多种物流设施和不同类型的物流企业在空间上集中布局的场所,是具有一定规模和综合服务功能的物流集结点。而物流园区的建设,通过产业政策和提供配套的企业服务,将提供各种不同特色、具备不同功能优势的物流企业吸引过去,从而形成了物流产业的聚集功能。所以物流园区的建设有利于实现物流企业的专业化和规模化,发挥其整体优势和互补优势。物流园区在聚集各种物流服务提供商的同时,也为物流企业提供了良好的发展空间,从资金、技术、人才、信息管理水平等方面推动了物流企业自身的发展。因此物流园区在对物流业整体发展中能够起到基础支柱作用。

4. 物流业正在向信息化和标准化方向发展

随着互联网技术(INTERNET)、电子数据交换技术(EDI)、卫星定位技术(GPS)、地理信息系统(GIS)、射频技术(RF)等在物流业的应用;各种信息平台的投入使用;物流信息收集的数据库化和代码化;处理的电子化和计算机化;存储的数字化等,都表明现代物流正朝着信息化方向发展。事实上,信息化已成为现代物流业发展的必由之路。

综上所述,我国与欧、美、日等发达国家在经济发展水平、资源禀赋、消费需求、物流市场发展等方面都存在较大的差异,在未来物流业发展的过程中,既要借鉴发达国家的普遍做法和经验,也要结合国情,选择符合实际的物流发展模式。应该形成有利于物流发展的综合政策体系,在区域物流政策方面,要根据东、中、西部的经济发展差异,采取不同的物流业发展模式;在城乡物流发展方面,更应该注重绿色物流和物流产业链的发展;在先进技术的选用上,应该强调适用,并不是越先进越好。通过借鉴国外成熟的经验,我国今后的物流产业政策,应该致力于培育一批国际竞争力强的大型跨国专业物流企业,以不断增强我国物流业服务的供给能力。构建现代物流业发展所需要的支撑和服务体系,更加注重物流绿色化、信息化、标准化、技术创新和理论研究等行业基础工作,以促使我国现代的物流业实现跨越式发展。

第 6 章

物流产业链融合发展研究

伴随着现代通讯技术、智能技术和互联网经济的快速兴起,如何重塑物流产业的供应链,如何与其他产业联动发展、融合发展,通过资源融合、组织融合、服务融合、实现合作共赢迫在眉睫。(我国有关部门从 2007 年就开始提出物流业要与制造业、流通业实现联动融合,积极推动物流企业融入制造、流通企业的采购、生产、销售等环节,形成紧密联系的战略合作关系。)10 年来,物流产业链发展仍然不尽人意。物流企业产业链纵向融合发展,对于转变物流发展方式、调整物流产业结构、促进降本增效和产业转型升级具有重要意义。本章分析了我国物流产业链纵向融合的现状,依据规模经济、交易成本理论,从价值、市场、竞争、协同等方面对物流企业纵向产业融合进行了理论说明。最后,从物流企业产业链纵向一体化水平的角度提出了相关建议:一是完善多方利益联结机制,使制造商、物流商、零售商等不同主体形成优势互补、资源共享的稳定产业链条;二是鼓励物流企业业务向产业链下游加工、配送、直销等环节延伸;三是尽快制定物流法,明确管理体制,加大对物流企业资金扶持和信贷支持,缓解物流企业采购、冷库建设、配送体系车辆配置等方面的资金困难,促使其业务范围前向、后向不断延伸。四是相关研究机构强化物流理论和物流学科建设,强化物流企业案例研究,找出其纵向拓展的重点领域,提高其纵向一体化水平。

物流过程是一个将企业采购、生产、制造、销售等功能有机地联系在一起的产业链中间环节,是现代产业转型升级及企业降本增效的"润滑剂""加速器"和"第三利润源泉"。物流产业贯穿一、二、三产业,衔接生产与消费,涉及领域广、发展潜力大、带动作用强,是连接产业链上、下游环节的关键节点,其发展程度是决定了一个国家在全球价值链分工中的地位和作用。目前,国内大部分物流企业是从原来的储运业转型而来的,企业规模偏小,实力不强,业务主要停留在仓储、运输和城市配送等基本的物流服务上,物流业与制造、分销、金融等产业融合不充分,多数物流企业运营方式单一,产业链价值增值的包装、加工、配货、定制服务等增值业务仍处于发展完善阶段,尚不能形成完整的供应链物流体系,造成物流环节上的浪费、物流速度的降低和物流成本的上升。一方面,导致物流行业的整体利润水平偏低;另一方面,我国社会物流总费用也居高不下。总之,物流产业缺乏与制造业、分销、金融等产业链环节的充分融合已经成为我国制造业普遍产能过剩、竞争力不强的重要原因之一,也是制约物流产业供给侧改革深入推进的重要瓶颈。在我国经济新常态下,物流企业纵向产业链融合发展,对于转变物流发展方式、调整物流产业结构、促进降本增效和产业转型升级具有重要意义。

伴随着现代通讯技术、智能技术和互联网经济的快速兴起,如何重塑物流产业的供应链,如何与其他产业联动发展、融合发展,通过资源融合、组织融合、服务融合、实现合作共赢迫在眉睫。产业联动融合是产业发展到一定阶段的产物,合作的重要基础就是物流竞争力。物流企业过硬的物流竞争力保证了联动融合的最终成功,制造和流通企业对物流竞争力的重视也推动了联动融合的快速发展。物流企业加快向产业链延伸服务,逐步向供应链一体化管理拓展,有效推动了上、下游产业的融合发展。

我国物流产业整体规模发展迅速,但物流产业与制造业、分销业、金融业等构成的产业链纵向融合程度低,各环节发展不均衡,衔接不紧密。本章以价值链理论、产业组织理论、交易成本理论为基础,分析物流在产业链中纵向融合对于上市企业发展绩效的影响,提出政策建议。从而完善物流产业链和价值链,发挥物流产业降本增效的功能作用,促进产业转型升级,推动供给侧结构性改革。

6.1 物流产业链融合的路径研究

6.1.1 物流产业融合发展的文献研究

产业联动融合是产业发展到一定阶段的产物,合作的重要基础就是物流竞争力。物流企业过硬的物流竞争力保证了联动融合的最终成功,制造和流通企业对物流竞争力的重视也推动了联动融合的快速发展。物流企业加快向产业链延伸服务,逐步向供应链一体化管理拓展,有效推动了上、下游产业的融合发展。

产业融合思想的提出可以追溯到马克思和马歇尔的研究,产业分工能够提高劳动效率,而产业分工其实就是产业融合思想的起源,但当时并未形成系统的理论框架,产业融合思想没有得到广泛的认知(苏毅清等,2016)。Coase(1937)认为企业的边界取决于外部交易费用与内部管理费用的比较,当企业内部交易的边际成本与市场交易的边际成本相等时,才是企业的最优边界。Williamson(1984)认为企业纵向一体化的选择,实质是企业边界的选择,影响选择的因素有成本收益、战略偏好、治理结构等。我国物流产业整体规模发展迅速,但物流产业与制造业、分销业、金融业等构成的产业链纵向融合程度低,各环节发展不均衡,衔接不紧密。

产业融合是相对于产业分化而言的,使原有产业边界消融的一种经济现象,正如经济学家周振华所说:产业融合是对传统产业分化的否定,是产业经济的一次伟大变革。早期学者主要从技术进步(Rosenberg, 1963, European Commission, 1997;Kaluza, 1999)、管制放松(Yoffle, 1996;European Commission, 1997)和管理创新(Lei, 2000;Yoffle, 1996)的角度解释产业融合发生的原因,而从现有的研究成果来看,产业融合现象主要与服务业相关联,如电信、传媒、金融、旅游、物流和信息通讯等。尤其是近年来物流金融、供应链金融、物流保险、物流仲裁、物流咨询等新兴物流的兴起,不断推动一些学者开始关注物流产业融合相关问题的研究。当前学者对物流产业融合的研究主要集中在以下几个方面:第一、对物流产业融合概念的研究。李敏(2010)根据系统论的观点,将物流产业融合划分为物流产业的内部融合和物流产业的外部融合;并将物流产业内部融合定义为,随着生产力的提高和社会经济的发展,物流需求层次不断提升,物流供给的衔接性和协调运作能力不断提升,促使物流供需双方共同利益空间不断拓展的产业发展趋势。齐斌(2006)认为物流产业融合是指在信息技术和互联网发展的基础上,通过融合传统相互分立的物流活动,向国民经济各部门渗透、整合分散的物流资源,从而不断扩大产业外延,全面集成全社会物流服务,最终逐步改造传统物流业并形成兼具多个行业特征的现代物流业态的动态发展过程,是社会经济发展到一定阶段的必然产物。第二、对物流产业融合动因的研究。钟俊娟(2013)认为物流产业间融合主要受到三个方面因素的驱动,分别是技术融合、规制放松以及供应链管理思想与合作联盟的发展。丁一(2012)通过对我国物流产业价值链变迁及重构的影响因素进行分析,解释了基于不同阶段、体制、技术和资本三者平衡的价值链重构对我国物流产业融合发展的影响,并归纳了基于放松规制的信息技术资本和金融资本融合的我国物流产业融合发展路径及实现机制。阮国祥等(2007)认为不管是物流产业内部融合还是物流产业外部融合,都需要通过产业渗透、产业交叉和产业整合等手段来实现。另外,李海舰(2003)从流通产业融合的角度分析了我国流通产业创新的政策内容以及对策建议。王海萍(2011)认为物流企业应该把握每个机会,不断加强与制造商的合作,从质量与数量上相互推进,将弱项逐步转变为强项,从而提高企业服务绩效。曾倩琳(2017)构建了基于产业融合的物流系统协同成长模型,指出物流企业应该整合资源,实现规模经济、范围经济和速度经济。

作为国家十大产业振兴规划的复合型服务产业物流业,是信息技术、物联网技术的重要应用领域。据智研咨询网发布的《2018-2024年中国供应链物流产业竞争现状及未来发展趋势报告》显示2018年1-5月社会物流总费用为4.9万亿元，同比增长7.5%，比上年同期回落1.9个百分点。每百元社会物流总额花费的社会物流总费用比上年同期下降2.0%，比1-4月下降0.4%，显示当前物流运行效率稳步提升，单位物流成本连续回落，物流领域"降成本"成效持续显现。"十三五"时期是我国物联网加速进入"跨界融合、集成创新和规模化发展"的新阶段，与我国新型工业化、城镇化、信息化、农业现代化建设深度交汇，面临广阔的发展前景。另一方面，我国物联网发展又面临国际竞争的巨大压力，核心产品全球化、应用需求本地化的趋势更加凸显，机遇与挑战并存。它将带来一场新的产业革命，也将会对社会经济、生产、流通方式等方面产生巨大影响。而物流业是物联网很早就落地的行业之一，物联网的发展有利于物流产业的升级，对其升级路径和升级模式有新的变化和影响。探讨物联网环境下的物流产业升级的路径，有助于实现物联网技术在物流产业中的顺利接入及应用，有助于我国物流产业持续、健康、快速发展。

6.1.2 物联网对物流产业升级的影响分析

物联网对物流产业升级影响的最大意义在于能更好地整合物流各个环节，把采购、仓储、运输、信息系统等通过物联网进行整合。

1. 制造物流升级的影响

在制造物流升级上可以准时配送与无缝对接。基于物联网感知技术在物流系统制造环节的应用，可以对制造流水线从生产到销售进行全程监控与识别，并根据所获得的数字化信息及时、有效地分析流水线各个环节的材料配送需求，并能通过运算形成补货信息，从而提高生产效率、自动化程度，降低出错率，实现制造物流环节的按需生产、按需响应，实现制造环节物料的准时配送和各环节之间的无缝对接。

2. 运输物流升级的影响

在运输物流升级上进行可视化实时管理与智能调度，提高送货可靠性和送货效率，实现物品在运输过程中的可视化监控。EPC标签在货物和车辆上的使用，不仅可以实现对运输的线路、在途货物进行实时的位置和状态的跟踪管理；还能帮助实现智能化调度，提前预测和安排最优的行车路线，缩短运输时间，降低运输作业成本，提高运输设备利用效率。

3. 仓储物流升级的影响

在仓储物流升级上可以做到智能仓库与高效库存管理。仓储物流环节是物联网技术在物流行业应用最为领先的环节。首先，仓储管理物联网各种技术尤其是EPC技术的应用，大大降低了仓储中搬运与盘点作业的工作量，实现了仓库管理中货物存取与盘点的自动化。其次,通过物流网络中信息流的传递,产业链上的相关环节可以通过射频技术在不卸货的情况下,直接、快速地获取货物信息、自动进行识别验收,减少了货物搬运作业的次数,简化了货物的验收环节。

4. 销售物流升级的影响

在销售物流升级上可以做到敏捷反应与主动式服务。采用物联网 EPC 技术,能够迅速、准确地了解物品的具体仓储位置,这可以大大减少货物找寻的时间和相应的劳动力成本,加快货物配送速度,保证货物配送的准确度。另外,运用物联网进行配送服务还可以实时跟踪货物的配送状态,准确合理地计划和管理货物的预期送达时间。此外,物流企业可以利用云计算、网格计算、模糊识别等物联网智能处理算法,在各个环节产生的数据进行反馈后,通过对大量物流数据的分析,对物流客户的需求、商品库存、物流智能仿真等作出敏捷反应,最终帮助企业找寻当前的不足,改善和制定企业未来的策略,开展主动式服务。

6.1.3 物流纵向产业升级的路径

目前我国一些物流系统中的纵向产业链主要包括以分工协作为基础形成的产业链。按照迈克尔·波特的产业价值链体系,可以认为物流企业作为产业链中的一环,想要在激烈的竞争中赢得并保持优势不仅取决于其内部价值链,而且还取决于其在外部价值系统中的位置。物流与物联网的组合可以全面整合物流产业链的生产销售、采购管理、产品研发各个环节,可以有效地实现对产业链的整合,全面整合资源要素、合作战略伙伴、目标顾客群、分销渠道,实现全球范围内的兼并整合。

基于物联网的 RFID、GIS、GPS 等定位跟踪检测技术的应用,现代物流系统通过集约化管理方式产生协同效应,使产业链上、中、下游联合降低成本与库存,加快信息传递与商品流通,加强新品研发与销售预测,从而实现产业链整体效益的最优化。

6.1.4 物联网环境下物流产业升级的对策建议

1. 建立共生共存的物流体系

基于物联网的物流产业升级的一条重要路径,就是在物联网信息交互高速、高效、透明的基础上,实现物流龙头企业引领追随物流企业建立以物流链为中心,共生共存的物流体系。此体系可以为本产业链的物流企业吸收和利用为物流环节提供一个顺畅、便捷的渠道,为其他物流产业链与本产业链在物联网技术传播、物流创新协作、物流信息整合、物流资源共享、物流人力资源培养等环节的合作提供更为便捷的途径。

这种共生共存的物流体系有利于加强物流产业链内部的协同,使人力资源、财力资源、物力资源、基础设施较高程度地实现共享,并且逐步形成产业链内部企业相互学习、相互竞争的正向产业链条文化,促进物流产业链内部整合,实现物流产业链重构,使本产业链着力在高端物流价值环节,提升物流产业链的能级,创建产业链品牌。而整个物流产业链作为一个共生共存的物流体系能够逐步加强对外的联系与合作,进一步提升物流服务的高效化、一体化和智能化,为促进物流产业升级奠定坚实的基础。

2. 加快物联网技术创新

目前我国物联网技术还处于发展阶段,虽然在物联网标准制定和产业发展方面拥有一定的先发优势和基础,但依然存在着物联网核心技术缺失、地址资源匮乏、规模化应用不足等方面的问题,这就要求我国物流企业、科研机构加强对物联网技术的开发及创新。同时因为每个物流企业对物联网的重视程度及资金实力有差异,所以现有的物联网技术也无法在所有物流企业中顺利应用。就物流产业链内的物流企业来讲,产业链的物流企业可以通过企业间的合作、学习乃至兼并来完成物联网技术的积累。物流产业链中的企业与物联网研究机构、高端物流企业间存在着较大的物联网技术能力差,而产业链中的物流企业处于低位,这样产业链中的企业可以通过交流、学习等方式进行物联网技术的模仿创新,努力地向高位机构及企业学习先进技术,逐渐过渡到自主创新,累积完成增强自身物联网技术的能力。物流企业应努力搜索市场空隙,培养个性化创新能力,最终准确定位细分市场,获得相应的竞争优势。以物联网的技术能力提升市场拓展能力,扩大市场份额,使本企业及所在的物流产业链不断发展壮大,增强综合实力与核心竞争力,逐步攀升物联网技术的高端,实现产业的全面升级。

3. 加大政府协调组织力度

在全球积极发展物联网技术的大环境下,政府在物流产业升级过程中扮演着重要角色。政府应该加大对物流产业和物联网产业的投入,这个投入不仅仅是政策方面的(比如在产业规划方面对物联网在物流行业中的应用制定标准与规范等),还需要资金方面的支持以及产业发展环境方面的构建,更需要从整个产业链的角度来提升产业实力。政府应大力转变职能,使自己转变为市场经济中的中介角色,政府通过行政指导或政策扶持加强物流产业与物联网科研机构间的合作,使研究出来的物联网新技术快速、高效、准确地接入物流企业,为企业的发展提供支持。政府应紧紧围绕物流产业的技术创新,指引物联网研发机构为其服务。坚持以客户需求为标准,始终以物流企业的生产经营需要为前提,实现整个物流产业共享技术创新所创造的成果,以便全面提高物联网技术,促进物流产业升级。

另外,鉴于目前投资热潮涌入物联网产业,还需要政府在管理上引入相关的管理制度,选择合适的切入点,提高资金的利用率。交通、信息、通讯等基础设施也是物流产业发展与升级的基础,由于物联网的建设需要大量的基础设施提供支持,政府机构需要加大政策和资金在基础设施方面的投入,为物联网的发展提供良好的公共基础环境。除此之外,完善物流配套服务体系与制定物联网利益分配机制也会促进物流产业的发展。在这些良好的环境、政策的扶持下,物联网一定会蓬勃发展,极大地推进物流产业升级。

6.2 物流产业链融合发展的影响研究

6.2.1 产业链纵向融合对物流企业绩效影响的作用机理

所谓产业融合是指不同产业或同一产业内的不同行业通过相互渗透、相互交叉、最终融为一体,逐步形成新产业的动态发展过程。物流业与农业、制造业以及服务业内各行业之间边界模糊化,并在各自的边界处融合成不同于原有各产业(行业)的新型产业业态的动态过程。其中,物流业与制造业、农业和服务业中其他行业之间的融合称之为物流业产业间的融合或物流业的跨产业融合;物流业内部各行业之间发生的融合称为物流业的产业内融合。物流产业融合的内涵如图6-1所示:

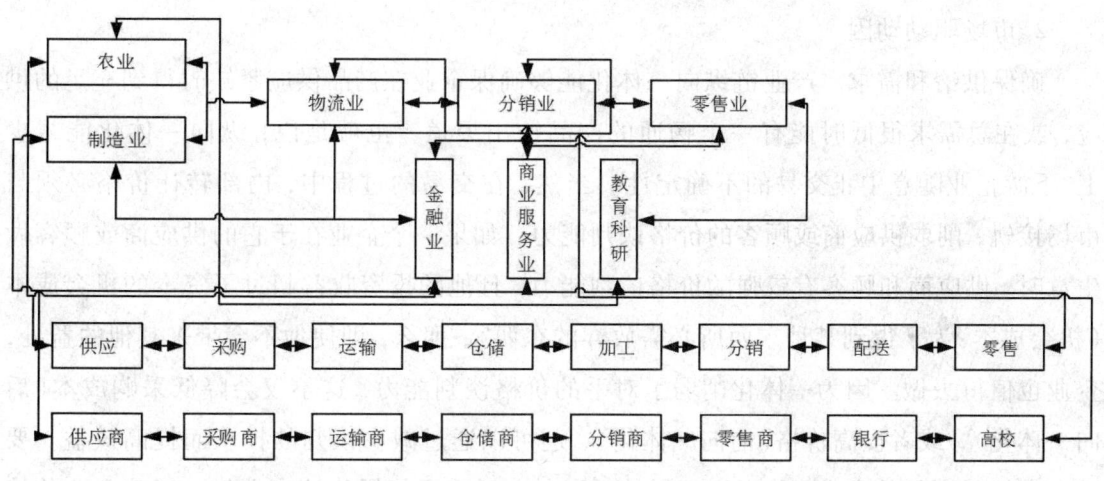

图6-1 物流与制造业、分销业、金融等产业融合的框架图

根据图6-1中的物流产业融合框架可以看出,物流业产业间的融合主要包括物流业与制造业的融合性产业、物流业与农业的融合性产业和物流业与服务业的融合性产业,其中,物流业与制造业、农业以及服务业之间的融合都是基于产业互补与渗透的融合。物流业的产业内融合主要是指物流业内部的运输业、仓储业、包装业等之间的融合,直接导致现代物流业的产生。本章将着重研究物流业的产业间融合,进而构成物流产业链。物流产业链纵向融合肇始于纵向一体化,纵向一体化一直是经济学理论关注的重要

领域。学者们大都从古典经济学、制度经济学、演化经济学等视角研究企业纵向一体化出现的原因、程度、影响因素等。在经济学上的解释是沿产业链占据若干环节的业务布局。物流产业与农业、制造业、分销业、金融业等产业之间的纵向融合可以带来价值、竞争、协同等方面的竞争优势。

1. 价值动因

带来经济性,采取这种战略后,企业将外部市场活动内部化有如下经济性,内部控制和协调的经济性;信息的经济性(信息的获得很关键);节约交易成本的经济性;稳定关系的经济性。首先,延伸物流产业链使企业的发挥空间更广。一个企业通过延伸产业链减少了各方面的约束,其创新能力得以提高,从而很好地发挥了自身价值,在市场竞争中能够快速获取优势。其次,延伸物流产业链使企业成本效益得到提升。物流产业链延伸的过程中省去了不必要的物流、人力成本,原料质量和销售渠道也更加可靠,使物流在整个业务的承接过程中获得更多的收入。最后,延伸物流产业链让企业达到产销平衡。物流企业通过掌握供应方和销售方的控制权,可以预防产品的产量过大、过小的发生,保证产销平衡,减少物流产业风险。

2. 市场驱动动因

确保供给和需求。产业链纵向一体化能够确保企业在产品供应紧缺时得到充足的供应,或在总需求很低时能有一个畅通的产品输出渠道。也就是说,纵向一体化能减少上、下游企业随意中止交易的不确定性。当然,在交易的过程中,内部转让价格必须与市场接轨,削弱供应商或顾客的价格谈判能力。如果一个企业在于它的供应商或顾客做生意时,供应商和顾客有较强的价格谈判能力,且他的投资收益超过了资本的机会成本(机会成本:为了得到某种东西所必需放弃的东西),那么,即使他不会带来其他的益处,企业也值得去做。因为一体化削弱了对手的价格谈判能力,这不仅会降低采购成本(后向一体化),或者提高价格(前向一体化),还可以通过减少谈判的投入而提高效益。要满足市场对产品的需求,除了运用科技手段外,还需要拓展物流产业链,打破企业传统的单一经营,使产业链的各个环节成为一个体系,提升产品的附加值,促进行业转型升级。

3. 竞争的因素

提高差异化能力。纵向一体化可以通过在管理层控制的范围内提供一系列的额外价值,来改进本企业区别于其他企业的差异化能力,提高进入壁垒。企业实行一体化战略,特别是纵向一体化战略,可以使关键的投入资源和销售渠道控制在自己的手中,从而使行业的新进入者望而却步,防止竞争对手进入本企业的经营领域。企业通过实施一体化战略,不仅保护了自己原有的经营范围,而且扩大了经营业务,同时还限制了所在行业的竞争程度,使企业的定价有了更大的自主权,从而获得较大的利润。

4. 协同效应动因

协同作用就是实现企业 1+1>2 的效果，物流产业处于整个产业链的中间环节，如果是传统思维的零和博弈，物流产业只能两头受到挤压，而物流产业链的延伸能够充分发挥协同作用，使产业链上的每一个环节的利益尽量做到最大化，使企业快速占领市场份额，降低同行带来的威胁。

有学者提出一种从四个维度来分析产业链的思路，即供需链维（"点"和"点"的链接），描述的是生产环节上的节点以及各节点之间的相互关系。企业链维（"点"和"线"的链接），是指同一个产业链中不同环节所有企业的"线"型链接，它可分为企业和企业、企业和消费者、企业和政府以及三者之间的链接。空间链维（"线"和"线"的链接），是指同种产业链条在不同地区间的分布。价值链维（"链"和"链"的链接），是引领产业链形成和发展变化的重要关系链。价值链的变化首先体现在供需链上，进而引起企业链和空间链的演变。

对于各相关主体，无论是政府、咨询机构、理论学者，在进行研究、分析和决策中，产业链研究的分析方法都是必不可少的工具。研究者在研究过程中首先需要弄清自身的优、劣势，正确把握外部环境，看清"势"（发展趋势）、"时"（进入时机）、"事"（进入领域），充分利用产业链研究理论和方法进行产业链分析，对于政府主体合理进行资源配置、调整产业结构、拟定产业政策、制定产业发展规划意义重大；对于企业主体合理分析企业现实状况，对企业进行战略诊断、为企业进行战略选择，优化商业模式等均是一种有价值的研究工具。以下是用物流企业产业链纵向融合的测度分析研究方法——VAS 价值增值法为例对物流上市企业一体化企业纵向一体化程度进行测算，并对物流企业纵向一体化程度与绩效进行计量分析。

6.2.2 物流上市企业纵向一体化程度的测算

考虑到数据的可获得性与连续性，本章选取了我国上证、深证物流上市企业中 2016 年 12 月 31 日前上市的 93 家非 ST 公司作为研究样本，对物流上市企业的纵向一体化指数进行测算。上市公司的年报来自上海证券交易所和深圳证券交易所的网站数据库。对于 VAS 增加值的计算，已有的研究多采用毛利率指标，但毛利率指标有低估企业价值的缺陷。黄丹（2011）用改进的 VAS 对企业纵向一体化程度进行测量，较好地克服了这一缺陷。本章采用此方法对物流上市企业一体化程度进行测算，测算公式如下：

VAS =（增加值—税后净利润＋净资产×平均净资产收益率）/（主营业务收入—税后净利润＋净资产×平均净资产收益率）

其中，增加值 = 主营业务收入 - 主营业务成本 = 主营业务收入 -「（企业购买商品、接受劳务的现金支出 + 期初预付款 - 期末预付款 - 期初应付账款 + 期末应付账款 - 期初应付

票据＋期末应付票据)/C1＋采购商品的增值税率)＋期初存货－期末存货〕

表6－1 上市物流企业产业链纵向一体化程度

0.01	0.06	0.12	0.02	0.02	0.00
0.02	0.07	0.03	0.04	0.02	0.14
0.02	0.22	0.00	0.00	0.00	0.10
0.02	0.06	0.22	0.01	0.08	0.01
0.02	0.08	0.04	0.00	0.01	0.00
0.04	0.33	0.01	0.03	0.04	5.14
0.13	0.02	0.00	0.00	0.19	0.03
0.07	0.00	0.01	0.02	0.07	0.10
0.28	0.13	0.22	0.00	0.00	0.10
0.00	0.63	0.30	0.11	0.01	0.05
0.01	0.02	0.35	0.02	0.08	0.01
0.24	0.18	0.03	0.03	0.01	0.12
0.01	0.02	0.21	0.17	0.00	0.27
0.12	0.00	0.01	0.00	0.17	0.01
0.02	0.03	0.02	0.00	0.20	0.01

我国物流企业纵向一体化水平总体偏低。经测算，样本物流企业纵向一体化水平均值为0.07，方差为0.011（说明样本数值分布离散程度不大），最小值是0，最大值是0.63。当物流企业提供的服务较齐全时，理想状态下其纵向一体化水平为1。但由于物流企业实力等原因，实际上很难达到。物流企业一体化整体水平不高，有的企业过于单一，物流企业与制造业及金融业等融合程度较低，仅有20%的水平。近年来，我国制造业和物流业发展较快，但两者联动相对滞后。一方面，制造企业沿袭"大而全""小而全"的运作模式，内部资源缺乏有效的整合；另一方面，物流企业总体上"小、散、差、弱"，一体化专业化服务能力不强。制造业物流社会化需求不足和专业化服务能力不够，缺乏必要的物流服务市场体系与政策环境，导致资源利用率偏低，成本居高不下。这也是我国制造业普遍产能过剩，竞争力不强的重要原因之一。通过引导制造企业与物流企业的联动发展，不仅可以推进物流服务社会化，提高运作效率和效益，而且将有效支撑制造业转型升级，促进结构调整和发展方式转变，从而减少对GDP高速增长的依赖，减轻资源环境负担，实现可持续发展。物流业进一步向制造、商贸等产业渗透。在互联网技术创新的支撑下，物流业将出现服务模式创新、跨界经营等现象，产业的界限会进一步打破，将出现物流业与制造、商贸、金融等相关产业的

大融合。物流业因管理模式和服务方式的供应链化,成为融合的引领者和融合创新的重要手段的趋势已经非常明显,这也是物流业从服务后台走向产业创新、转型发展的重要原因。

6.2.3 物流企业纵向一体化程度与绩效的计量分析

1. 变量选取

托宾 Q 值是股票市场对企业资产价值与生产这些资产的成本之比值进行的价值估算。因为在衡量企业绩效时通常会考虑商誉、专利权等无形资产的价值,因此托宾 Q 值也是衡量公司未来现金流量折现值的良好指标。基于这一考虑,本章将托宾 Q 值作为衡量物流上市企业绩效的被解释变量。

$$Tobin's\ Q = (CMVE + PS + DEBT)/TA$$

其中:CMVE 指公司流通市值,PS 指优先股价值,DEBT 指公司负债净值,TA 指总资产账面价值。

本章以物流上市企业纵向度指数 VAS 作为解释变量,并引入企业规模与股权结构两个控制变量。研究样本为我国上证、深证物流上市企业中 2016 年 12 月 31 日前上市的 93 家非 ST 物流上市企业年的 2016 年的年报,数据来自巨灵财经数据库,分析软件采用的是 SPSS 19.0。因变量、自变量、控制变量的名称、符号和含义见表 6-2。

表 6-2 变量一栏表

自变量	市场价值(SCJZP)	用托宾 Q 值来表示
因变量	产业链纵向融合程度(CHR)	用 VAS 法或者直接用产业链环节
控制变量	企业规模(SIZE)	选取企业总资产来衡量
	资本结构(COV)	用公司的资产负债结构来衡量

2. 研究假设

根据国内外文献综述,产业链延伸对于企业的绩效会产生正反两个方面的影响。本课题重点选择 93 家物流上市企业的数据,建立产业链各环节对企业经营绩效影响的计量模型,研究不同产业链环节延伸融合对于企业经营绩效的影响。分别得出如下假设:

假设一:参与产业链三次产业融合程度与物流企业的市场价值托宾 Q 值存在正相关关系。三次产业融合可以在资本市场上引起更多投资者的关注,从而提升市场价值。

假设二:参与产业链三次产业融合程度与龙头企业的规模存在正相关关系。龙头企业三次产业融合中不断增加经营的产品,进而提高企业规模。

假设三:参与产业链三次产业融合程度与龙头企业的股权结构存在负相关关系。龙头企业三次产业融合中会增加组织成本,因此,与龙头企业的净利润存在负相关关系。

3. 计量模型

多元回归分析主要是用于检验产业链纵向融合程度对于龙头企业发展绩效的影响效果分析，分组回归分析主要是用于检验产业链纵向融合程度对市场价值、财务绩效、社会责任和综合发展绩效四个因变量的影响效果。依前述初步理论模型中的研究假设，我们可以得到的多元回归方程是：

$$SCJZP = B_0 + B_1 CHR_i + B_2 SIZ_i + B_3 COV_i + B_4 LON_i + B_5 ECO_i + B_6 GOV_i + \mu_i \quad (1)$$

a. 被解释变量。本章选择市场价值（SCJZP）来分别衡量龙头企业的发展绩效。

b. 解释变量。产业链纵向融合程度（CHR）是重塑农工企业价值链的重要形式。这既是价值链优化和企业价值增值的要求，也是提升食品安全系数的需要。

c. 控制变量。本章选取企业规模（SIZE）、资本结构（COV）等可能影响绩效的因素作为控制变量。

4. 实证分析与结果讨论

表6-3 产业链纵向融合与绩效的相关性分析

		tq	vas
Pearson 相关性	tq	1.000	.093
	vas	.093	1.000
Sig.（单侧）	tq	.	.193
	vas	.193	

表6-4 回归模型的相关系数

模型		非标准化系数		标准系数	t	Sig.
		B	标准误差	试用版		
1	（常量）	.224	.064		3.482	.001
	vas	.014	.232	.005	.058	.954
	zz	-.007	.015	-.043	-.448	.655
	qf	.821	.145	.547	5.653	.000

研究结果表明，调整后的判定系数0.924，拟合优度较高，变量能够得到充分的解释。根据结果发现，产业链纵向一体化程度对于物流上市企业的价值具有显著的正影响，影响系数达到0.014。但目前我国物流上市企业的一体化程度并不高，这说明，我国物流上市企业的一体化程度还有很大的提升空间，其企业价值也还有较大的增长潜力。企业规模与物流上市企业绩效呈负相关关系。物流上市企业的显著特征是通过增加企业内部价值增值环节，形成以行政关系代替市场交易的内部产业链，这会导致管理费用的增加。企业应在

对其战略环境进行科学分析的基础上,权衡契约合作的交易费用、一体化内部的组织费用以及两者之间的转换费用等,进而做出是否实行一体化战略的决策。企业不能盲目整合产业链,而应顺应企业经营环境的变化,实现价值链各环节的增值。企业的资产负债率与企业的市场价值呈现正相关关系。由于财务杠杆效应使上市公司资产负债率与公司绩效呈正相关关系;负债比率的增加让公司面临的财务风险也不断增加,导致公司效益降低,又呈现负相关关系。它类似于"倒 U"曲线的关系,公司盈利随着负债比率的增加,当引起的财务杠杆效应与带来的风险作用等同时,公司绩效达到最大,这充分说明,企业相对较高的资产负债率是与物流行业发展相契合的最优资产负债率。

6.2.4 结论及建议

物流业是链接供给侧和需求侧的基础纽带,供给侧的改革势必牵动物流服务供给的改革。回归到产业当中,物流企业应当看到,在互联网环境下的市场竞争,无论企业的纵向一体化、横向一体化还是多元一体化,都逐步实现了协同互联、互融共生,生态链的竞争正在超越供应链乃至产业链的竞争。小到企业内部生态链,大到外部生态链,都需要谋划新思路、采用新办法。

物流业不仅仅成为我国重要的服务产业,而且成为引领其他产业发展的重要整合、创新力量,尤其是服务或运作模式创新推动物流向流通领域、生产领域的延伸,在实现供应链一体化管理,推动物流业与工业、流通业,乃至金融业的有效融合、创新的同时,使物流业走向了产业发展的前台,在当前的产业发展和运行模式创新中,物流发挥了重要作用,在未来的产业转型和提升发展中,物流业也将扮演重要的角色,从而奠定了物流业在国民经济中的重要地位。根据对物流企业纵向一体化水平测度结果的分析,提出以下建议以供参考:

一是建立完善的物流产业链多方利益联结机制。使制造商、物流商、零售商等不同主体形成优势互补、资源共享的稳定产业链条;通过参股、控股、兼并、联合、合资、合作等多种形式进行资产重组,联合组建第三方物流企业,组建物流行业银行,组建物流平台,通过合约、资产、股份等多种形式建立完善的利益分配机制。

二是鼓励物流企业业务向产业链下游加工、配送、直销等环节延伸。鼓励物流企业融入制造业供应链体系,采用精益物流、零库存管理、供应商管理库存、循环取货等先进管理技术,减少内部重复和浪费,降低库存,缩短生产周期,提高物流运作水平;支持物流企业开展流通加工、金融物流、渠道分销、保税物流等物流增值服务,开拓企业物流服务领域,形成企业新的利润增长点。

三是尽快制定物流法,明确管理体制。建议制定物流法,明确物流发展定位,梳理物流管理体制。加大对物流企业资金扶持和信贷支持,缓解物流企业采购、冷库建设、配送体系车辆配置等方面的资金困难，促使其业务范围前向、后向不断延伸。

四是相关研究机构强化物流理论和物流学科建设，强化物流企业案例研究，找出其纵向拓展的重点领域，提高其纵向一体化水平。鼓励制造企业引进专业物流企业，开展物流规划，再造物流流程，实施一体化物流管理，与物流企业建立深度的合作关系，保障物流活动在供应链体系内的有效运作。鼓励物流企业深入了解制造企业物流和供应链运作模式，提供定制化服务和规范化运作，引导物流企业按照集成整合、便捷高效、服务增值、绿色环保的原则，加强与制造企业的融合互动，加快向制造业物流服务商和供应链集成商转变。引导制造企业与物流企业建立供应链一体化运作体系，通过信息互联互通和业务融合互动，加强供应链上、下游企业的战略合作。

6.3 物流产业链融合发展的案例研究

随着经济的发展，跨境电商交易额年均增幅逐年提升。但客观环境上影响跨境电商企业的发展因素还是很多，比如物流产业链的有效性，其配送周期长、物流记录无法有效跟踪、出现包裹破损及丢包的情况、通关存在障碍、服务效率低下、物流解决方案及调控手段较为落后等因素都在一定程度上无法使消费者得到较为优质的服务，从而阻碍我国跨境电商的发展。本章结合相关理论分析跨境电商及物流产业相关的发展问题，研究其融合的可行性及必要性，并分析两者融合的障碍因素，最后提出促进跨境电商与物流产业链融合发展的相关策略。

6.3.1 跨境电商与物流产业链融合的可行性及必要性

1. 跨境电商与物流产业链融合的可行性

（1）跨境电商与物流产业链融合的经济环境。随着经济全球化以及互联网技术的日益健全，我国的国际贸易的增长不仅来源于传统贸易，更包括新兴经济形势"跨境电子商务"所带来的贸易额增长。如图6-2所示，我国进出口国际贸易总额由2010年的20.2万亿元增至2014年的27.1万亿元，年均增幅为7.6%；其中进口总额由2010年的9.5万亿元增至2014年的12.7万亿元，年均增幅为7.5%；出口总额由2010年的10.7万亿元增至2014年14.4万亿元，年均增幅为7.7%。由此可见我国跨境电商发展拥有较好的贸易环境，进口、出口都有着平稳的增幅；而随着网络经济时代的全面深化，跨境电商的发展在未来也会有较大的飞跃。而跨境电商的不断发展，也为物流产业发展提供了有利的契机，这是由于物流产业链其产生的经营利润大多数来源于电子商务。因而从经济环境的角度出发，互联网经济的繁荣是跨境电子商务发展的基础，而跨境电子商务的发展也离不开物流产业；因而跨境电子商务与物流产业彼此之间融合的有效性是促进互联网经济繁荣的必要前提。

(2)跨境电商与物流产业链融合的政策环境。截止到2014年底,针对跨境电子商务信息管理、支付结算、流通物流、税收等颁布了一系列的法律法规:如2009年及2010年先后两次颁布的《跨境人民币结算试点管理办法》,2012年颁布的《网络商品交易及服务监管条例》,2013年颁布的《关于跨境电子商务零售出口税收政策的通知》,2014年颁布的《关于增管海关监管方式代码的公告》等法律法规从多方面对跨境电子商务行业进行支持与监督,进而推进跨境电商的规范发展。此外,从2012年开始,由海关总署负责审批了一些列跨境电商试点城市。其中2012年可以看作是我国跨境电商试点启动期,其中通过审批的跨境电商试点城市包括上海、杭州、宁波、重庆、郑州五个城市;而2013—2014年可以看作是跨境电商的全面铺展时期,在这两年中,经由海关总数审批通过的跨境电商试点城市包括哈尔滨、牡丹江、长春、青岛、烟台、苏州、平潭、深圳、广州、西安、银川等十几个城市。同时在跨境电商物流产业链之上,国家也多次发布文件促进其发展。如2010年发布的"促进跨境电子商务第三方物流发展"的文件,2011年提出的"优化海关对跨境电商物流监督"的文件,2012年提出的"鼓励跨境电商物流产业链服务的创新意识"的文件,2013年提出的"促进电子商务与物流产业融合发展""鼓励海外建仓",国务院《关于调整部分消费品进口关税的通知》指出自2017年12月1日起,以暂定税率方式降低部分消费品进口关税。本次降低的消费品进口关税,范围涵盖食品、保健品、药品、日化用品、衣着鞋帽、家用设备、文化娱乐、日杂百货等各类消费品,共涉及187个8位税号,平均税率由17.3%降至7.7%。自2018年1月1日起,我国将跨境电商过渡期政策使用的范围扩大至合肥、成都、大连、青岛、苏州等5个城市。都为物流产业、跨境电商及物流的融合发展提供了有利的条件。由于跨境电商具有克服市场产能过剩、促进外贸方式转变、增强我国企业的国际竞争力、为中小企业提供更好的发展环境、稳固零售行业产业链等作用,再加上信息技术的不断发展,我国跨境电商政策环境极具优越性等因素;同时物流产业是跨境电商发展的基础,而国家相关部门已经全面重视物流产业的发展;在未来我国跨境电商的发展环境将会得到逐步优化,从而在极大程度上促进跨境电商与物流产业链的融合发展。

2. 跨境电商与物流产业链融合的必要性

依据现今跨境电子商务的发展情况得出,其发展的主要障碍存在于海外物流,而解决这一障碍的措施就是海外建仓;海外建仓可以有效提升物流运输效率,降低丢包及货物破损的情况,同时海外建仓还有利于商家直接对货物分拣、包装、流通、更新库存等进行直接管理,从而有利于优化物流流程、完善信息管理、提升海外消费者的满意程度等。

但是"海外建仓"所需要的硬性条件及软性条件并不是每个商家都具备的,因而"海外建仓"这种解决方法在实际操作中很难落实;而如果在跨境电子商务与物流企业之间实现融合,则有利于跨境电子商务与物流企业的双方面发展,进而促进我国跨境电子商务的发展。

6.3.2 跨境电商与物流产业链融合的影响因素

1. 跨境电商与物流产业链融合的政策支持不足

我国跨境电子商务在2010年起步，到2014年已经得到全面的发展，并且2014年还被称为是跨境电商元年。随着跨境电子商务的繁荣发展，其占我国进口及出口的份额与日俱增。因而在最近几年，政府部门颁布了很多的法律法规来规范跨境电子商务企业的发展，其中政策涉及支付、结算、物流、税收、信息管理、海关检验等；同时也针对跨境物流产业颁布了一些政策，其中涉及物流创新、海外建仓、优化监督、提升创新意识等；但是针对跨境电商与物流产业链融合的政策却只有2013年的"促进电子商务与物流产业融合发展"这一部文件，因而在跨境电商与物流融合之上的政策显得十分匮乏；而跨境电子商务起步较早的发达国家，则拥有健全的政策法规体系。因而政策供给的不足严重影响了跨境电商与物流产业之间的融合。

2. 物流产业基础设施不完善难以满足跨境电商的需求

我国跨境电子商务交易金额逐年增加以及其占我国进出口总额的份额也逐年提升；虽然由于我国跨境电子商务起步缓慢，但其发展速度仍然较快。同时，随着跨境电子商务的繁荣发展，物流产业也得到了极大的发展，但是由于当下物流产业基础设施不完善，信息技术及物流技术不具备先进性、仓库设置不够规范、物流设备尚且匮乏，因而物流产业的发展难以适应日益增长的跨境电商的需求。而在跨境电商业务量增加的同时，除了承担国际快递业务的国内快递公司外，还有国际快递（UPS、TNT等）、国际小包、专线跨境物流等来承担巨大的业务量，但是即便如此，还是无法满足跨境电商业务量的需求，往往会出现货物破损、爆仓、积压等情况。

3. 跨境电商与物流产业信任机制尚未完全建立

影响跨境电商与物流产业融合发展的因素还包括双方的信任机制尚未完全建立，继而影响双方的共同发展。而跨境电商与物流产业信任机制尚未完全建立的原因就在于，双方业务相互渗透，有着一定的竞争；而当双方的合作涉及业务量及信息管理时，其矛盾就会显现出来。比如双方出于彼此利益的保护或者客户信息的维护，都不愿意把相关数据分享出去，这样物流企业就无法及时地掌握跨境电商的战略目标、具体业务量、派送区域、订单集中时间等，因而也就无法为跨境电商企业提供优质的服务；而电子商务企业则无法及时地掌握物流企业的实际运输量、运输装备及渠道等，因而无法使跨境电商做出有利于实际情况的决策，出现爆仓也在所难免。

4. 跨境电商与物流产业链工作流程摩擦不断

跨境电商企业与物流企业是完全不同的两种业务实体，因而两种企业在物流业务流程、定价流程、派送流程及规则、服务规范等方面的意见存在分歧;同时跨境电商企业与物流企业有时候还会在物流人员设置、招聘物流人员标准上存在着不同的意见;因而在实际的合作中,如果跨境电商企业与物流企业不能就以上问题达成一致意见,就会影响双方的融合,进而也会影响双方的经营效益。

6.3.3 促进跨境电商与物流产业链融合发展的策略

1. 健全跨境电商与物流产业链融合发展的相关政策

目前关于跨境电商及物流产业链的相关政策正在日趋健全,但是关于跨境电商与物流产业链融合发展的政策却很匮乏。然而,如果有健全的政策促进跨境电商与物流产业链的融合发展,就会使跨境电商及物流运作效率得以提升,继而也会增强这两者企业的核心竞争力。

(1)完善跨境电子商务的相关政策

在最近几年,政府部门在不断健全支付、结算、物流、税收、信息管理、海关检验等相关政策,但是到目前为止这些政策对于跨境电商与物流产业链的融合发展来说,还存在一些不健全之处。比如税收设置得不够与时俱进、信息管理之中信息共享的范围所包括的内容不完善等。

(2)制定跨境电商与物流产业链融合政策

与"跨境电商与物流产业供应链融合发展"相关的政策还很匮乏。由于跨境电商企业与物流企业自身存在利益冲突,因而导致双方之间信任机制不健全,工作流程之中存在着难以调和的矛盾等。而这需要国家颁布相关政策,如激励政策、贷款优惠政策、税收优惠政策、信息共享条例等,从而促进跨境电商与物流产业实现融合发展。

2. 提升物流企业的基础设施水平

为了满足跨境电商日益增加的需求,可以从提升物流企业基础设施水平、海外建仓等方面来落实。其中海外建仓需要消耗大量的人力、物力、财力,况且要面向国际买家,还需要考虑文化环境及国家的基本国情等,也需要与国际社会实现融合,因而这是大多数物流企业所无法完成的。提升物流企业基础设施及管理水平并不是一朝一夕就能实现的,但是从长远来看其对整个物流产业链的健全发展具有重大的意义;况且提升现有物流企业的实力,更是促进跨境电商与物流产业链融合发展的关键因素。因而提升物流企业基础设施水平,就需要从物流产业链的以下方面加以改善:第一,货运交通工具,如大吨数的卡车、货车以及火车、轮船、飞机等;第二,物流信息技术,如 WMS、TMS、OMS 等物流系统;第三,物流效率提升技术,如信息化传送带、升降设备、扫描设备、消毒杀菌设备、监控装置、GPS 定位装置、自动化仓库等应用技术;第四,物流设备,如牵引车、叉车、货架、升降机等;第五,提供货物存储的物流地产,如货运市场、物流园区等。从整个物流产业链上提升物流企业基础设施水平，从而满足跨境电商的需求，有利于快速实现跨境电商与物流产业的融合发展。

3.建立较为牢固的信任机制

跨境电商与物流产业同属于业务主体，存在利益冲突在所难免，因而利益冲突也可以看作是两者之间彼此不信任的根本，因此确立合适的利益分配就变得十分重要。跨境电商与物流产业的利益分配涉及两个方面，其一是对双方都有益的合作方案及利益分配方案，其二是资金流转方式。而在这两个方面中，合作方案及利益分配方案可以由政府部门加以干预，从而确保最后的方案使双方都满意；而资金流转及分配方式，可以借助第三方支付平台来进行资金托管，同时还需要对商品从下单到流入消费者手中的这个过程赋予双方监督的权利，从而确保整个交易过程及物流过程透明、公开化，减少双方互相之间的猜忌，增强双方的信任。同时作为政府部门，在这个时候可以为实现融合的企业提供一些优惠政策及相互合作的规定，从而保证双方关系的紧密性。这样，就会使跨境电商及物流产业链之间建立起良好的信任机制，从而真正实现融合，共同为互联网经济的发展贡献力量。

4.实现业务整合并提升双方关系的融洽性

跨境电商与物流产业之间实现业务整合，可以从快递业务、货运业务、邮政业务三个方面进行整合，从而提升双方关系的融洽性。

(1)跨境电商与快递业务的整合。这里所说的快递业务包括境外快递及境内快递，无论是哪种类型的快递，实现业务整合都有助于达成双赢。与境内快递进行业务整合，可以提升物流效率，促进双方企业的成长；而与境外快递企业进行业务整合，由于境外快递具备一定的品牌优势，因而双方进行合作更有助于扩大双方的业务范围、提升双方企业的核心竞争力。跨境电商与快递企业之间的业务整合，可以在"物流市场""仓库存储""快件派送""售后服务"上进行协作，同时与之相关的如"快件保险""代收货款""代收仓储费及管理费"等跨境增值业务以及其他个性化业务也可以进行整合。

(2)跨境电商与货运业务的整合。货运物流是物流系统中重要的环节之一，而在国际贸易中，货运企业所承担的作用显而易见，货运企业所拥有的运输网络早已完善，因而与货运业务进行整合也是提升跨境电商发展的重要环节。跨境电商与货运企业业务的整合可以从"船期查询""费率查询""货运跟踪""货运保险"等方面进行，同时还可以为客户开辟内河信息服务等个性化需求。

(3)跨境电商与邮政业务的整合。在与邮政业务进行业务整合时，需要先了解不同国家的邮政业务发展现状，再提出合适的整合方案。而跨境电商与邮政业务进行整合的内容应涉及库存控制、安全检查、交通运输、交付环节等，比如"分拣""包装""报税""查询跟踪"等。与邮政业务的整合，不仅可以减少物流流通的中间环节，还能够为客户提供更为优质的服务。同时跨境电子商务还可以通过购置股权与邮政达成合作协议，进而获得该邮政的网络使用权。

6.3.4 结论

我们要促进跨境电商与物流产业链的融合发展，使跨境电商物流实现无缝对接，使跨境电商企业为消费者提供更为优质的服务，从而促进我国电子商务企业及物流产业的全面发展，解决跨境电商企业所面临的困境并促进物流产业链完善发展。研究两者融合之中所存在的问题，最后提出相应的改善建议。

第 7 章

物流产业链商业模式创新研究

7.1 物流商业模式

7.1.1 商业模式

商业模式(Business Model)作为管理学领域的一个新的研究热点,已经引起学术界和企业界的广泛关注。我国物流产业市场空间巨大,物流企业数量众多,但散、小、弱,经营理念较为落后,经营人才缺乏,竞争力不强,一些传统的物流业务,如仓储、运输等,其利润率已越来越低。在互联网经济的驱动下,电子商务高速发展,传统物流在电商物流和移动互联的双核驱动下,进入转型升级的快车道。传统的物流服务模式正在被一些新的商业模式所颠覆。随着物流行业的竞争日趋激烈和成功商业模式的快速复制迫使所有公司必须不断地进行商业模式的创新以获得持续的竞争优势。在此背景下,物流企业商业模式创新研究必将对物流企业做大做强提供理论支撑和实践指导,从而推进物流产业现代化。

现代物流业是国民经济的支柱产业和新的经济增长点,随着物流行业的竞争日趋激烈和成功商业模式的快速复制迫使所有公司必须不断进行商业模式创新以获得持续竞争优势。我国大多数物流企业目前还处于传统物流企业向现代物流企业转型的阶段,商业模式的概念仍比较模糊。

经过30多年的快速发展,我国物流业将进入以转型升级为主线的发展新阶段。一方面由于整体的宏观经济环境不景气,物流需求量相对减弱。土地、人力资源成本持续上升。这些增加了物流企业特别是传统物流企业经营的压力。另一方面,物流新技术特别是大数据、云计算、物联网、移动互联网等新兴信息技术的推广应用,要求传统物流企业必须改造业务流程、组织架构和业务模式,着力提升运行效率等。在电子商务快速发展的情况下,更对物流企业提出了严峻的挑战。在这样的情况下,物流企业商业模式创新成为应多挑战的重要战略选择。

研究者(Soma,Rodriguez)等(2010)指出,商业模式创新是一个实验过程,这个过程以不断试错的学习为手段,那么,在这个试错过程中,评价机制的建立就显得尤为重要。只有建立起一套科学的评价指标体系才能有效衡量物流企业的商业模式创新效果,对创新给予及时评估和反馈。商业模式及其创新价值评价需要解决的主要问题是建立一套科学的商业模式及其创新价值评价指标体系和量化方法,对商业模式及其创新价值进行评估,从而为企业决定是否进行商业模式创新、选择商业模式创新的方向以及评价商业模式创新的结果提供依据。易加斌(2018)指出大数据已经渗透到企业商业模式变革与创新的各个方面,对商业模式带来重构压力和创新机会,企业唯有主动转变理念,变革思维,基于大数据创新企业商业模式,才能适应大数据时代的市场竞争。

从商业模式评价的现有研究来看,多是借用传统的绩效评估方法,如从销售额、利润、市场份额、专利数量、创新性、客户满意度、创新成本等来衡量。能否盈利是商业模式创新是否成功的终极衡量指标,因为商业模式本质上说就是关于价值来源、价值创造和价值实现的逻辑,如果不能带来新型的价值和超额利润,企业的商业模式创新将失去意义。李振勇(2006)认为,企业的商业模式是否成功的唯一判断标准就是——盈利,且为持续的盈利。Afuah(2001)也从盈利性因素(包括收入流及现金流)角度来评估商业模式创新的效果。然而单靠是否盈利来判断商业模式创新效果是远远不够的,商业模式创新评价机制应该是全面的、适用于商业模式创新过程性效果评价和最终效果评价的。

国内外学者Hamel(2000)从财富潜力的角度对商业模式进行评估,具体可以从效率、独特性、匹配性和盈利性4个方面来评价商业模式。Cordijn等人(2001)认为,评估商业模式的关键在于分析不同参与主体之间价值流动的情况。因此,他们编制了一种利润/效用表,作为评估商业模式的工具。李曼(2007年)认为,商业模式创新是由运营方式和战略选择这两个方面决定的,她借鉴平衡记分卡这个工具,构建商业模式的平衡记分卡评价指标体系,这个体系包括商业模式战略目标、商业模式的运营效率、产品和服务客户价值以及商业模式财务价值等具有驱动关系的四大指标体系组成。

商业模式的评价是企业商业模式研究的一个重要环节,建立一套科学的评价指标体系和量化方法,能有效地衡量商业模式创新的结果,为企业商业模式的创新决策提供依据。从现有的研究来看,关于商业模式评价的研究较少,还没有建立一套成熟有效的评价方法。商业模式创新涉及诸多要素,如企业的客户组成、客户价值主张、组织结构、资源配置、盈利模式、价值网定位、与利益相关者的关系等,都应成为评价机制所包含的指标。特别在移动互联时代，用户的偏好、消费需求、商业环境都发生了很大的变化，企业的商业模式创新必须顺应乃至引领这些变化，相应指标也应被包含在评价机制之内。对于物流企业来讲，其经营本身具有一定的特殊性，又离不开我国的国情，因此，物流企业商业模式的评价更需要深入结合国情、产业情况和企业实际制定评价指标体系。

商业模式目前是一个年轻的流派，据龚丽敏研究，商业模式处于"新理论"阶段，各研究流派比较关注的是商业模式要素、战略管理与企业竞争优势的关系、商业创新领域的商业模式研究。吴晓波在《商业模式新生代》的基础上提出了7种类型的商业模式，即长尾式、多边平台式、免费式、二次创新式、非绑定式、系统化、开放式，并给出了商业模式的定义：描述了企业如何创造价值、传递价值和获取价值的基本原理。以上研究对商业模式理论和实践的推动具有重大的意义，但都未解决以下问题：企业如何选择适合的商业模式，企业商业模式变迁与外部环境的关系。

早在20世纪40年代，德鲁克就已经提出了关于商业模式的概念，传统企业的商业模式比较简单，主要通过销售产品赚取成本和销售额的差额。但随着互联网的普及，尤其是近十年中国电子商务的兴起，互联网颠覆了传统行业，企业的客户来源、销售的形式、盈利模式都发生了改变，每一个环节的价值体现也千姿百态，人们越来越多地开始关注企业经营规律和商业模式，进而一个好的商业模式越来越多地受到大家的重视。

7.1.2 物流商业模式

物流商业模式指物流企业通过何种模式为用户提供良好的物流服务来获取利润，包括企业的盈利模式、运作模式以及客户价值三个方面。徐龙泽提出可通过以下途径进行商业模式创新，一是调整产品定位；二是通过细分市场来满足顾客的个性化差异；三是通过技术创新，改变顾客获取的价值。

物流的两大功能是仓储和运输，但是物流并不是将运输和仓储进行简单的相加，供应链管理专业协会给出了物流的定义："物流是供应链管理的一部分，它以满足顾客需求为目标，对产品、服务和相关信息在起始点和消费点之间有效率的、有效果的正向和逆向流动和储存，进行计划、实施和控制。"在互联网时代，物流行业不仅仅是运输和仓储，其未来的发展趋势是"电商+物流+金融"的模式。电商提供线上服务，物流提供线下配送，互联网金融提供支付手段，三者的融合极大提高了物流的效率和服务质量，为物流注入了新的活力，赋予了物流新的含义。

7.1.3 物流商业模式研究方法

本章主要采用了资料分析法和案例分析法展开研究，资料分析法主要是对商业模式及物流商业模式创新的相关文献进行分析，理顺商业模式发展的趋势和规律，分析物流企业商业模式存在的问题和发展趋势。案例分析法主要是通过对物流企业进行细分，选择典型的物流企业按照物流商业模式构成要素模型逐一进行分析。本章选取70家样本物流企业，建立了物流企业商业模式要素分析模型，并通过查找这70家物流企业的网站、上市公报、公开媒体新闻等业务数据和企业动向，按照物流企业商业模式构成要素模型进行分析，由山东外贸职业学院现代物流研究中心专家进行打分，对这些物流企业的商业模式类型进行分析。

本章样本物流企业选取的渠道有：由北京中能兴业投资咨询有限公司与《财富》（中文版）合作编制的2014年中国上市公司500强清单、中国物流与采购联合会发布的2014年中国物流企业50强、《物流指闻》的中国物流行业十大平台模式等。中国上市公司500强中的专业物流企业不到20家，说明第三方物流企业规模尤其是民营物流企业规模不大，另一方面说明生产企业、商贸企业、电子商务企业（如华为、海尔、京东等）仍以自营物流为主。另外这20家物流企业基本以航空运输、海运、铁路运输、交通投资集团等垄断或基础设施建设的物流企业为主，这些领域的进入门槛高。值得关注的是传化物流以244亿元的销售额排在478名，而美国最大的第三方物流公司C.H罗宾逊全球物流公司在2013年的营业额为128亿美元。由此可以看出，与世界顶尖的物流企业相比，中国物流企业有很大的发展空间。尤其在互联网思维的冲击下，物流企业可以通过商业模式创新实现业务的快速发展。

7.1.4 物流商业模式现状

河南大学王焰、中国仓储协会副会长王继祥等提出中国物流随着工业4.0的到来，迎来了互联网物流时代，也就是物流4.0时代，物流从系统的统筹1.0阶段，经历了一体化物流2.0阶段、供应链物流3.0阶段进入到互联网物流时代4.0阶段。物流业发展的中长期规划提出互联网物流的发展方向为标准化、信息化、智能化、集约化。互联网思维的精髓为创新，而在互联网思维影响下的物流商业模式在商业模式理论不成熟的情况下，呈现出以下问题：

1. 物流商业模式理论尚处于萌芽期

通过研究发现，目前商业模式属于新理论阶段，《商业模式新生代》将商业模式提炼为5种类型，提出商业模式的九大构成要素分别是：客户细分、价值主张、渠道通路、客户关系、收入来源、核心资源、关键业务、重要合作、成本结构。建立商业模式要素、识别商业模式类型是目前商业模式理论的主要研究方向，《商业模式新生代》的商业模式涉及银行、移动通信、电子商务、物流等各个行业，其商业模式理论具有较强的代表性。

汉森咨询的黄刚将物流商业模式总结为12种模式，通过分析发现，这些物流商业模式是基于物流行业发展历程而提出的，带有物流业每个阶段的特征，每个模式之间具有进化的关系,模式由简单到复杂,融入了互联网思维和跨界思维,充分体现了互联网思维下的碎片化,具有明显的互联网特点。这些模式虽没有要素模型支撑,但都在不同的物流时期代表了物流技术的集成。

齐严提出了Ⅵ商业模式,建立了由供应商环境、需求环境、企业内部环境构成的商业模式模型,其中企业内部环境主要由价值主张、资源、流程、界面模式四方面要素组成,同时提出了商业模式创新理论。齐严的物流商业模式研究首次提出了基于互联网、创新理论、价值理论的Ⅵ物流商业模式。

2. 物流商业模式在不同物流细分行业发展不均衡

从70家不同类型的物流企业可以看出,这些企业中越是大型的企业,商业模式的变革和创新相对缓慢,而许多小物流企业,尤其是白手起家的民营企业,以及借助互联网思维、大数据技术等先进生产力代表技术的中、小型企业对物流商业模式的探索较为迫切。

从物流细分行业看,与互联网思维最为接近的去中介、扁平化需求迫切的行业,商业模式的变革最为明显,比如货代行业,就已经出现了免费货代平台,如叁陆伍货代助手;公路运输行业出现了传化公路港平台、易流的好多车、易流云平台,鹿物流也围绕滴滴打车模式展开信息整合;电商物流更是随着电子商务的发展提出"最后一公里"模式、菜鸟网络的天网+地网模式等。相比较而言,海运、空运、铁路运输企业的商业模式变革远没有那么迫切,这些行业属于垄断性质的重资产行业,颠覆式商业模式变革将给企业带来很大的冲击。尽管如此,重资产型物流企业也逐渐开始商业模式变革试水,例如:煤炭物流、钢铁物流探索平台化模式,中海试水与阿里合作开展跨境电商物流业务,铁路与电商物流企业展开合作。

3. 物流商业模式定位不聚焦,部分企业走进误区

从70家物流企业的物流商业模式定位中可以发现,大部分物流企业仍处于摸索阶段,目前中国注册的物流企业有400万家,而美国最大的物流企业营业额为100多亿美元,中国物流50强最末一名的营业额为22亿元人民币,说明物流行业大洗牌是必然趋势。很多物流企业探索多种商业模式并存的方式,不聚焦,比如安得物流,横跨供应链、快递、快运、软件(平台)四个领域,其中既有创新产品,也有平台和客户关系模式。再比如民营物流顺丰是公认的快递行业领头羊,但其在冷链物流、供应链、便利店业务方面的拓展,使其商业模式也变得不聚焦。

7.1.5 物流产业链商业模式发展趋势

1. 物流商业模式理论呈现博采众长的特点

从Alexander Osterwalder、齐严、黄刚等的研究可以看出,物流商业模式理论是建立在供应链理论、互联网理论、创新理论、价值理论、商业模式理论的基础上的,属于微创新理论范

畴，具有多维度的特点。因此在分析物流商业模式时，要从多个维度进行分析。互联网的核心是创新，商业模式的核心是价值，从商业模式的构成上看到了供应链的影子，价值主张、关键业务、核心资源、成本结构、利润来源属于企业内部运营的范畴，客户细分、渠道通路、客户关系是 CRM 供应商关系管理的范畴，重要合作是 SRM 供应商关系管理的范畴。再分析5种类型的商业模式，多变平台模式、免费模式、长尾模式的实现，借助的是互联网平台这个工具，实现了信息的快速传递及客户的快速聚集；非绑定模式体现的是企业内部产品服务、基础设施、客户关系三种业务的分离；开放式商业模式体现的是获取外部资源，或为内部资源找到外部的价值实现。

2. 物流商业模式趋于同质化、集成化发展

通过物流企业的商业模式进行分析，可以看出，进入互联网化的物流时代，物流企业借助互联网技术进行了许多探索，有多边平台模式，如上海春宇供应链的"快贸通"、阿里巴巴旗下的外贸综合服务平台"一达通"；有免费模式，如免仓租费模式；也有长尾模式，如传化物流、好多车等。但还没有一个物流企业推出彻底的物流商业模式变革，这表明互联网思维对物流行业虽然影响巨大，但物流企业商业模式的彻底变革还有待时日。

研究阿里巴巴的模式时发现，阿里巴巴是以上五种商业模式的集大成者，淘宝、天猫、天猫超市、支付宝、余额宝几大业务的分离体现的是非绑定商业模式，淘宝针对中小卖家、买家建立的平台有效体现了长尾模式、多边平台模式，阿里巴巴的一达通体现了免费模式，阿里研究院的活水计划、淘宝村计划、博士后流动站的建立、众多专家学者的群策群力体现的是开放式商业模式。所以在电商、传统物流、生产企业、商贸企业都在做物流的互联网物流时代，单一的商业模式不符合物流行业的特点，未来的物流企业商业模式应该是复合式商业模式。

而以快递起家的顺丰速运，从快递到快运，从生鲜冷链物流到顺丰优选，从O2O嘿客到顺丰航空，从倡导员工下乡开点到顺丰海外，顺丰商业模式的最大特点是依托快递的绝对优势，首先完成了快递、航空、冷链、金融等业务的分拆，然后建立高端的顺丰优选平台和跨境电商平台，尝试长尾模式、多边平台模式。京东商城也与其类似，依靠拥有的自有采购网络和物流体系，一方面吸引供应商在京东商城开店，尝试多边平台模式，一方面加快上山下乡和跨境电商的发展步伐。

从以上这些典型企业的商业模式拓展可以看出，各物流企业都在尝试多种商业模式的并存发展，而不是固化或停留在一个模式上，每个企业运用的都是类似的商业模式，但由于价值观、企业文化、企业内外部环境不同，必然会使企业在商业模式的应用上出现差异，但这并不影响各物流企业集成商业模式的趋势。

3. 物流商业模式具有不可复制性

物流企业商业模式具有产业特点，如果一味移植互联网的免费模式会带来巨大的问

题。传化物流能在众多的平台企业中独树一帜，其商业模式既不同于CH罗宾逊，也不同于菜鸟物流，而是具有特色的陆运公共服务平台。如何将滴滴打车的模式应用于货运车货匹配，目前行业内争论不断，但这些尝试新模式的物流企业都没有照搬滴滴打车的模式，而是结合物流公路运输的特点进行了微创新，避免了生搬硬套。物流企业商业模式借助互联网思维进行创新，必将形成多种商业模式并存的局面，就像阿里巴巴风险投资、淘宝和支付宝从绑定发展到分拆。物流企业必然也会在主营业务之外，探索多种商业模式并存的方式，寻找适合企业自身核心资源特点并与外部环境相适应的最佳商业模式，这就决定了不同企业的物流商业模式具有独特的不可复制性。

7.2 基于物流产业链的十二大商业模式

7.2.1 "苦力服务"模式

"真正从运输、仓储运营中赚点辛苦钱"，这是中国物流基层的商业模式，那些跑在路上的卡车司机、蹲在仓库做传统的物流服务模式的企业，这样的数量比较大，但生存空间越来越窘迫。商业模式价值：车队挂靠、组合服务，可能会被平台收编，该模式处于物流商业模式的最底层。

7.2.2 信息中介模式：物流基层车场黄牛

在货运车厂、物流园区扎根的小型物流公司、货运公司，它们是传统车辆与货源对接的黄牛，过去由于信息不对称，依托本地化优势形成的信息服务机构。它们在每票业务上赚取几百元不等的信息费。随着营改增的全国推广，这样的信息服务的"黄牛"不具备开出增值税发票的可能，可能会陆续被整合或洗牌掉。

但因为物流市场中，黄牛与司机的关系和黏性依旧很强（主要是信任关系），因此新兴的货运经纪人平台模式使黄牛这一群体被重新整合。该模式的信息通路已经打通，处于过渡阶段，应当居安思危。

7.2.3 项目服务模式

包括合同物流服务、物流软件项目服务、物流咨询项目服务等。项目服务的商业模式，在过去20年是中国物流应用最多的模式。具体涉及第三方物流外包、物流软件开发与实施、物流咨询项目、物流工程项目等。这种阶段性的项目服务一般由一个或多个需求驱动，按照一定的目标进行交付。但由于中国是发展中国家，每天上游客户的商业环境都处于动态的发展状态，因此项目制合作往往是一锤子买卖，不具备长久性。该模式市场做得好，生存空间也不错,但不具备规模化价值。

7.2.4 一体化物流模式:第三方物流整体外包模式

这种商业模式,是甲方将整个第三方物流运营外包给乙方,乙方靠资源整合、业务整合、提供增值服务等内容获取利润空间。对于制造业一体化物流服务来说,可以实现采购供应物流+生产线旁物流+成品干线物流+区域配送+末端最后一公里物流+逆向物流的全面整合,但纵观中国物流近10年的发展,真正一体化物流外包成功的案例简直凤毛麟角。这种服务企业间的互信度高,比传统的合同物流更有深度的商业价值,在系统上一般都会实现对接。这样的第三方物流服务商可以比喻成甲方的家庭主妇。该商业模式合作稳定,但乙方的角色难转变,被动地提供物流服务。但垂直领域做强做大,仍有为平台服务的可能,但也有可能被收编。

7.2.5 众包整个供应链服务模式

这种商业模式,为什么说是"众包",主要是因为这样的企业提供的是多维度的供应链综合服务。他们抓住一个产业链巨头的供应链链主企业,然后会上下延伸;服务类别上从物流、报关、保税、供应链金融、流通加工等多项增值服务。这种服务的企业已经有不少公司上市了,包括怡亚通、江苏新宁等企业;马云投资的一达通更是整合了外贸电商供应链综合服务平台的价值;顺丰为代表企业正在细分领域做综合的一体化供应链服务。该模式具备控制供应链的价值,但不少企业的商业模式缺乏创新。

7.2.6 卖产品模式:物流软件、物流设备等企业

这种模式主要是那些物流领域的软件、硬件提供商。中国物流发展到今天,信息化是重要的工具,但物流行业企业间的业务差异化太大,没有一家物流软件能够成为行业标准,就连同一个企业面临不同的客户,产品的差异化也会很巨大,所以说那些把物流软件产品化其实是一件非常困难,且不太现实的事,不可能像微软那样卖一张光盘给你就完事,唯一可能的是软件模块产品化。对于硬件设备服务那就是商品,大部分设备服务商都是代工模式,有的企业有研发机构,卖产品最终的售后是一件大难事。这样的卖软件的企业类似于 MA、红色草原、Infor 等物流软件企业。该模式的物流运营离不开软件+硬件这样的工具,但卖产品很难做到标准化。

7.2.7 卖集成服务模式:解决方案+物流软件+硬件

这是目前卖系统比较时髦的服务模式,客户需要解决问题,需要从方案到系统,从系统到硬软集成的一整套服务,也是一些国际咨询公司商业模式变化的方向:先卖咨询,再

卖系统，然后整合一家合作伙伴来实施，这也是想一锅端的服务模式。这种商业模式最大的风险不在于提供服务方，而是甲方。系统集成服务利润不错，但风险相当高，现在的甲方越来越谨慎了。

7.2.8 运营服务模式：物流系统 SAAS 服务

国内几家物流信息化服务商，已经在创新地推出 SAAS 或类似 SAAS 的服务平台，比较典型的三家公司是易流、维天运通、G7，这三家企业都是在物流 IT 服务上提供创新的服务型企业，各有各的特色，他们的共同点都是开放的运营平台服务模式，通过用户数来收费。这三家企业各自都是一帮敢于创业的企业家，都经历了 8 年左右的发展历程，稳扎稳打地干出来的。

以 G7 为例，其通过车载硬件（小盒），获取车辆数据进而对数据进行处理与分析，提供解决方案；或利用手机管车，将软件与解决方案连接起来。但是存在的一定风险是当进一步标准化后，陆续向新能源货车过渡，车企将车辆出场时如果全部车载管控软件，可能需要类似 IT 企业在模式上进一步创新。该模式以开放平台模式提供 SAAS 服务，对于中国松散的物流运力资源的现状，有市场潜力。

7.2.9 物流供应链金融模式

依托物流为载体，物流不赚钱，赚的是金融的钱。即依托物流为载体，提供金融服务，是物流增值服务的重要商业模式。因为在流通过程中，具备金融质押价值的商品完全可以玩物流金融。不管是物流企业、货主单位，还是银行金融机构，都非常渴望推展这个领域。但目前来看，面对的问题也很突出：

1. 人才方面，懂物流又懂金融的少；
2. 企业诚信体系尚不健全，存在风险；
3. 第三方物流是合同物流，缺乏战略协同，合作稳定性不高；
4. 具备规模化的第三方物流、供应链服务商不多。

总的来说这个市场潜力大，而且是趋势，值得探索！该模式依托物流为载体，物流供应链金融市场的潜力很大。

7.2.10 物流商业地产模式

从 2009 年 3 月，温家宝总理在国务院会议上宣布物流作为十大国家振兴行业的那一时刻起，中国的物流园区如雨后春笋，从国家级、省级、地市级直至县级，全国上千家物流园区遍地开花。中国物流真的需要这么多的物流园区吗？从 2009 年规划到 2017 年近 8 年过去了，物流园区真的运营起来了吗？事实上，中国物流园区有两个死穴：

①能够拿到地做物流园区的人，大多不会运营，真正有运营经验的企业是拿不到物流园区的；

②物流园区的价值定义很粗放，有的就定义成车厂、堆场、仓库，真正的物流园区是当地产业、商业运营的载体，会涉及交易、金融、物流、数据等综合服务。

目前看，中国的物流园区大部分是圈地后坐享商业地产的增值再转手的。不过从最新的中央政策来看，国家已经开始陆续清理了。这是好事也是坏事，好事是国家看到问题了，坏事是清理的人也不懂物流园区的玩法。该模式坐地赚钱，但不具备持久性，商业模式的生命空间不长。

7.2.11 平台经济模式

平台经济模式是本章描述商业模式的重点，2013年的今天，中国物流的平台经济格局已经出现，在分析"中国物流的十张网"中就已经提到了平台经济的价值。从趋势看，未来的物流是平台经济的时代，那些传统的第三方物流服务、园区物流都会逐步被整合，得网络者得天下。下面来一一盘点中国物流有哪些平台模式：

1. 零担平台

直营零担德邦、加盟模式安能是典型的代表。直营模式建立周期长且稳定；加盟模式是一品牌统一、管理标准输出、业务整合为基点进行资源整合的模式，发展速度快，在社会资本的推动下较快地实现商业价值。

2. 公路港平台

温家宝总理曾经亲自考察过成都传化公路港，路港模式结合了中国运力资源松散的现状，依托车辆停靠的公路港为节点，提供信息、资讯、金融、生活等一些系列服务，公路港模式的打造必须具备一定的网络基础，通过从卡车司机的服务获得商业价值，行业数据显示中国卡车司机有3000万，其中重卡司机有500万，这个基数下具备重要的商业价值。

3. 快递平台

中国快递主要由加盟和直营模式组成，加盟四通一达是典型的代表，整个电商的重要运力都在它们身上；直营是以顺丰、EMS、宅急送为代表。快递平台的商业价值靠网络优势获得规模化效应，如果单独一个区域的点，永远做不大。所以不管大家看四通一达的服务怎么不令人满意，但它全网的优势、价格的低廉，仍是诸多电商最佳的选择。这是一个典型的规模化的平台盈利模式，由桐庐帮草莽出生的创业者一统了天下。虽然目前已经大多上市，但如果在服务、人才等方面还是不能尽如人意，很有可能被后续成长型企业或平台直接干倒。

4. 最后一公里平台

按理说快递也是最后一公里平台的一种，我这里特别要单独分析的是，伴随着电商的发展，最后一公里物流已经百花齐放了。2013年7月，在天猫的支持下，猫屋模式出台；以友宝、宝盒为代表的最后一公里智能快递服务箱也陆续铺开;最近北京地铁全面铺开了快递自提柜。未来谁离消费者近,谁就能给消费者带来便捷的服务,就能拥有巨大的商业价值。这个平台如果全国网络化摊开,一定值得关注。

5. 园区物流平台

这里要说的园区物流平台,不是单一的一家、或者2-3三家组成的平台,而是多区域、网络化、标准化运营整合的平台。举两个典型的例子:

(1)以普洛斯为代表的直营自建的园区平台,这样的平台主要负责选址征地、园区建设,提供给各大需求仓储的企业。这样的平台还包括安博、嘉民、国美等企业的物流园区模式。

(2)天地汇物流平台模式是另一种整合模式,将依托园区整合为切入点,延伸公路港、零担干线等深度整合,平台价值值得探索。

6. 中国物流人脉商业平台

任何商业的本质都离不开人的互信,任何商业的合作都是合作双方高层来敲定的,谁能整合中国物流圈最大的人脉并平台化,这个的商业潜力就相当可观。

人脉的整合分为四个层次:

(1)决策层:总监、VP、老总、总助级任务;

(2)管理运营层:经理层;

(3)基层管理者:主管层;

(4)基础执行层:新锐人才。

要实现全面的整合,什么方式最有价值呢?聪明的人一定会想到,SNS平台,在依托社交界核心聚焦的圈子里,这里一定是整合人脉的基础,通过人脉再孵化其他平台化的商业机会。目前已经初步成型的就是本人为首的微博、微信最大的人脉平台。

平台经济是未来行业的趋势,这个社会不是缺少资源,而且缺少对资源的整合者,目前玩平台的企业都处于快速发展的势头,商业机会明朗,商业价值呈几何级裂变。

7.2.12 立体生态经济模式

商业模式中最大的赢家是链主企业,供应链从单独的一条链向多条链整合过后就延伸出来前面描述的平台模式,如果多个平台建设和整合,那就成为了立体的经济模式。菜鸟物流及京东开放物流都是主打整合的立体生态模式,包括基层的末端配送运营、干线整合、全国仓储圈地、信息平台建设、大数据战略、金融服务、延伸到制造代工等。

7.3 物流企业商业模式创新的评价研究

中国物流企业不仅要面对国内同行小、乱、杂的激烈竞争场面,同时又要面对国外巨头大、精、专的竞争场面，还面临着互联网＋、物联网等新型资本、技术的挑战。因此，商业模式创新成为物流企业取得竞争优势最重要的战略选择。在合理借鉴前人的研究成果的基础上，本书提出物流企业商业模式创新评价的 VPCR 模型，构建了一级、二级、三级物流企业商业模式创新的评价指标体系。

7.3.1 亟待建立物流商业模式评价体系

中国的物流企业既有大型国企，也存在大量的个体户；既有综合性物流园区，也有专业性的物流公司。估计中国的物流企业约有 80 万家，加上大量存在的个体户估计在 900 万个物流企业市场主体。不仅如此，由于电子商务快速增长，物流企业数量增加的速度在不断加快。中国电子商务研究中心发布的《2015（上）年中国电子商务市场数据监测报告》显示，2015 年上半年中国电子商务交易总额达到 7.63 万亿元，同比增长 30.4%。跨境电子商务增长更为迅猛，2015 年上半年的交易额达到 2 万亿元，同比增长 42.8%。电子商务的蓬勃发展需要强大、高效的物流配送支撑。根据国家邮政局的相关数据，2014 年中国快递业务量达 140 亿件，同比增长 52%，预计 2015 年这一数字将达到 200 亿件，增幅约为 40%。根据估计，中国的第三方物流企业数量将以每年 16%—25% 的速度发展。

无论是金融物流、电商物流、供应链物流等都成为商业模式创新的重要手段。在各种商业模式创新不断出现的情况下，亟待根据中国物流产业发展的特殊国情和物流企业的特征，提出中国物流企业商业模式创新评价指标体系，为各种商业模式的创新进行客观评价，以便更加深刻地认识商业模式，为物流产业的复制创新奠定基础。

7.3.2 物流企业商业模式创新的指标体系

1. 物流企业商业模式评价指标体系构建原则

通过对物流企业商业模式创新评价的研究，首先，可以帮助企业正确认识其自身的竞争力现状和与优秀企业之间的差距；其次，是帮助企业对影响和制约企业商业模式创新的各因素进行详细、科学的分析，探索增强企业可持续竞争力的途径；最后，是辅助企业外部利益相关者（如企业主管部门、股东、债权人、供应商等）对企业发展做出正确的判断，并以此制定相应的决策。

我国的物流产业特别是基础设施领域仍然由政府主导。政府主管部门负责对大型物流基础设施的规划、相关法规和标准的制定，并在物流研究领域给予了充分的重视。政府定期委托咨询机构对物流整体的运行状态进行及时的调查和研究，并制定相应的发展对策。同时行业协会充分发挥了积极作用，能为政府和企业提供及时的动态信息。

我国物流产业和企业地域特征非常明显。我国物流产业发展迅速，物流企业多以中、小型企业为主，且多为区域性物流企业，这与中国产业的地域分布和经济特点相吻合。

我国物流企业产权结构复杂。物流企业中有专营生产资料的物资储运总公司和外运总公司,其中仓储主要针对系统内部,因此商流与物流分离,受行政控制。也有地方专业性的物流企业,即地方商业系统的储运公司及粮食仓储系统,完全受当地行政领导。更多的是改革开放以来形成的民营物流公司和大量的跨国物流公司。

我国物流企业受到供求双方产业链情况的约束。物流企业是为产业链供求双方提供服务的中介性产业,受到双方的制约。特别是当产业发展情况不好时,物流企业的发展会受到严重的影响。构建物流企业商业模式创新需要考虑到中国物流企业的特色。物流企业商业模式评价指标体系应遵循以下原则:

一是科学性原则。要将商业模式评价指标体系形成的理论依据与被评价对象的属性与特点结合起来,使所构建的指标体系有充分的科学依据,能够基本反映评价对象的商业模式的实际水平。

二是全面性原则。评价指标的选择、分类以及层次划分应全面反映企业生产经营活动的全部过程。既能反映评价对象的竞争力结果要素,又能反映竞争力形成的过程因素;既能反映当前的生产经营状况,又能反映企业长远的变化趋势。

三是可操作性原则。选择确定的评价指标要尽可能地简单、明确、规范,要有较好的针对性、可比性、可测性和可得性,以方便使用。

四是数据的可得性原则。企业竞争力的评价结果要以大量的数据为支撑,所以指标体系的建立要考虑数据的获得难易程度和花费成本的大小。难易程度从两个角度衡量:一是企业是否对该指标进行统计;二是企业是否愿意提供计算该项指标所需要的数据。

五是层次性和关联性原则。在建立指标体系的过程中,首先要从主体与目标的角度考虑竞争力评价的总体层次,考虑各个层次之间的依存作用的关系。要充分考虑到影响竞争力形成的各种因素以及各因素之间的作用的关系,使竞争力评价指标体系的结构达到合理有序,以便于指标权值的分层、分类确定和综合评价值的分层、分类递阶计算。

六是模糊性原则。对有些难于定量的评价要素,在确定其衡量和评价指标时,可根据其含义运用描述的方法,从多个角度对其属性进行模糊评价,使评价结果的精确性和数据的可得性能够兼顾。

2.物流企业商业模式创新评价指标体系的建立

物流企业的商业模式创新主要受到产业链情况、客户价值、盈利模式和关键资源的制约。在合理借鉴前人的研究成果的基础上,提出物流企业商业模式创新的 VPCR 模型,构建一级、二级、三级评价指标体系(见表7-1)。

表 7-1 物流企业商业模式创新评价指标体系

一级指标	二级指标	三级指标	备注
产业链	产业发展	产业规模	产业产值
		产业增长率	产业收入增长率
	需求商	市场结构	完全竞争、垄断竞争、寡头、垄断
		需求商的数量	企业数量
		需求商的规模	企业平均产值
	政策方向	政策力度	政策发布的层级
客户价值	产品与服务独特性	产品与服务的独特性	是否具有独特性
	客户满意程度	顾客满意度	服务是否周全
——	盈利能力	业务销售收入增长率	——
		业务利润率	
		净利润增长率	
	可持续性	战略定位	是否明确
		盈利方式	
关键资源	资本资源	资本充裕程度	是否充裕
	人力资源	高管团队稳定性	是否稳定
	资产资源	资产的独特性	是否具有独特性

产业链是相关产业活动的集,其构成单元是若干具有相关关系的经济活动集合,即产业环或者具体的产业部门;而产业环(产业部门)又是若干从事相同经济活动的企业群体。从事相似或相同经济活动的企业为实现自身利益的最大化,必然努力探寻自身经济活动的优区位。在这种"循优推移"过程中,一方面,产业环(产业部门)的微观构成单位——企业,为了获取集聚经济效益,逐步聚集到适合其发育成长的优区位,即原先分布于各区域的同类企业在优区位实现"企业扎堆"(Clusters);另一方面,各个产业环(产业部门),为了获取地域产业分工效益,由于具有不同的经济特点和追求各自的优区位而在空间上趋于分散。这样,产业链系统内企业和部门循优推移的空间经济结果是,产业链的各环节分别布局或配置到适合其经济活动特征的特定地点(Specific Locations)。

物流产业是物流资源产业化而形成的一种复合型或聚合型产业。物流产业是服务行业,是将运输、储存、搬运、包装、流通加工、配送、信息处理等基本功能实施有机结合和提供增值服务的行业。因此,物流企业商业模式创新的一个重要问题就是产业链价值网络。以产业价值链上的各环节活动为中心,重点在如何组织好各节点上的活动,使整个链条协调快速地运营。但是，比如一个企业价值链前后都是机器和产品的制作与销售，机器是购买还是授权生产，产品通过顾客俱乐部订购还是和机器打包销售，整个价值链前后没有不同，但对同一活动，选择不同的利益相关者，采取不同的交易方式，其运营结果就会差别很大，这就是商业模式的不同造成了运营效率的巨大差异。

衡量产业链的具体指标包括产业发展、需求商和政策方向。产业发展中的产业规模和产业增长率反映了物流服务所在行业的发展规模，这为商业模式创新和发展提供了广阔的空间和成长机会。需求商的数量和规模则反映了物流业服务的客户情况，需求商的数量越多，规模越大，商业模式的增值空间就越大。产业链的发展中政府扶持政策越多，对企业发展就越有利。

客户价值。顾客从某一特定产品或服务中获得的一系列利益，包括产品价值、服务价值、人员价值和形象价值等。价值创新是推动商业模式创新最为关键的要素。物流企业可以通过以下方式进行价值创新：一是调整产品定位，在考虑顾客选择产品基本价值的基础上，通过转变产品定位档次有针对性地增加必要的价值；二是通过细分市场，满足顾客的个性化差异，为顾客创造更多具有共同性的核心价值；三是通过技术创新，即从商业视角出发，通过技术创新改变顾客获取的价值，从而为顾客带来新的价值。为便于衡量商业模式，从产品和服务的可获得性和顾客满意度两个方面来衡量。物流产业是服务行业，只有能够为客户创造价值的商业模式才能可持续发展。通过服务和产品的独特性来反映为客户创造的价值，物流企业通过为客户创造综合化、套餐花、方案化的服务价值可以获得客户持续的满意。顾客的满意度引起顾客粘性，能够保证商业模式的持续发展。

盈利模式。一个能够支持企业长远发展的商业模式必定是能够带来利润池的商业模式。一个企业如果长期不能赢利必然会被淘汰。净利润高，企业就可以扩大自身的规模，有利于企业的发展。销售收入反映了企业的产品或劳务被消费者接受的程度和经营规模的大小。通常企业的规模越大，提供的产品或服务的质量越好，消费者就越信赖，企业的市场份额也就越大，销售收入也就越高。企业的综合竞争力强弱，通常都会在其销售收入上有直接的体现。销售收入也成为了反映企业竞争力的一个明显的指标。

只有当公司主营业务突出，即主营业务利润率较高的情况下，才能在竞争中占据优势地位。同时，主营业务利润率必须保持一个稳定的数值，才能为企业创造充足的现金流，支付企业正常运转所需的费用，否则就谈不上竞争力。一个企业想要实现高速发展，主营业务利润率必须保持每年一定的增长速度，为企业创造更多利润，支付企业规模扩展。从企业的主营业务经营方面分析，好的企业主营业务利润率普遍比较高，这都是企业的核心竞争力体现。如果企业没有稳定收入就不可能支付公司经营所需的费用，就不可能扩大投资持续发展，如果公司没有主打产品，就不能对外竞争。

净资产收益率（ROE）一直是评判一家公司，尤其是上市公司经营业绩的主要指标。净资产是企业的总资产减去总负债后的余额,又称股东权益。它是股东投入企业的股本、公积金和留存收益等的总和。因此,净资产收益率是表示一个股份公司属于股东所有的资产中当期收益所占的百分比率,这个指标越高说明企业的获利能力就越强。

净利润增长率。这个指标反映了企业净利润增长的速度快慢,这个指标值越大,说明企业的获利能力就越强。

总之,这三个指标均从不同方面反映了一个企业盈利能力的大小,通过这些指标可以对一个企业的获利能力进行综合的评价。

关键资源。是指企业拥有的那些对其具体业务保持持续性的竞争优势,至关重要的基于能力的资源。关键资源既可能是物质性的,也可以是非物质性的。企业的资源只有在与企业某种扩张后的能力相匹配时,才能达到预期的效果并获得超出平均水平的收益,成为企业的关键资源。物流产业是一个进入壁垒比较低的行业,商业模式创新最重要的就是掌握关键资源。这些关键资源包括关键的土地和设备资源,这些具有资产专用性。当然也可以是人力资源包括高管团队等,也可以是资本资源。

商业模式是一个多主体参加的复杂系统,本章根据商业模式的构成理论,结合物流产业的典型特点,构建了商业模式的评价体系。但商业模式同时又是一个动态系统,如何将静态评价方法与动态分析方法相结合,来探讨企业商业模式的动态改进是今后的研究方向。

7.3.3 结论及建议

中国物流在互联网经济的驱动下,电子商务高速发展,传统物流在电商物流和移动互联的双核驱动下,进入转型升级的快车道。传统的物流服务模式正在被一些新的商业模式所颠覆。商业模式的创新应该成为国内物流企业寻求突破的方向。

1. 坚持市场导向,深刻把握顾客需求

物流产业是服务行业,要深刻把握互联网+背景下的物流需求的变化,提供一站式、综合化、超价值的物流服务,满足顾客全方位的需求。物流企业商业模式创新能否可持续化归根结底还是取决于能不能满足市场需求,为客户提供价值。

2. 加强调查研究,不断完善提升商业模式

在大众创新、万众创业的时代,各种商业模式层出不穷。有一些取得了成功,但更多的是在发展过程中遇到了较大的问题。需要协会、科研院所等加强研究,对商业模式进行不断的总结,提出改进的意见。应该成立物流企业商业模式创新研究小组,跟踪商业模式创新发展的历程,通过专家学者不断地诊断、总结,持续完善商业模式。

3. 完善政府服务,强化商业模式创新的扶持力度

除了企业自身的主观能动作用外,各地政府部门应该健全审批办理协调机制,推行行

政审批代办制。政府对商业模式创新要积极培育、用心呵护,并且要善于通过孵化器来培育新商业模式,合理规划,引导投资资金。对于商业模式创新的企业,可设立相应的评比称谓,同时享受相应的优惠政策,以充分享受政策扶持。并且,政府部门也应该加强政务信息化建设,进一步将政府的公共服务产品外包给企业,这样既推进了政府服务机制的改革,又为新商业模式提供了发展空间。

4. 坚持人才创业的理念,加大物流创新创业教育

人才集聚是商业模式创新的基础。成功的商业模式往往不可复制。而人才才是企业获得市场竞争优势的关键所在。商业模式创新依靠人才提供好的商业创意。很多企业都认为现在最稀缺、最宝贵的是"懂技术、懂管理、懂市场"的"三懂人才"。现在,大多数成长型企业都在培养和收集有实践经历的人才,以适应商业模式创新的需要。

第 8 章

物流生态圈战略研究

近年来,物流产业迅速发展,特别是在互联网时代,电子商务快速崛起,对物流全产业链的服务提出了更高的要求,基于此,物流生态圈被广泛讨论,但对于什么是物流生态圈,物流生态圈有什么样的特征,物流生态圈到底是理念还是具体的实体,物流生态圈是自发形成的还是人为干预的,到底应该由谁来主导?物流生态圈到底是封闭的还是开放的,有没有边界?如何构造物流生态圈等问题还缺乏深入的讨论论证。

8.1 物流生态圈的内涵及特征

8.1.1 物流生态圈的内涵及形成

物流不是一个行业,而是一个领域,它包括运输、仓储、装卸、搬运、包装、流通加工、配送等环节。很长一段时期,我国的各物流业环节都是相互独立运营的服务体系,不过随着互联网、云计算、大数据等技术的出现,物流界开始出现闭合的生态系统,即生态圈。有业内人士预言,未来物流的竞争将会是生态圈间的竞争。按照生物学的概念,生态圈是自然代谢的闭合系统,是一个生命物质与非生命物质的自我调节系统。宏观经济结构转型和产业升级要求,供给侧改革势在必行,去产能、去库存、去杠杆的任务,已经不能再从扩大规模、延长产业链上解决大势之下的问题。以用户、粉丝、流量、连接等为导向和关键词的生态圈式商业模式,成为时代要求下的进化新路径。

物流活动是社会经济活动的基础,随着生产的发展,社会经济水平也在不断提高,但物流活动不具有独立性，始终是生产和流通不可分割的一个组成部分。改善物流系统能带来巨大的经济效益，因此现代物流被评价为"经济领域未开垦的黑大陆""企业脚下的金山""第三利润的源泉"。随着互联网时代的到来，新的模式在不断演进。从到以产品为中心，到以客户为中心，到以用户为中心，再到以生态圈为竞争模式，物流行业需要占用大量的土地、车辆、油气、人力、资金等诸多生产要素，物流成本居高不下，对很多中、小型物流企业是个不小的障碍，难以与大企业同台竞技、公平竞争，业务规模自然徘徊不前。加之中、小型物流企业普遍缺少市场话语权，利润空间有限，相互之间的恶性竞争普遍存在，使整个行业不堪重负。在现代竞争中，商业生态圈日益占据了重要地位。共赢物流生态圈越来越成为共识。

关于物流生态圈的概念，首先要从物流说起。传统的说法，物流就是把货与人与人、需求以及资源等在空间上的位移。而在互联网时代，这种空间位移的说法还得与移动互联网、云计算、大数据等技术结合，从而使物流形成一个更高效的闭环。这个闭环，不妨称其为物流的生态圈，其形成的"生物链"上包含物流资源、物流技术、物流金融、物流信息等多个链条，"共生、互生、再生"是物流生态圈的基本特征，增值服务将成为生态圈内企业间最重要的竞争力。同时，物流生态圈也是指以各种不同组织——包括制造商、供应商、分销商、顾客、物流企业、物流园区竞争者、政府及其他利益相关者相互作用为基础的经济联合体。在互联网时代，是一个线上线下结合为物流企业和物流需求方提供有价值服务的共享平台系统。在这一体系中，每个组织担当着不同的功能，各司其职，但又形成互赖、互依、共生的生态系统，虽有不同的利益驱动，但身在其中的组织和个人互利共存，资源共享，共同维持系统的延续和发展。生态圈与原有的商业价值链模式最大的区别在于，价值链模式强调如何利用企业已经拥有的，即内部资源形成竞争优势，而生态圈则强调企业如何通过建设一个价值平台，通过平台借助、撬动圈内其他企业的能力，而形成竞争优势。物流产业生态圈强调"用户价值至上"和"共赢共享"，传统"物的流通"只是作为生态圈的一部分，现代物流业的生态化发展，要求连接网络化、信息实时化、价格动态化和交易去中心化，通过提升战略运算能力（ASCI），深化物流平台、应用、环境和联盟发展，实现物流信息、设施设备和人力资源共享。物流产业生态圈与共享经济只侧重 C2C 模式不同，还包括 B2C、C2B、B2B 模式以及在此基础上的延伸，通过综合运用各种策略，实现用户至上、市场透明、按需分配、物尽其用和资源最优配置。

我国物流生态不平衡，是导致物流成本奇高的重要因素。打造物流生态圈，建立物流功能要素相互协调、供需平衡的物流生态系统。国家推动建设健康有序、协调发展的物流业，就是推动物流生态圈建设，这标志着我国物流业从追求速度规模时代正在进入质量效益提升的新时代。长期以来，由于我国条块分割，形成了交通物流各领域从各自需求出发，构建了相对封闭独立的服务体系，协调配套能力弱，诸如海、陆、空多式联运衔接能力差,物流与交通基础设施配套功能弱等;有时物流市场看似红红火火,实则内在发展不平衡,垄断性的一家独大,倾销性价格竞争,可以说,因为发展失衡,综合效率低,我国尚未形成良好的物流生态圈。

构建物流生态圈,完善物流生态圈的过程,就是各个物流要素互动衔接,平衡发展的过程。基础设施、产业需求、物流服务功能三者平衡发展,是物流生态圈成熟的标志。基础设施保证互联互通,制造业、商贸流通业等产业基础需求形成规模,而物流服务的各功能要素之间,诸如运输、仓储、包装、搬运、加工及信息处理等,也需要相互配套衔接。三者既要自身形成规模水平,不可缺失,也要互动协调,供需平衡。要从各要素的需求平衡出发,形成有效而适宜的服务供给,满足各大产业发展的需要。这种资源有机联动的系统,才称得上平衡发展的物流生态圈。

8.1.2 物流生态圈的特征

1. 产业链环节上的闭合

产业链环节上的闭合意味着生态圈内的企业形成了共生共荣的产业系统,而每个环节的循环都会对整体价值有刺激进步的作用。全产业链强调的是从物流生态圈提供从原料到消费端的全程物流服务。当然,这个过程中并不是所有的环节都自己去做,而是组成很多合作伙伴,让合作伙伴一起来做,核心企业成为一个产业链的管理者或者说是经营者。全产业链的模式是一个新的增长方式的模式,为企业提供了增长空间。尤其在互联网时代,各个企业、各个产业之间依靠信息技术,可以形成一条完整的闭合产业链,在产业链上进行资源共享实现合理的价值分配。

2. 资源要素上的共享

物流生态圈一个重要的特征是资源共享,作为土地、资产密集型的行业,通过提高物流设施的循环利用率来节省资源和能源;利用新技术就近匹配商品和服务的供需,实现降低生态消耗。物流生态圈的分享经济的发展领域将不断扩大,从个人闲置资源的分享,延伸到企业闲置资源的分享;往后会进入公共闲置资源分享阶段,即政府牵头主导公共服务资源开放共享。

3. 组织主体上的开放

物流生态圈离不开相关利益主体的参与,因此,要坚持组织成员的开放性,不断吸引更多、更有价值的组织成员加入生态圈。物流生态圈应该能激发正向的同边网络效应,在构建平台模式的时候,还有一个非常重要的问题需要思考,那就是先吸引供应边的用户群体,还是先吸引需求边的用户群体,或是同时吸引两边的用户一起入驻,这也就是"先有鸡还是先有蛋"的问题。在平台模式的历史上,尤其在共享经济平台的发展过程中,一般有多种策略可以采用,如补贴同步策略、用户顺序策略、双边同步与转换策略等。

4. 一体化

物流产业生态圈向上、下游延伸服务，与其他产业互动融合、协同发展，使物流技术水平更先进、主营业务更突出、核心竞争力更强，加速栖息于生态圈的物流生产者和消费者自发形成具有某类特征的价值群落，奠定物流精准的配送基础。同时，借助物流平台，随时连接用户，提供一体化功能服务，以实现平台集采、商品团购、集中谈价，共享规模采购，以规模化成就最佳效益。

5. 标准化

物流产业生态圈承接物流4.0和信息技术发展浪潮，构建物流产业标准体系，统一物流过程涉及对象、方法、单位的标准；通过用户需求画像和能力画像实现参与主体网络化、去中心化和标准化连接；按照重点突出、结构合理、层次分明、科学适用的要求，完善物流运营系统；提高托盘、集装箱、仓储笼等标准化器具和包装物的循环利用水平，营造低负荷的循环共享物流环境。

6. 信息化

物流产业生态圈践行"互联网+"的行动计划，物流网络互联、信息互通、业务协同稳步推进，信息消费大幅增长。物流企业信息、商品流通信息、物流交易信息、运输载体信息等依托互联网和大数据平台加快融合，借助云计算技术构建模型，以寻求新的交易机会、发展潜在客户、优化运输线路、监管运输载体等，实现物流信息收集、传输、存储和处理的规范化与程序化。

7. 智能化

物流产业生态圈应用Mashup智能技术多维整合物流用户需求，搭建物流产业平台，使物流生产者和消费者柔性连接，互通有无；通过云计算进行海量数据的匹配，自动选择流程模式，实现信息流、资金流、商流和"单据流"的有效衔接，通过大数据智能技术，进行智能车货匹配、运输异常监测、路线智能规划、物流KPI分析等，促使物流企业职能层次化、决策智能化、运营一体化。

8. 可视化

物流产业生态圈使物流流程中的对象、方法和过程交互和透明，在途跟踪货物信息、车辆信息，形成动态化和开放性的货品数据中心、车辆定位中心和交易热图；公开交易流程、竞争交易价格，形成可调节、可伸缩的运力平衡中心、价格指数中心、车主收入排行中心；利用北斗导航系统、全球卫星定位系统全程实时展示配送流程，创新线下运输配送、线上体验服务，形成更具参与感和掌控感的可视化配送地图。

8.1.3 物流生态圈形成的标志

1. 组织结构上定型

物流生态圈离不开生态圈内组织成员的归属感，在利益相关者之间产生互相依存的力量，并让组织内成员感觉到了自己能在这个群体中发挥影响力。这就需要物流生态圈的组织结构明确，权责利统一。物流生态圈中的组织结构，首先就要基于共同的志趣和价值观，构成核心组织群体，这些人具有极强的归属感，是中坚力量；构建了一种亚文化，价值观非常明确，态度非常一致，规则能被贯彻，不容易流失，还能帮助物流生态圈去获取更多的新用户。其次，组织结构不仅是实体上的，也包括虚拟的组织结构，不但在线上要做好，也要做到线上与线下的结合，也需要线上与线下的互动，线上与线下的结合。这样才能更好地增进用户与用户之间，用户与企业之间的接触与交流。物流生态圈也需要良好的管理与运营，使得生态圈的发展更好地与企业的整体发展相一致。

2. 产业环节上分工明确

产业链的形成首先是由社会分工引发的，在交易机制的作用下不断引起产业链组织的完善，这种完善是在企业自发（主动）和用户的压迫（被动）两种合力的作用下持续进行的。产业链划分为一系列有关联的生产环节，而企业难以应付越来越复杂的分工与交易活动，不得不依靠不止一个的第三方，即上、下游企业间的相互协作。物流生态圈内的分工已超越地域，成为全球范围内的分工合作，而且是跨界、跨行业的合作分工。分工意味着物流生态圈内的专业化及其背后反映出来的比较优势。可以使生态圈内的组织都获益，因为它使人们可以专门从事其具有比较优势的活动。

3. 物流标准上一致

推进物流生态圈内的物流标准共享互认，在物流设施、物流管理、物流运作等方面共同推进标准化，大力发展标准化托盘与共同配送、多式联运、甩挂运输相结合的新模式。搭建服务于物流标准化的公共信息服务平台。提升标准化服务水平，通过统一数据交换标准，促进物流产业链上、下游企业之间的信息协调，提高资源整合能力，降低供应链成本。

4. 运行机制上高度信任

如何构建物流生态圈中的信任感，是其成功商业化需要解决的可行性基础问题。这就需要设计科学、合理的运营机制。物流生态圈的企业通过运营流程上的环节把控，包括事前进行把关，事中引入处理问题与争议的机制，及全程、全范围的监控与分析，事后需要双方进行评价并有处理机制等。此外，还要在支付、保险等关键环节建立配套措施。

8.2 构建融入物流生态圈的战略

8.2.1 物流生态圈的思维转变

在新常态下，商业关系也经历着前所未有的改变。价值创造促进了更多的跨产业融合。随着市场的透明度越来越高以及资本市场和科技的不断发展，生态圈中企业的竞争也日趋激烈。因此，建立系统有序的共生模式尤其重要，这种趋势在快速迭代的互联网新经济领域表现得更为明显。企业要跳出传统的供产销价值链条，引入跨界的生态伙伴，一方面通过创新和价值挖掘以提升企业价值，另一方面，生态圈的立体化也会增加与其他生态圈重叠的概率，让企业在竞争中有更多机会突围而出，甚至能够迅速超越原来的市场领导者。

1. 采用系统思维，做好跨界准备。物流生态圈的发展是一项艰巨的系统工程，需要开阔思路、提高认识、明确方向、定位服务、制定方案、配置资源、安排项目、设施建设、运营辅导等各关键环节的统筹兼顾、循序渐进。首先，物流企业需要立足跨界长远发展。其次，需要把握推动跨界的技术与管理进步因素，精准地找出跨界所需资源并进行配置。第三，避免零敲碎打、碎片化修补，以及缺乏整体筹划的所谓"转型"，必须着力加强变革设计，实现管理与技术双突破。

2. 采用战略思维，打造核心竞争力。物流生态圈的基业决定于企业的战略。在互联网+的背景下，物流企业的经营环境瞬息万变，而物流企业坚守不变的是战略思维、战略定力、统筹能力。从物流生态圈着眼制定发展战略，是物流企业成功跨界的关键，可据此找准企业的定位。然后合理配置资源要素，发挥自身资源优势，打造核心竞争力。

3. 采用精准思维，科学合理地配置资源要素。采用精准思维要求在物流生态圈中，按照自身优势配置资源，目的是形成生态圈的项目体系，以重点项目积极推进为切入点，撕开一个突破口，以小变推大变、从小跨到大跨、积小胜为大胜，不断完善物流生态圈，增加物流生态圈的吸引力。

4. 采用管控思维，建立战略转换成计划、模式、项目、运营及监控、评估机制。物流生态圈需要持续的战略管控，实现持续发展的目标。物流生态圈所采取的监督政策、控制程序和评价方法，是对战略实施过程的管理，目的是使资源要素、组织机构、人力资源的配置"生态化"。建立战略转换体制机制，需要建立战略审计机制，对战略执行情况进行评估，评估的重点是管理者将战略目标转换成生态圈行动计划的体制、机制与措施情况。

5. 采用底线思维，明确经营不可逾越的"雷池"。物流生态圈涉及广泛的利益相关者，只要一个环节、一个组织出现问题、风险或者危机，就会危及整个生态圈的利益。因此，对于物流企业来说，首先应该提高的是自身素质，需要树立底线思维。只有不越边界、不踩红线、不碰高压线，才能确保物流生态圈的稳定、持续发展。

8.2.2 物流生态圈的发展战略

1. 找准在生态圈中的定位

要在物流生态圈中找到自己的位置，可以依靠自己的实力构造和管理生态圈，也可以成为一个物流生态圈的重要拼图,抱团发展。采取在地化的发展战略,将企业的战略方向融入到当地经济社会发展中。

2. 明确生态圈的战略目标

明确给出物流生态圈的时间节点与标志性事件,对战略方向进行量化。能够给生态圈内的企业增加利益,吸引更多的企业加入。

3. 抓住生态圈的战略重点

物流生态圈涉及采购、物流、电商、金融等各个环节,抓住物流生态圈,重点选择第三方物流升级版,或者是选择第四、第五方物流。

4. 扎实推进生态圈的战略执行

物流生态圈设计各个不同的组织,是为了实现战略目标,完成战略重点任务,物流企业应精心设计物流生态圈发展战略,包括服务功能定位、运营模式设计、服务产品研发、客户服务战略、设施建设项目、数据平台项目、项目融资战略、财务支持战略等方面作出的体制与机制安排,以保证生态圈的各项职能都必须按照战略目标协同互动。

8.3 物流生态圈的模式

8.3.1 基于共享价值的物流产业生态圈

共享经济理论认为,消费者的C2C模式通过中介连接实现访问和沟通,资源通过网络平台在供方和需方之间进行精准配置,实现"按需分配"和"物尽其用",经济活动的核心由传统纯粹的经济价值向共享价值转变,在此过程中,消费者与生产者的界限逐渐模糊,消费者不但享受生产者提供的服务,而且为其他消费者提供类似的服务。物流共享经济的一个重要标志是物流信息平台,物流信息平台能有效沟通信息、共享资源、方便用户、促进创新,基于电子商务的物流交易平台的引入加速物流产业互联网的形成,并逐步向高级形式——物流产业生态圈演变。

流程活动是创造价值的组织方式,影响价值创造和共享的效率。在共享经济的背景下,共享价值的实现依赖于不同的流程活动,消费者、供应商和中介机构通过不同类型的流程连接。主要如下:

1. 物流产业生态圈流程参与主体

物流产业生态圈的核心主体包括物流消费者、物流供应商和物流中介,各核心主体遵循共享经济和共享价值的理念进行活动。物流产业生态圈中的供应商包括:物流运输配送运营商以及无车承运人,如安得、顺丰;物流技术供应商,如德马泰克、心仪科技物流;物流设施设备供应商,如江苏六维物流设备、格勒物流设备;物流地产供应商,如普洛斯、嘉民等;一般不涉及土地、资金、人才、能源等具有普适性产品的供应者。物流产业生态圈中的物流中介包括:物流产业信息平台和交易平台,如传化物流信息平台;物流园区,如中外运物流园;公水联运物流港,如皖北徽商物流港总站、马鞍山郑浦港等。物流产业生态圈中的消费者包括个人和企业等最终用户,以及无车承运人等。

2.参与主体基本流程和活动

即物流产业生态圈参与主体及其基本流程和活动。如表 8-1 所示

表 8-1 物流产业生态圈参与主体基本流程和活动

参与主体	流程	活动
物流供应商:物流运输配送业务运营商、物流技术供应商、物流设施设备供应商、物流地产供应商等	机会识别 需求分析 设计构思 产品开放/服务组合 运营实施 服务强化	定性分析流体、技术、设施设备、地产等服务的机会 估计流体、技术、设施设备、地产等服务需求,分析服务活动及其效果 规划流体、技术、设施设备、地产等服务,形成系统性、层次性的系列产品 流体、技术、设施设备、地产等服务的开发、转型、升级、组合 将流体、技术、设施设备、地产等服务提供给物流消费者 提供与流体、技术、设施设备、地产等关联服务,如流体装卸搬运、系统维护、设备维修、物流地产安全评估,等
物流中介:物流产业信息平台和交易平台、物流产业园区、公水联运物流港,等	清单/目录 订单签订 资金结算 订单履行 服务评级	共享流体、载体、货源、在途位置和驾驶员健康监测数据清单、各地区运力对比清单等,实现透明化 同物流供应商和消费者分别达成服务协议,承办供应商与消费者之间的劳务事宜 根据流体和载体性质、交易金额等收取佣金,提供转账、支付、融资、理财、保险等服务 监督供应商履行合同,公开完成进展和结果 基于服务内容、服务水平、诚信付款等情况,中介机构、供应商和消费者两两互评,形成信任机制
物流消费者:最终用户、无车承运人,等	信息检索 订单签订 费用支付 服务监控 服务评价	收集供应商、流体、载体、驾驶人员等信息,并进行比较 同物流供应商和消费者分别达成服务协议,承办供应商与消费者之间的劳务事宜 支付供应商服务费用,支付中介机构佣金 跟踪并监督供应商履行订单,提出合理的新要求 消费者基于一定的标准评价产品或服务,提供后续合作参考。

3. 参与主体增值服务流程和活动

在共享经济时代，"研发—生产—销售"式的传统线性价值创造流程难以满足物流业发展需求，非线性化趋势逐渐显现。价值创造流程的各个环节被逐渐分解，消费者与生产者的界限日益模糊，物流产业生态圈转变物流消费者身份为生产者和消费者一体化（产消者）身份。消费者通过邀请未注册的供应商成为平台用户，且一旦与该供应商完成闭环交易，即视为该消费者供应商；消费者在规定时间内与该供应商闭环交易超过一定数量，即可享受资源共享价值。物流产业生态圈以网络化多用户平衡供需，形成网络化共享协同运输联盟，联盟和"共赢伙伴"共享毛利，同时提供返程货源，适度补贴"返空""不足量"等运输情况。

物流共享经济改变价值创造模式，物流产业价值链逐渐向价值星系、价值网络转变，物流运作从单直线式流程演化为多线路集成流程。物流中介通过共享基础设施提供交易服务，通过与生产者和消费者的沟通、服务和反馈创新服务模式；栖息于物流生态圈的生产者和消费者自发形成具有某类特征的价值群落，为物流精准配送奠定基础，满足不同用户的个性化需求。例如，针对业务频繁的公路运输，物流产业生态圈涵盖多种调车方式，包括指定模式、竞价模式和抢单模式等。

物流产业生态系统由多条纵横交错的信息链和价值链构成，内部主体在不同的生态链中扮演着不同的角色，主要是：①核心系统。包括物流供应商、物流中介平台和消费者，是物流交易、服务和信息创造的主体，是生产系统和应用系统。②扩展系统。处在系统次核心位置或辅助系统的中枢，包括金融支付第三方机构、技术服务商、搜索引擎提供商、信用机构、直接投融资方、营销服务商、大数据云平台等，为物流活动提供支撑服务，直接促进物流活动的完成，解决物流交易和物流服务过程中的重要问题，包括服务系统和创新系统。③关联系统。处于辅助系统的次外层，与扩展系统相连，包括政府相关部门如商务部门、交通运输部门、安全生产管理部门、环保部门，物流行业协会和物流智库，服务性事务所如会计师事务所、律师事务所等，物流孵化器如创业中心、创业苗圃、加速器、众创空间等，金融机构如银行、保险公司、证券公司、基金公司等。虽只在一定条件下与系统参与主体产生联系，但不可或缺，是服务系统。④环境系统。处于系统的最外层，包括政治、经济、文化、社会、科技和生态环境。同时，与物流业竞争性或互补性的电商业系统、制造业系统、商贸服务业系统等在环境系统中交互出现，是物流业的服务对象，一荣俱荣，一损俱损。

8.3.2 基于 DICE 模式的电商物流生态圈

构筑电商物流生态圈是实现电商物流生态化的重要路径。基于生态学 DICE 模式研究电商物流生态圈，主要从生态圈要素分布、结构互动、竞争运转、发展演化四个方面展开分析。

1. 电商物流生态圈的要素分布 D(Distribution)

在电商物流生态圈中，物流联合电商企业服务于消费者，政府从宏观上进行调控，金融机构、服务中心、科研机构协助相关企业运作，电商企业、物流企业、服务机构等相关企业的个体实力、多元化程度和相互强度影响整体生态圈的稳定性。

电商物流生态圈分为生产者、消费者、分解者、服务机构、生态圈环境五个部分：①生产者。生态圈的生产者是电商物流企业根据消费者、电商企业的需求提供个性化的物流服务，构成电商物流生态圈的核心企业。电商物流企业的种类、个数与分布区域受生态圈需求变动和环境演化的制约。②消费者。生态圈的消费者包括电商企业和最终客户。各式的电商企业构成生态圈的第一层消费者，且直接向物流企业提出物流服务要求；客户最终构成生态圈的第二层消费者，且通过消费行为与电商企业相互作用，间接产生物流需求。因此，客户的消费行为是电商企业的源动力，电商企业服务于最终客户，两者构成了电商物流生态圈的消费者。③分解者。生态圈的分解者即电商物流行业机构。一方面，监督生态圈内的企业工作，协助信息交流与沟通，保障电商企业和最终客户的合理利益，确保生态圈的良好运转；另一方面，行业机构倡导生态圈内优胜劣汰机制的运行，发展壮大先进企业，淘汰落后企业，促使生态圈持续地更新换代，推动企业集聚，发挥产业集群效应。④服务机构。生态圈的服务机构指政策、资金、技术和人才来源机构，包括政府服务机构、金融服务机构（银行、保险、担保、小额贷款等）、科技服务机构（产业共性平台、中试平台、检测中心等）、会计师事务所、律师事务所、创业苗圃、孵化器、加速器等。它们全方位服务于电商物流生态圈，是生态圈生存、发展的催化剂，推动生态圈内的资源优化配置，促进生态圈的可持续发展。⑤生态圈环境。生态圈环境包括影响生态圈发展的政治、经济、社会和生态环境。政治环境涉及生态圈发展阶段的政策和制度环境；经济环境涉及一国或区域经济的发展状况；社会环境涉及生态圈所在区域的人文社会环境；生态环境指一般意义上的环境，即生态圈周边的基本生态环境。

2. 电商物流生态圈的结构互动 I(Interaction)

电商物流生态圈内各要素以一定方式相互联系、相互作用，使生态圈保持整体性。从生态学 DICE 的角度看，以恰当的方式确保生态圈内的要素形成有序结构并进入互动阶段，电商物流企业之间、电商企业与服务机构要素之间的内部互动以及与外界关联企业的外部互动会对电商物流生态圈的可持续发展产生较大的冲击力。

内部互动：电商物流生态圈内不同企业之间产生强度、频度不同的互动，以实现信息、技术、人才等资源共建共享成效。其中，生产者是发展核心，消费者是生产动力，分解者是协调关键，服务机构是发展基础，生态圈环境是发展条件。内部互动以物流企业为基础，各要素的企业基于公共信息平台进行信息、技术、人才等资源交流，电商物流企业之间的互动是在物流智能化运作的同时避免不合理物流现象的产生；供应链上下游电商、物流企业之间互动是降低不必要的交易费用，降低成本；其他相关企业之间的互动是为了减少生态圈资源消耗，减轻环境污染，充分利用人力资源，提高企业效益。

外部互动：生态圈内企业与外部进行的政策、人才、资金、技术、信息互动一样不可缺少。一方面，生态圈企业与外部企业进行生产要素互动，将生产要素转化为生产力，促进生态圈内企业优胜劣汰机制的有效运转和技术的更新换代，确保生态圈的有机循环；另一方面，内、外部互动还表现为生态圈和内部企业受外界政治、经济、社会环境的影响。政府出台扶持政策激励企业开展绿色智能创新，市场经济形势与未来发展趋势影响企业决策，人文社会环境是企业可持续发展的土壤，影响企业文化的形成。外部互动是内部互动的延展，且反作用于内部互动，两者相互作用促进生态圈的成长。

3. 电商物流生态圈的竞争运转C(Competition)

电商物流生态圈内企业间相的互竞争是生态圈得以良性运转的关键，竞争鞭策企业持续开展技术创新，使用新技术以突破自我。电商物流生态圈运转以企业合作式竞争为轴心，包括核心企业选择、信息平台打造、生态产业链构建、生态圈管理体系完善等。介绍如下：

核心企业选择：核心企业是生态系统的"关键物种"，其能级的大小决定生态圈的整体能力，电商物流生态圈的核心企业是电商物流企业。电商物流企业位于产业链中段，影响上、下游企业的发展，所提供的物流服务质量和效率的高低直接影响电商企业经营，进而影响生态圈发展。核心企业应根据需求容量、能力大小、效率高低的综合评价进行柔性选择。

信息平台打造：电商信息平台是生态圈内信息、技术、人才等资源共享的基础，贯穿整体生态圈始终。电商信息平台包括信息收集、信息处理、信息存储和信息发布等功能模块，生态圈企业以信息平台为媒介进行资源共享，开展生态化运作，减轻环境污染，减少资源浪费同时节约企业运营成本。

生态产业链构建：产业链是产业生态圈的基础，单一链条和多种链条的扩展、丰富形成产业生态圈。企业犹如物种生活在"食物链"中一样，生存于各种各样的产业链中。电商物流生态圈以电商物流企业为核心，链接上、下游互补企业，整合资源，建立战略合作伙伴关系，借助信息平台的支撑推进层级之间的互通互补，使企业的废旧物资在内部得到消化，实现废物处理资源化，缓解对环境的压力，实现产业生态圈的"生态化"。

生态圈管理体系完善：管理体系是电商物流生态圈得以顺利运转的保障，若缺乏严格的规章制度和完善的管理体系会导致生态圈混乱。生态圈管理团队充当了"分解者"角色，一方面制定圈内管理标准，监管圈内企业的合法合规运作，防止不正当的竞争；另一方面协调企业合作，推进企业开展无缝对接，以开放性原则保证电商物流生态圈新鲜血液的顺畅流动。

企业合作式竞争：企业之间的合作式竞争是生态圈运转的轴心，竞争不可避免，在竞争中寻求合作，开展合作式竞争是生态圈运转的关键。生态圈内企业联合共生，通过信息平台和云联网共同分享圈内资源，开展互利性合作。一方面，互动关系中任何获利行为不以损害他人利益为前提，实现共存；另一方面，电商企业物流以"节约资源、保护环境"为己任开展工作,不以打击对手为主要目的,实现企业双方经济利润、环境保护、社会责任共赢。

4.电商物流生态圈的路径发展演化 E(Evolution)

电商物流生态圈是具备生命力的有机体,其产生、形成和发展有着特定规律和演化过程。生态圈企业的分布影响企业之间的互动,互动导致竞争,竞争导致演化,形成新的企业分布,进行可持续、互利互赢的生态圈循环。企业正是在外在环境压力的驱使下不断调整自身结构,类似单个企业的生命周期,生态圈的形成及演化也会经历初始孕育期、成长发展期、成熟稳定期和衰退期。

初始孕育期:此阶段,鉴于经济、地理、政策等因素,电商企业、物流企业和相关企业进入某地域合作发展,初步形成产业集群。这一阶段的电商物流生态圈发展存在诸多问题:首先,受制于成功案例借鉴的缺乏和完备管理体系的支撑,很多企业对是否进入生态圈持观望态度,致使生态圈发展较缓慢;其次,缺少权威的第三方监督机构评估,进入电商物流生态圈的企业彼此间缺乏信任,导致企业之间合作不顺畅,影响效率且浪费资源;第三,此阶段电子商务信息平台尚未建立,企业之间难以有效进行信息与技术等资源的共享,难以形成完整的产业链条,企业之间的同质竞争在一定程度上影响生态圈的良性发展。

成长发展期:此阶段,企业之间的联系愈发密切,电商物流生态圈的产品市场份额逐步增加,生态圈企业明确自身定位,专业化分工深化,协同效应逐渐体现。在电商物流生态圈中,部分新进入的电商物流企业以先进的物流理念、丰富的行业经验、主动承担社会责任,占据主导地位,迅速成为生态圈的"核心企业"。围绕核心企业,大批服务性的辅助机构包括金融机构、人才机构、法律机构、研发机构等逐步融入生态圈,使生态圈具备提供一体化综合物流服务的能力。同时,企业之间的信任机制逐步形成,基于信息平台的资源共享活动日渐活跃,生态圈管理体系日益完备,电商物流生态圈步入良性循环。

成熟稳定期:此阶段,电商物流生态圈通过一段时间的充分发展,生态圈的配套设施、服务机构、功能模块分区完善,外部企业进入生态圈的速度放缓,企业之间的横、纵关系得到有效的确立,协同效益日趋显著,形成关联性网络优势。此时,电商物流生态圈协同运作效应明显,主要任务是规范生态圈内物质、能源、信息交换,绿色智能物流日趋成熟,形成能源消耗低、环境污染小的生态链。生态圈以电商物流企业为核心,相关企业加入能源循环系统,依照低碳经济原则对生态圈开展三层"梯度循环":企业内部小循环、企业之间中循环和宏观层面大循环。首先,企业生产以"低碳"为指导原则,尽量选用可再生资源,减少有害和危险物质的使用频次,企业在完成产品生产的同时将废弃物送至专业废弃物处理机构,实现废弃物的回收再生利用;其次,企业上、下游之间尽可能实现物质循环使用,A 企业的"排放物"成为 B 企业的"投入物",减少企业废物量,缓解环境压力;第三,倡导绿色智能物流工作,通过技术管理创新,推进绿色智能物流运作。运输方面,优化运输路线,开展多式联运,避免不合理的运输;装卸搬运方面,合理选择装卸搬运方式,采用机械化设施设备,提高货物装卸搬运活性;包装方面,使用绿色、可循环的包装材料,避免过度包装。同时,物流各环节可通过北斗系统、GPS、GIS、EDI、RFID等的普及运用,提高物流效率、减少浪费。

衰退期:电商物流生态圈经历成熟稳定期后,经济社会环境变化,市场需求下降、生态圈内部要素之间互动、内部要素与外部要素互动、生态圈管理体系等出现裂痕而进入衰退期,衰退期的电商物流在生态圈内各要素、结构发生改变,所以必须为寻求进一步的发展突破桎梏,否则可能会逐步消亡。

5. 电商物流生态圈的运转特征与优势

电商物流生态圈从个体企业、单一价值链、产业种群、产业集群依次发展而来,成为当今市场化、产业化、生态化时代一种全新的产业模式。在日益激烈的竞争环境下,电商物流生态圈保持与外界的和谐交流,积极进行生态圈整体协同运作,依微观环境和宏观环境变化,创新发展,具有整体性、稳定性、调节性、开放性等特征。同时,生态圈模式作为电商企业、物流企业做大做强的必由之路,具有自身独特的优势。主要表现在:①产业簇群化加速了企业资源整合。产业生态圈首先是产业簇群,相对于单一企业,产业簇群具有消弱资源获取和转移障碍的能力。专业化分工和簇群发展可取长补短,有效实现资源的创新性整合,使整合利用资源的适应性和在持续运作中捕捉调整资源的能力更强。电商物流生态圈的提出是基于资源整合理念,是人才、信息、技术等资源整合的集中体现。②产业生态圈实现了交易费用降低。电商物流生态圈的构筑首先提升了信息集中度、缩减了传递费用,降低了客户搜寻成本,提高了效率;其次,同行业的生产商、供应商、消费者和其他相关组织的汇聚,可实现知识、技术、人才等生产要素交流;第三,生态圈整体环境的改善,如公共设施建设、科研机构建立、人才培训加强等通过技术创新实现了废物资源化,给企业带来新的利润增长点。③推进了电商物流可持续发展。电商的爆炸式增长使电商物流对资源、环境的消耗巨大,走物流生态化道路、实现电商物流可持续发展迫在眉睫。电商物流生态圈以"减量化、再利用、再循环"为行为准则,在宏观、中观和微观三个方面规划电商物流的生态化,在企业内部小循环、企业之间中循环后实现生态圈内部的良性循环,最终实现经济社会的生态可持续发展。

8.3.3 旅游物流生态圈

旅游行为作为一种空间移动行为,全程包含着物的流动,物流横跨旅游所涉及的各行各业,旅游对物流具有天生的高度依赖性和共生性,在技术与市场共同主导的产业演进进程中,"旅游+物流"是旅游业与其他产业融合中必然的选择。赖斌等(2006)认为旅游物流是指为更好地满足旅游消费者需求的前提下,以高效、低成本为目的所引起的物质网络型流动过程,旅游物流介于处于主体地位的"人流"与客体地位"商流"之间,是两者统一协同的桥梁。日本的"宅急送"模式成功应用于日本旅游物流中,表明旅游物流业的潜力巨大,若能站在生态圈的角度,应用"互联网+"的思想,以服务嵌入为切入点,撬动其他相关产业的能力,或许可突破现有的产业合作屏障,形成系统化、一致性的共生、互生及重生的旅游物流生态圈。

1. 旅游物流生态圈的内涵

生态圈原是自然科学用语,是地球上所有与自然环境相互作用的生命有机体所组成的统一整体,维持自我调节的、松散控制的波动状态。汉森供应链研究中心(2014)在《京东物流战略布局大盘点》中提到"物流生态圈",指出物流生态圈是一种基于开放融合的物流供应链商业生态系统,类似的提法也出现在税特与顺丰的合作中,说明物流业更趋向于从商业生态系统视角来理解物流生态圈。本文认为旅游物流是旅游活动的伴生性活动,是旅游产业生态系统中的一部分,是一个商业生态圈,它以组织和个人相互作用为基础的经济联合体的生态群的整合,供应链的竞合性、多向链接和信息共享显示了供应链成员的强关联性,使圈中的企业担当着不同的功能,相互竞争也互为补充,物种共同创造价值,并从中分享利益。旅游物流生态圈的核心内涵是动态的生态平衡,当生产者(旅游物流企业和物流市场等)、消费者(旅游企业、游客等)和分解者(行业协会、监管机构等)所构成的群落在赖以生存的外环境中多方博弈,会类似自然系统在生物进化和群落演替过程中不断打破旧的平衡,建立新的平衡,推动旅游物流生态圈重生,形成新的商业模式。旅游物流生态圈蕴含着共同进化的内涵,圈内的每个物流关键业务领域都必须是健康的,任何一个环节的脆弱都可能损害整体的绩效水平,导致旅游物流生态圈的崩溃。

2. 旅游物流生态圈的组成

类似于自然生态系统,旅游物流生态圈的组成分为非生物环境和生物(含生产者、消费者、分解者)。非生物环境指的是旅游物流所依托的经济环境、基础设施、行业规则;生产者中的基本成分是各类提供旅游物流服务的企业,高级成分是物流市场;消费者的主要成分是旅游企业和游客,旅游企业为初级消费者,但当游客通过旅游企业消费物流服务,游客为次级消费者,如果游客直接消费物流服务,则在一个更短的食物链中,为初级消费者;分解者中的一类为维持旅游物流服务正常有序的监管机构(如交通部门)、行业协会,另一类为沟通消费者和生产者的中介机构。其中主要生产者和主要消费者是生态圈的"关键物种",在生态圈的进化过程中非常重要,往往对生态圈的演进方向具有导向作用。

旅游物流食物链分成两条通路的能量流动,旅游企业和散客的直接消费量往往在时间与空间上是分开的,同时旅游企业与散客在个体大小和消费方式上有很大的不同。生态学上把生物分为生产者、消费者、分解者是一个功能上的分类,而不是物种的分类。实际的情况更为复杂,旅游物流生态圈是人造生态系统,具有比自然生态系统更为复杂的结构,一些企业占据中间位置,趋于发展出更复杂的生产和消费系统,来适应需求的变化,而另一些企业随环境条件改变营养模式,找到自己的生态位,消费者在消费"食物"(旅游物流服务)的同时也促进了"食物"的生产,一定程度上"食者"(旅游社、消费者)和"被食者"(旅游物流企业)的生存都会在更大的时空尺度上得以增加,合作与互惠也得以增加。因此旅游物流生态圈的演替不仅具有类自然生态系统性,更贯穿着人的意志。生态的演替是一个发育过程,当演替没有受到外力的干扰时,关键物种就引导了演替的方向。人及环境给予的外力干扰决定了变化的格局和速率,并通常限制了发育的程度,但演替仍然是由群落控制的,也就是说,演替变化主要取决于内在的交互作用,生物体之间、生物与环境之间的关系错综复杂,不只是单个物种的独立演替,还有丰富的旅游物流信息形成的网状关联,操纵或调节着旅游物流生态系统。

3. 旅游物流生态圈的构建

(1) 旅游物流生态圈的圈层结构

当前,尚未形成关于旅游物流生态圈的圈层结构的统一认识。旅游物流生态圈为三层,圈层划分由圈内其他行业与旅游物流的关联度确定。核心是旅游物流服务,旅游服务次生态圈与物流服务次生态圈的交集,即为旅游物流服务;随着行业的交融和发展,对信息的摄取和处理向移动端迁徙,移动通讯与智慧城市综合体管理平台共同为旅游物流服务的开展提供便捷和高速的通道,因此旅游服务、移动通讯服务、物流服务、智慧城市综合体管理平台组成核心层。涉及旅游的其他行业以及银行支付处于第二圈层,严格意义上将,属于旅游服务的一部分,从本文研究的视角,"食、住、娱"等创造了旅游物流需求而不直接提供旅游物流服务,故放置于第二圈层。旅游物流服务连接游客的空间移动和旅游小件包裹等的递送。生态圈内部圈层都是虚线边界,代表开放和兼容,涉及旅游物流服务的各方企业通过实体的物流和虚拟的资金信息流进行有机衔接。外圈的生态环境是旅游物流生态结构和生态圈发展的基础条件,包括经济环境、政治环境、自然生态环境、社会环境等。从时间结构上看,内部的两层对生态发展的影响是短期而直接的影响,外层环境对生态发展的影响是长期而间接的影响。

(2) 旅游物流生态圈的商业模式

旅游物流生态圈的商业模式是"互联+免费","互联"指的是游客、旅行社、旅游物流企业、涉及旅游的其他行业互联互通,同时也指通过互联网进行资源和信息的自由配置;"免费"指的是对游客来说不超过一定限额的全程物流服务是免费的,旅行社通过推送景区的景点和其他的服务的同时搭载免费物流服务的方式以获得更多的游客,景区的景点等通过提供物流节点服务提升自身的竞争力,同时从旅游物流企业得到利益的回报;旅游物流企业从旅行社的物流服务采购中赢利。如此,通过不同种群企业的投入共同创造价值,通过生态圈内的价值分享以保持生态圈的健康发展。

(3) 旅游物流生态圈的构建要点

物流服务在旅游业一直被简单地归为"行",没有得到重视和发展。这是我国物流企业发展的特点和旅游物流服务需求的特性所决定的。我国大部分的物流企业规模都不大,基本没有能力提供涵盖全国的物流服务，短时间整合物流资源的能力非常有限；少数大型的物流企业服务也不涉及旅游物流，即使大型的物流企业提供旅游物流服务，供需在质和量上的差距也是短期内无法跨越的，主要的原因是大型物流企业一般有自身的核心业务，没有动力投资其余的物流服务。旅游物流服务需求具有分散、个体需求量少、时间上不均衡、服务的种类繁多等特性，与电商物流发展初期面临的全地域、单批小件、递送时间不一的处境非常类似，而在当前，速递服务已不再是问题，原因在于速递服务需求量的高速增长，创造了新的价值增长点。因此，旅游物流需求量的增长是生态圈演替的原始动力，社会物流企业的高品质服务保障是旅游物流生态圈持续发展的关键。

8.4 物流生态圈的案例研究

传统物流企业如何通过"互联网+"的转型升级？海尔集团旗下的日日顺物流作为中国居家生活大件物流专业品牌，在互联网践中搭建起了一个开放的物流平台，通过自身品牌的标杆效应，打造出"互联互通生态圈，共创共赢诚信体"。

8.4.1 互联网时代家居大件物流的挑战与趋势

居家大件物流是指家庭居家生活用的家电、家居、卫浴、健康器材、出行工具等体积较大的消费品的上门入户服务，区别于小件的快递包裹、中件快运的包裹。居家大件物流的特点是，货物价值相对比较高、容易破损，需要从业者具备一定的搬运技能，不仅要送货还要安装，同时还包括后期的货品维修业务等，这就需要专业的物流企业。

目前的电商在网站运营方面已经做到了最优化，但是在最接近消费者的"最后一公里"物流服务上却问题百出。现在占据国内物流市场90%份额的是中、小型物流企业，小、散、乱的行业特征很难满足高速发展的电商行业对物流配送服务大规模、专业化的要求。尤其是在家电、家具等大件物品上，相比于小件商品，冰箱、空调等产品因具有易损、不可拆分、体积大等特点，给运输带来更多不便。无独有偶，家电售后的专业性和复杂性也让物流从业人员无从着手，于是家电网购中的送货不上楼、送到不安装、送货区域有限、售后无服务等问题愈发严重。

从用户的多元化来看，居家大件物流送到农村市场较慢，需要一定时间等待，破损也较多。破损多主要缘于很多操作是按照小件的作业方式来操作大件，不同产品的混装、混发带来了破损。再一个原因就是送装不同步，多次上门使用户等待时间长，这些问题阻碍了居家大件物流企业的快速发展。

此外，从整个品牌商来说，现在品牌商对线上销售也存在诸多问题，比如，销售区域受限有很多地方送不到，只能减少销售区域；要么是很多个DC仓备货解决送货慢的问题，要么花费很多物流成本,解决定单量少、距离远的问题。这些痛点限制着居家大件物流的发展,同时也是整个互联网时代居家大件物流所面临的挑战。

互联网时代,线上销售模式对物流的需求已经从工厂直达用户,这就需要网络化统一配送,由分散到整合,这给整个快递快运企业带来了快速发展的契机,但是对于居家大件物流行业来讲,问题也不容忽视。

日日顺物流的总经理冯贞远解释说,目前,很多物流企业的居家大件仓储布局还多有欠缺,不同类型的货物多次中转、混装混发配送比较多;此外,居家大件货物必须要求具备一定的搬运技能。汇总这些特点,我们就能够理解为什么普通快递快运企业做居家大件物流时破损率和物流成本会这么高了。

随着互联网与传统企业不断融合,冯贞远认为,未来居家大件物流的趋势一定不是谁卖谁送,而是网络化统一配送,需要物流+服务的一体配送,因此行业也形成较高的壁垒。在互联网时代,只有标准化、网络化、智能化、可视化和有基础运营体系的居家大件物流企业才能发展下去。

8.4.2 四网融合,共创共赢

日日顺物流平台的基础,实际上是整合创新了海尔集团的营销网、服务网、物流网和信息网,按照海尔售后服务用户的标准做物流服务的。

日日顺的营销网从1996年开始投入建设,目前有3万多家专卖店;服务网是从上世纪90年代初开始搭建的,现在国内有6000多家服务网点;物流网截至2016年5月底,全国有100个DC。

"四网融合"是日日顺物流的根基,而且早已全部向社会开放,为社会的居家大件物流提供服务。海尔的基础订单量吸引了很多优质的战略合作伙伴到其平台上来,如今日日顺物流平台已经形成了开放的价值生态圈,一端联着客户资源,一端联着物流资源,这既包括仓储合作伙伴,又涵盖物流地产商、物流设备商和区配运输商等,这样建立起来一个开放的生态圈,大家围绕着用户体验,以创造用户全流程最佳体验为核心,来创新,来为用户服务。

日日顺物流对社会开放,吸引了天猫、京东等平台企业,小米、微鲸等互联网电视品牌,美乐乐、芝华士等家居类品牌商,以及牛电科技、亿健、伊吉康、蓝堡等大件触网新品结成合作伙伴,共同建立大件居家物流最大规模的生态圈。

在平台方面,日日顺物流目前已经形成了成熟的居家大件物流全流程的五大核心智慧解决方案,包括智能多级云仓方案、干线集配方案、可视化配送方案、最后一公里送装方案以及价值交互增值方案,以此保证用户全流程的最佳体验。

通过几年的努力,如今日日顺物流的日峰值处理订单能力为90万单,连续7天作业能力为50万单,常备是28万单,高出整个行业1倍还要多。到目前为止,日日顺生态圈平台已经吸引了9万辆车,2000多家品牌客户,仓储面积达500万平方米。每年配送的B2C用户有6600万单,年吞吐量达到1.1亿立方米,这些成果的取得得益于海尔的企业文化,得益于海尔创业、创新的两创精神,得益于海尔推崇的"与用户零距离"。

对于日日顺物流未来的战略,冯贞远说,我们将分成三个阶段实现这个战略:物流网、物联网和务联网,以用户的需求为核心,互联互通物流生态圈的各个要素,包括我们的整个平台,包括我们的品牌客户、用户,包括我们的资源方,把车、库统统互联互通起来。未来的日日顺物流将始终以用户体验为核心,以诚信为核心,以更加开放的思维,以更加开放的行动,与生态圈的合作伙伴共创共赢。

8.4.3 拥抱互联网,创新"车小微"模式

日日顺物流可以为客户提供多种定制化的解决方案。冯贞远说,"在开放的智能云仓网络方面,我们是基于海尔订单的大数据以及与菜鸟合作的大数据为基础,以少量的仓,合理的库存来实现全网的覆盖、来实现按需送达。同时根据大数据的科学预测,把货放在离用户最近的地方,来缩短配送周期,提升用户的体验,通过一体化的解决方案,来降低客户配送成本、库存成本及运营成本。"

日日顺物流最大的优势在三、四级市场。冯贞远说,我们是通过三万个海尔专卖店的订单作为基础,同时来匹配同类型的大件定单,这样既解决了集配时间长、送达慢,又解决了居家大件物流中转多次、中转混装导致的破损之痛点。比如,日日顺从自己的100个仓库送货给县、镇、村的用户,对于安装类以及配送距离在50公里以上的大件定单,我们是同线路配载来为用户提供服务;对于配送100个仓覆盖在距离50公里以内的订单,我们直接来送给用户,最大限度减少装卸次数。通过这样一种解决方案,为品牌商客户创造价值,为我们的用户创造最佳的服务体验。

目前,日日顺分布式的云仓网络可覆盖全国2915个区县,也就是覆盖了除新疆和西藏部分区县外的所有地区。

在仓储管理方面,日日顺通过智能化的仓库管理系统,实现了管理、盘点、系统、智能入库和分拣,全流程透明可视化;干线集配网络方面,全国15个发运基地年发运14万立方米的货物,通过智慧的干线运输系统,实现智能化管车,可视化管货;在零担干线方面,全国180个城市中转站,通过精准直通车产品为用户提供一站式的服务;在可视化的区配网络方面,通过八大系统实现全流程的可视化管理;在用户体验方面,通过六大节点与用户零距离的交互,实现用户体验的全流程可视化,两次电话预约,三次短信提醒,全程服务跟踪,创造全流程最佳的用户体验。

日日顺物流的"车小微"这种轻资产运作模式,聚合了社会化的车辆和人力资源,实现

了对用户需求的快速响应。"车小微"是开放的司机创业平台，实现了用户评价到车，用户评价和车的抢单权限挂钩，真正实现了用户说了算，实现了最优化。这个平台是日日顺物流核心的竞争力，根据用户的反映会进一步地实现"车小微"的升级和迭代。

8.4.4 平台助力高校物流创客

李克强总理多次强调"大众创业，万众创新"，日日顺物流创客训练营因此应运而建。以围绕时代主题、激发创新思维、激励创业行动、激活创客梦想为宗旨，让更多优秀的物流创客和创业项目成长蜕变，成为物流行业转型升级的"新动能"，日日顺物流创客训练营搭建了"四大平台"——"物流创客大赛"用以输出双创型的物流人才，"创业导师培训"可以输出前瞻性的一些物流技术，"创业实践基地"可以孵化出一些明星型的创业公司，"创业项目孵化"则可以输出实践型的一些创业案例。

冯贞远表示日日顺物流之所以主动发起创客训练营大型公益行动主要有两方面原因。一方面，物流行业的飞速发展，特别是智慧物流系统的日新月异，需要为物流人才搭建一个创业孵化平台，从而有效促进产学研的结合，同时为全行业的转型升级培育新的动能。另一方面，日日顺物流承袭海尔集团"从制造产品到孵化创客"的十年转型实践，搭建了强大的开放抢单平台和成熟的创客孵化机制，为未来物流创客提供成熟的展示舞台。

日日顺物流创客训练营虽由日日顺物流发起，但资源方却不止日日物流一家，它是一个开放的平台，包括海尔等企业方，以及清华大学、西安交通大学等知名高校在内的诸多资源方都将为物流领域的大学生创客提供创业所需的各类资源。而日日顺物流作为中国物流学会产学研基地授牌的首家物流企业，将为物流大学生创客提供孵化基金、创业指导、渠道媒介等支持。

百年大计，教育为本。冯贞远说，物流业未来发展的深度和广度，与这个行业的人才数量和素质息息相关。作为一个公益性的创客人才孵化平台，日日顺物流创客训练营的创业项目成果和创客人才将用于解决行业难题，在智能化、可视化、自动化、集成化等方面为物流用户创造最佳体验，为企业和物流业注入活力，促进中国物流产业的更大发展。

第 9 章

物流产业链服务创新战略研究

现今在我国规划中,物流业的地位在持续攀升。因此,现代物流业的发展也显得至关重要。大部分的物流企业仍以仓储、运输等代表性的功能物流服务作为主营业务。所以要想改变并突破此类传统的物流服务形式,需要我们从服务方式、内容以及服务理念上进行创新,构建物流全产业链服务体系。

9.1 物流服务

9.1.1 物流服务的发展

1905 年美国开始使用"物流"一词。第二次世界大战时,现代所说的物流概念开始启用,其中作为经营领域的物流运用最多。美国是在 20 世纪 60 年代开始才有了对物流的概念化,它经历了物流行业的发展以及革新,到 20 世纪 90 年代,物流行业才开始慢慢地得到整合,从而实现了从最初的 Logistics 向 SCM 的转变。

随着流通革命的出现,20 世纪 60 年代,日本大批生产却不能满足消费的要求,零售业中以大型综合超级市场为主,提议需要创建自身的流通渠道。也是 20 世纪 80 年代以后,从借鉴美国开始,采购物流慢慢在日本被关注起来。然而,在对物流的理解上,企业的利润、商品的流通都是日本物流的重心;美国物流企业的发展离不开消费者的利益与需求。

20 世纪 60 年代末至 80 年代末,最具代表性的是以时间、地点、效用为基础的 7Rs 理论。该理论认为,物流服务是指企业能在恰当的时间(righttime)和正确的场合(right-

place），以合适的价格（rightprice）和方式（rightchannelorway），为客户（rightcustomer）提供适合的产品和服务（rightprodice），使客户的个性化需求（rightwantorwish）得到满足，价值得到提高的活动过程。

随着经济的发展，传统的以产品运营为基础的物流服务的定义发生了变化。新的服务如包装、第三方货品储运管理，都大大丰富了物流服务的含义。例如，Jackson等认为包装的保护性以及物流企业和客户之间的合作性都属于物流服务的范畴。尽管上述物流服务的概念从过去只关注时间和空间效用的观念拓展到了价值增值的新观念，但仍然是基于产品运营的概念。

Lalonde等将物流服务定义为：①满足客户需求的活动；②确保客户满意的绩效测量；③公司承诺的哲学（文化）。这个定义从简单的产品运营层面上升到了营销层面，认为物流服务以提高客户满意度为目的。这一时期关于物流服务的概念都是基于物流服务提供者的视角而非客户视角提出的。

我国从20世纪80年代初才从日本传入物流服务的概念。也就在那时，北京物资学院的王之泰教授在物资部专刊上发表了我国第一篇有关物流的文章——"物流浅谈"。物流概念第一次被介绍到我国，相应的还有物流的管理、结构和信息方面等的讲述。物流服务行业在我国发展迅速，我国的物流服务流程只用了几十年的时间已接近成熟，相应环节也已在各领域遍布。我国目前的物流业已然进入到了一个快速并理性发展的阶段。从2009年至2014年间，我国每单位GDP物流的需求系数由原来的2.8升为现今的3.4。数据上的变化正映衬了社会经济的发展对物流企业的需求已越来越高。但反观发达国家的物流服务业总消费占GDP的比例，我国物流企业成本处在高点。但如若使生产相关企业的产品竞争力下降，其进步的空间会得到很大的提高。

作为复合型的服务类产业，物流业完美地将仓储业、运输业、加工配送业等多产业进行融合，是在国民经济发展战略中的一种新型基础类产业。国民经济的发展因致力于物流业的发展。因不断优化物流业的流程与环境，从而促使物流服务业得到迅速发展。同时，日渐完善的社会物流统计制度使标准化工作有序进行，人才培训工作进而加强，最后，不断深入发展物流方向的科技与理论的合作。

2009年3月，国务院印发《物流业调整和振兴规划》文件，物流业由此获得了快速发展，产业发展水平不断提升，物流市场需求增长迅速，企业物流服务能力和服务品质均有显著提高，特别是第三方物流有了明显的进步，"十三五"正是我国物流业步入快速发展新阶段的重要时期。服务是物流的核心功能，是物流企业永恒的主题。物流服务是企业为了满足顾客的物流需求，开展一系列物流活动的结果。日本物流学者阿保荣司教授用"到达理论"论述了物流服务的本质，他认为物流服务的本质是将商品送达到用户手中，使其获得商品的"利用可能性"。该理论也揭示了现代物流服务是将合适的产品，以适当的数量、合适的价格、在合适的时间送达到合适的地点。可见，物流服务的本质是提供全面优质的服务以达到顾客满意。物流企业能否有稳定的顾客群，主要取决于其服务质量的好坏。物流服务质量是顾客对物流服务过程的一种"感知"，是物流服务活动满足顾客需求的程度。如果顾客对物流企业所提供的服务（感知）与其服务期望接近，则其满意程度就会较高，对物流企业的服务质量评价就高，反之，则对该物流企业的服务质量评价就会很差。虽然物流服务质量的内容因不同顾客而要求各异，但一般应包含：对物流流体质量的保持及提高程度；批量及数量的满足程度；配送货品精确度、配送间隔期及交货期的保证程度；配送、运输等服务方式的满足程度；成本水平及物流费用的满足程度；服务过程的程序、手续的简易程度；服务人员的沟通、服务态度、服务规范的满足程度；口碑、形象信息提供、索赔及纠纷处理等相关服务的满足程度等。此外，物流服务的构成成分及其质量是不断变化发展的，随着物流领域绿色物流、柔性物流等新的服务概念的提出，物流服务也会形成相应的新的服务质量要求。

随着信息通信技术的发展和消费者需求的多样化，以往的物流服务形态已经无法全部满足客户的需求。经济全球化的趋势和企业间竞争的加剧等都将促使物流服务向高端化方向发展，物流业的服务创新已是大势所趋。特别是随着中国市场全面开放，跨国企业凭借资金、技术和人才优势，在中国获得较快的发展，我国的物流企业要想在激烈的市场竞争中不被淘汰出局，进行服务创新是有效的解决途径。

当今时代，经济全球化、社会城市化以及更低成本的劳动力、商业增长和技术的创新，使人类社会正在经历一次最大的劳动力变迁，社会产业结构正在从工业型经济向基于知识和信息的服务型经济转型。在这个新经济转型期，随着信息技术的迅猛发展、互联网的普及及其可靠性的提高，企业内部和企业之间的交易变得更加容易，成本进一步降低，技术实现了新型的企业内部和外部服务，这种服务反过来又给企业带来了新的利润空间。有关资料显示，2015年，服务业增加值占高收入国家GDP的74%，高于1997年的69%。美国服务业增加值对GDP的贡献高于其他高收入国家。服务业在GDP中所占的比重在中低收入国家尤为突出，从1997年的48%跃升至2015年的57%。服务业对产出的贡献越来越大。在美国，2017年服务业增加值占全部增加值的78.9%，达到13.1万亿美元，就业人数占私营部门就业总量的86.3%，共1.24亿人。因此，服务业已成为经济发展的支柱产业。在这种背景下，基于服务科学的服务创新应运而生。

物流作为国民经济中一个新兴的服务产业，正在全球范围内迅速发展，被认为是国民经济发展的动脉和基础产业，其发展程度成为衡量国家现代化程度和综合国力的重要标志之一，是促进经济发展的"加速器"。物流的使命就是提供优质的物流服务，满足客户需求，开发和创造客户价值，在物流全过程及其各个环节实现价值增值。

9.1.2 我国物流服务的现状

我国目前正处在从传统物流服务向现代物流服务转型的初步阶段,物流服务实践遇到了不少困难与问题。

1. 市场供需存在问题

现实物流服务需求不足和潜在物流服务需求巨大之间存在矛盾。由于宏观政策以及经济持续发展都促进了物流总量的增长,市场对物流服务有着巨大的潜在需求。但是,一方面,由于现在物流成本过高(发达国家的物流成本占GDP的10%左右,我国的物流成本占GDP的20%),影响了我国物流业的发展;另一方面,许多物流企业对客户价值缺少正确的认识,没有真正形成一切以满足客户需求为中心、全面提升客户价值的服务创新理念,服务能力和服务质量较差,很难提供规范化的物流服务。这种缺乏与客户共创价值的物流服务,影响了物流服务市场的开拓。

2. 相当多的企业仍然保留着"大而全""小而全"的管理模式

物流活动主要依靠企业内部组织的自我服务完成。据调查,在工业企业中,36%和46%的原材料物流分别由企业自身和供应方企业承担,而由第三方物流服务承担的仅为18%。在商业企业中,由企业自理和供货方承担的物流活动分别为76.5%和17.6%。这种以自我服务为主的物流服务模式,在很大程度上限制了高效率、专业化、社会化现代物流服务的发展。

3. 国内大多数物流企业普遍规模小、功能单一

国内大多数物流企业是从运输公司、仓储中心等转变过来的,提供集成化的物流服务比较困难。物流服务的收益85%来自基础性服务,物流增值服务及物流信息服务的收益只占15%。而基础性服务依靠价格进行市场竞争,自身缺乏创新的服务内容,与发达国家物流从组织生产到流通整个供应链式的服务相差甚远。特别是随着国外大型物流企业的涌入,传统物流服务的价格比拼不再有多少利润空间,竞争的领域已转移到了服务。这样,现有的内容单一且缺乏价值增值和创新的物流服务必然缺乏竞争实力。

4. 物流服务技术落后

国内大多数物流企业还处在信息技术应用的初级阶段,削弱了对市场的快速反应能力和竞争力,难以有效地协调物流活动,上、下游企业之间以供应链为基础的物流流程优化和物流功能集成无法开展,物流活动中重复操作、准确性差、可靠性低等问题无法解决,从而影响了物流运作效率和服务质量,增加了物流的资源占用和成本开支。

综上所述,我国的物流服务在服务理念、服务模式及服务内容、服务技能等方面还存在许多差距,使我国目前的物流服务缺乏创新和竞争能力,不足以与客户共创价值,也不足以帮助企业创建全新的物流设计、服务和产品。同时,由于对物流服务的创新体系结构及

创新模式缺乏理论和方法上的深入研究，难以为实际的物流服务创新过程提供指导。因此，现代物流服务迫切需要对服务创新模式、过程、技术及组织管理进行科学的研究，以提供更有竞争力的优质服务。

9.1.3 现代物流服务体系

1. 现代物流服务体系的组成

(1) 现代物流服务体系的基本概念。现代物流服务体系是为了保证现代物流服务得以正常运作而与之相关的各类要素的有机组合。它是由一些相互联系、相互制约的若干要素组合而成的、具有特定功能的一个有机整体。现代物流服务体系具有系统的一般特征，如目的性、整体性、集合性、动态性、相关性、适应性，还具有规模庞大、结构复杂、目标众多等大系统所具有的特征。

(2) 现代物流服务体系的要素构成。从本源来看，现代物流服务体系的最基本要素包括人、财、物、信息四个方面。在这四个要素的基础上，现代物流服务体系形成了功能维要素、物理维要素、市场维要素和环境维要素等四维要素。功能维要素包括物流服务活动所具有的运输、仓储、包装、装卸搬运、流通加工、配送、信息处理等七大功能要素。物理维要素包括流体、载体、流量、流向、流程、流时和流速等七个方面。市场维要素包括物流服务的主体要素（如各类物流企业）、物流服务的客体要素（如工业企业、商贸企业等）、物流服务的平台要素（基础设施与设备平台、物流信息技术平台、物流监管协调平台、物流中介平台等）。环境维要素包括政治、经济、军事等方面。这四维要素借助一定的体系关联模式建立连接关系，形成了体系结构，并在一定的物流服务运作机制下，开展物流服务运作，实现了体系的功能。因此，物流服务运作机制是体系构建与完善的关键。

2. 现代物流服务体系的运作机制与五大核心要素

(1) 现代物流服务体系的运作机制。从市场供求分析来看，围绕物流市场，其物流需求的产生在于需求主体（工业企业、商业企业、农业企业）的存在，其物流服务供应的主体是第三方物流企业、自营型物流企业或者部门，物流服务的供应方给需求方提供物流服务，在数量和价格上形成了市场均衡。围绕物流服务的供需，物流服务平台提供一系列德尔支持和运作条件。其中，物流基础设施和物流信息技术帮助实现物流服务、物流体制政策体系规范和提升物流服务水平。

(2) 现代物流服务运作的五大核心要素

①物流需求主体要素（即物流客体要素）。物流需求主体要素是产生物流需求的主体。经济发展加速了全社会商品、信息和服务的流通，为物流发展提供了广阔的市场空间，为我国现代物流业供给总量的快速增长提供了需求基础。从整体上看，物流需求主体要素来源于国民经济的各个产业，具体包括第一产业物流需求主体、第二产业物流需求主体、第三

产业物流需求主体。典型的物流需求主体包括工业物流需求、农业物流需求、商业物流需求和进出口物流需求。

②物流服务供给的主体要素。物流服务供给的主体要素是构成现代物流服务体系的重要部分，其中物流企业的形成与发展是物流市场的供给主体。物流企业是至少从事运输或仓储一种经营业务，并能够按照客户物流需求对运输、储存、装卸、包装、流通加工、配送等基本功能进行组织和管理，具有与自身业务相适应的信息管理系统，实行独立核算、独立承担民事责任的经济组织。

③物流服务供给的设施设备要素。设施设备要素是保障物流服务运作的硬件载体设施。物流设施设备就是指进行各项物流活动和物流作业所需要的设备与设施的总称，既包括各种机械设备、器具等可供长期使用，并在使用中基本保持原有实物形态的物质资料，也包括运输通道、货运站场和仓库等基础设施。物流设施设备是组织物流活动和物流作业的物质技术基础，是物流服务水平的重要体现。

④物流服务供给的信息技术要素。物流信息技术是现代信息技术在物流各个作业环节中的综合应用，是现代物流区别传统物流的根本标志。从构成要素上看，物流信息系统包括两个方面：一个是物流信息技术，它是现代信息技术在物流各作业环节中的应用，具体包括信息采集技术、跟踪定位技术、信息管理技术等；另一个是物流信息平台，物流信息平台的构建是物流信息化发展的基础，其主要目的是满足物流系统中各个环节的不同层次的信息需求和功能需求，具体包括企业物流信息系统、行业物流信息系统、区域物流信息系统、政府物流信息系统等不同层面。

⑤物流服务环境的体制政策要素。产业的体制政策实质上体现了政府为实现本产业发展目标而对产业活动的干预。因此，物流体制和政策包括五个方面：一是政府的管理体制，即部际政策协调、区域政策协调、行业监管制度等；二是行业管理体制，即行业的准入体制、行业的自律机制、行业的退出机制；三是中介服务体制，即物流中介市场和物流中介机构；四是产业政策体系，包括规划与指导性政策、鼓励和支持性政策、规范和限制性政策；五是法律法规体系，包括各类通用性法律法规和行业性法律法规等。

9.2 物流服务创新的路径

9.2.1 物流服务创新的内涵

创新是社会经济发展的动力，是一个国家、产业和企业保持竞争优势的根本手段。早在 1912 年，西方著名经济学家熊彼特首先在其著作《经济发展理论》中提出"创新理论"，指出"创新是经济发展的引擎"。在中国，自主创新战略已经成为国家战略，是建设创新型国家、转变经济增长方式、提升国家竞争力的必由之路。物流业是融合运输业、仓储业、货代业和信息业等的复合型服务产业，是国民经济的重要组成部分。由中国物流与采购联合会、中国物流学会编辑的《物流行业企业管理现代化创新成果报告(2013-2014)》指出物流服务创新、供应链服务模式创新、高竞争环境下的物流转型、物流市场新变化及物流企业应对策略等都应从行业和企业实际出发，理论和实践相结合，为企业转型升级"开药方"。这对于物流企业了解趋势，把握方向具有积极作用。物流服务创新不仅是促进我国现代物流业振兴的重要举措，也是衡量国家现代化程度和综合国力的重要标志之一。

物流服务创新是指物流企业在服务运营过程中采用不同于已有实践的新的思想、程序或者实践。随着物流企业内、外部环境的深刻变化，尤其是竞争日益激烈、消费需求模式快速变化以及新技术的涌现等，物流服务创新的成败对物流企业的生存和发展起到重要作用，服务创新逐渐成为物流企业寻求竞争优势的一种重要战略。有效的物流服务创新不仅能够降低成本、提升服务质量，而且能够通过开发定制化的物流服务解决方案创造更大的顾客价值，帮助物流企业建立竞争优势；进一步，物流服务创新能够促进制造业和物流业的互动发展，优化内部分工、专注于核心业务，提高这些产业的竞争力。

物流服务创新的实质就是要通过创新实现物流服务的差异化，企业应从服务理念、服务内容、服务管理等方面全方位开展服务战略创新，才能赢得在市场中长久的生存和发展。目前，现有研究中对于物流企业的服务创新现象有多种表述方式，物流创新(Logistics Innovation)、物流服务创新(Logistics Service Innovation)、物流企业服务创新(Innovation in LSP)等，尽管不同的学者使用不同的术语来命名物流服务创新，但大多都是基于服务创新理论提出的概念。在理论和实践中，服务创新存在着广义和狭义之分。广义的服务创新的范畴包括服务业的服务创新、制造业的服务创新和公共服务创新三个层次，即一切与服务相关的创新活动。狭义的服务创新主要是指企业在"服务产品"和"服务过程"方面所展开的创新活动，是涉及服务本身的创新。具体而言，物流服务创新是指物流企业在运营过程中应用新思想、新技术来改善和变革现有的服务流程与服务产品，以期提高现有的服务质量和服务效率，扩大服务范围，更新服务内容，增加新的服务项目，从而增加物流服务的附加价值的过程。

9.2.2 国内外物流服务创新研究现状

1. 国外相关研究现状

(1)物流服务创新的影响因素

①知识因素。Chapman等(2003)探讨了物流服务创新的影响因素和物流服务创新对企业的贡献。通过引用Kandampully(2002)，作者提出知识、技术和关系网络是服务创新的关键，认为知识在探索物流服务创新中是非常必要的，并指出技术和能力是知识的表现，

在公司内部和公司之间进行知识管理是创新物流服务的关键。Hakansson 等(2004)通过实证研究,发现通过供应链整合资源以及与之相关的学习可以创造一个创新的环境,可以提高专业化和创新水平。Autry 等(2008)运用社会网络理论研究并提出供应链知识的发展和物流创新之间存在着正相关的关系,指出结构资本、关系资本和供应链知识的发展对创新绩效有积极的影响。

Flint 等(2005)通过采访美国、斯堪的纳维亚以及欧洲的高级物流经理,创建了一个由四个部分组成的物流服务创新过程模型,包括设置系列活动建立与客户的联系;收集客户的信息;讨论、明确反映客户的信息;组织间的相互学习。Flint 等(2008)通过对企业评价客户价值和参加学习活动的过程进行实证分析,进一步证明知识和物流创新之间的积极关系,提出了供应链学习管理和创新管理是影响物流服务创新的直接因素。

②技术因素。Wagner(2008)在对德国交通运输业的研究中,确定了一系列可以导致物流服务创新的因素,包括基础设施和资本的投入、知识的获取、培训和教育等,并强调技术资源在物流服务创新中的重要性。

Chapman 等(2003)指出,企业在克服时间、空间和沟通不便时,技术扮演了一个重要的角色,技术可以提供更多有效的知识共享。为了适应新技术工具的应用,促使企业进行业务流程创新,在逆向物流的实证研究中,Richey 等(2005)利用"资源优势"理论来解释在逆向物流领域创新的重要性,并提出技术资源在逆向物流创新中起着积极的作用。

③关系网络因素。Hakansson 等(2004)在研究中还发现合作可以引发创新。Chapman 等(2003)也提出关系网络可以导致物流服务的创新。他们特别指出公司需要协同工作,以便理解客户的需要和需求,以及客户的潜在需求。公司将和其他公司形成横向和纵向的联盟,来获得自己公司无法得到的知识。Gellman(1986)指出来自供应链合作伙伴的创新,比如铁路运输上的托运人和供应商共同推动铁路运输方面的创新。

④其他影响因素。Richey 等(2005)也讨论了金融和管理资源作为逆向物流服务创新的基础。这些资源与之前讨论过的技术资源一起构成发展逆向物流服务创新能力的决定性资源。公司的经营环境对公司的创新能力会产生影响。但是,在国外物流服务创新的研究中很少有考虑环境因素的影响。在研究阻碍铁路产业创新的因素中,Gellman(1986)指出铁路部门的联邦法则是铁路部门创新活动的一个重要障碍。在这种规则限制下企业无法采取激励措施来创新服务过程或服务项目。同时,也分析了人力资源对铁路创新的影响,并提出公司高管在创新的反应方面对铁路创新的影响超过了操作过程创新和设备创新。

Zinn(1996)在研究拉丁美洲经济文化时指出企业间的竞争加剧以及经常性的资本短缺为物流服务创新提供了动机。由于公司可用的资本有限,迫使公司在物流流程和服务提供方面创新性地使用资源。

(2)物流服务创新的结果

Fawcett 等(1989)在一份物流研究报告中把物流创新作为预测变量。他们调查了航空企业,发现现有的航空公司,创新会减轻市场中的竞争。他们引用了一些航空公司在构筑进入壁垒、发展规模经济以及增加转换成本等方面的案例,说明航空业已经通过各种创新成功地减少了整个行业内的竞争。

FarrisII 等(1998)提出使用新式轮船可以缩减一半的水上运输时间,但运输费用将会接近原来的两倍,他们的研究表明时间的节省可以弥补新增的费用。在一个实证研究中,Richey 等(2005)认为创新型的公司将利用技术和其他可用的资源可以提高应对不断变化的客户需求的逆向物流处理能力,同时提出逆向物流创新对物流操作服务质量也具有正相关关系,以顾客需求为导向的技术应用可以提高服务质量。

Panayides 等(2005)实证分析显示,物流服务创新对物流服务提供者的效率有积极的影响。Richey 等(2005)也研究了逆向物流创新和一个企业行为之间的关系。他们认为物流服务创新可提高一个企业的市场效益和内部成本效率,提出物流服务创新可以通过增加服务内容、提高客户满意度来提高企业的收入。他们的研究结果表明一个大型公司在物流服务创新和战略绩效、竞争优势之间存在正相关的关系。

Persson(1991)主张物流服务创新能够为企业创造竞争优势,且引用一个 EDI 技术应用的案例,说明企业采用 EDI 技术来加强与客户间的交流,发展新的服务来开拓新市场以及增加现有客户的价值。

(3)物流服务创新的扩散

美国新墨西哥大学埃弗雷特·罗杰斯(EverettM. Rogers)教授(1995)研究了多个有关创新扩散的案例,提出了创新扩散是指一种新的观点、思想、技术,一旦被引入到一个社会系统,就会在这个社会系统中从一个决策单位(个人、家庭、集体),随着时间的推移不断地传到下一个单位。在国外物流服务创新研究中,运用创新扩散理论进行的研究主要体现在:

Levinson(2006)将集装箱运输作为一个典型的物流服务创新案例进行研究。指出 1956 年 Malcom Mc Lean 用船舶从休斯顿运送了 58 个铝合金车厢到纽瓦克,开创了海上运输的集装箱化。这种运送货物的新方法很快就传播开来,不久,全世界的码头开始根据集装箱的运作而设计。集装箱运输使公司可以降低与进出口货物有关的运输成本,而且为采购和配送产品打开了一个新的市场。大约在 Mc Lean 的首次采用集装箱运输 50 年后,每年差不多有超过 300 万 20 英尺的集装箱漂洋过海。说明这种创新扩散速度快,易被模仿。但是不是所有的物流服务创新都容易扩散到其他的企业,如:Twede(1992)在研究一个包装创新的案例时发现,复杂的物流创新对创新的扩散产生了消极的影响。这些研究说明创新扩散的元素与创新本身的特征有关。

Sheffi(2004)将 RFID 和以前的创新比较(如冰箱、汽车和高速公路系统、白炽灯、电视和个人计算机),提出创新生命周期理论,以此为依据预测了 RFID 的未来应用。Holmqvist 等(2006)也对 RFID 技术在沃尔沃供应链合作伙伴之间的推广应用进行了研究,指出供应链伙伴之间的合作和现有的移动通讯技术的创新使用可以产生更高水平的可靠性、效用性和生产力。这些都强调了技术因素在物流服务创新扩散中的特点及作用。

Russell 等(2004)利用创新扩散理论研究 IT 技术在两家航空公司的应用。这两家航空公司应用 IT 技术目的在于实施先进的供应链管理。他们利用创新扩散理论分析了社会和组织对人们接受技术创新的影响,运用案例分析了 CRM(客户关系管理)软件和基于 WEB 的订货软件的推广和实施过程,提出了影响技术创新实施成功的主要因素:对创新的认识、企业文化、用于扩散创新知识的沟通渠道,以及各种管理因素,这为物流服务创新的扩散提供了可借鉴的思路。

2. 国内研究现状

(1)物流服务创新的动力

(2)物流服务创新的模式

翟运开(2006)提出服务是物流企业的核心,是其赖以生存与发展的"产品",贯穿于整个运作过程。物流服务的创新必须放到系统的框架内,把服务概念创新、客户关系界面创新、服务传递系统创新、新技术应用、战略选择与协调五个要素放在一个相互关联、相互作用的系统中来考虑。谷再秋(2009)基于 Sundbo 和 Galloui 的服务创新驱动力模型,提出物流企业客户服务创新的常见模式:服务专业模式、有组织的战略模式、网络模式、技术创新模式,并指出实现持续服务创新要考虑的因素:具有创新理念的企业文化是客户服务创新的基石、企业宽松的创新氛围是客户服务创新的土壤、匹配的创新激励机制是客户服务创新的推动力。

张光明(2006)提出物流服务创新模式主要包括跟随竞争创新、顾客需求主导创新、物流技术创新、物流网络创新、增值物流服务创新等,各种创新模式具有不同的优、劣势及风险,在比较分析的基础上,讨论了创新模式选择要考虑的因素。

徐琪(2008)基于服务科学提出了物流服务创新的价值链体系结构和创新过程模型。在该体系下,客户价值、客户需求、服务方法、技术工具、组织文化等物流服务创新要素与物流能力形成相互关联的关系,每种关系通过服务过程,根据新的企业环境或客户需求被重组,并运用信息技术实现物流的"可视化"。这种面向服务科学的物流服务创新,是跨学科的一种技术创新、业务模式创新、社会组织创新和需求创新、客户创新的综合。

吕赞等(2009)提出我国物流企业必须依据国情优化整合物流服务创新模式,认为物流服务创新包括:自主创新模式、模仿创新模式、合作创新模式。并指出物流业应树立现代物流创新理念,综合利用创新模式走自主创新之路,全面完善服务创新,建立物流联盟,积极培育物流品牌,以实现现代物流业的快速发展。

潘正权等(2010)从核心技术能力的角度指出第三方物流是适应我国电子商务发展的物流模式,并提出对策建议:确立其核心要素,根据企业的实际来制定其核心竞争力发展战略,树立企业的创新文化,通过创新来保证持续的竞争优势,在构建核心技术能力的过程中要重视物流人才的引进、培养和使用,通过建立知识扩散和信息共享机制,整合社会物流资源等五方面的途径和手段实现核心技术能力,进而实现核心竞争力的构建和提升。

刘丹(2014)在经过案例分析的基础上,分析出了两种物流服务创新模式:产业物流集成服务创新模式和物流与其他流集成服务创新模式。①产业物流集成服务创新模式。该模式就向一体化的模式,主要由物流企业承接制造企业或商贸企业外包的物流业务,沿着客户的供应链延伸物流服务链,集成客户不同环节的物流系统,提供综合、一体化的专业物流服务。②物流与其他流集成服务创新模式。从供应链的构成看,任何一个行业的供应链上都存在着物流、信息流和资金流活动,这些流之间必须协同运作,和谐共处,才能确保整个供应链高效、高质量、低成本地服务于最终客户。因此,物流企业在提供各种物流服务的同时,还根据客户的需求,集成信息流、资金流的一些服务,使物流、资金流、信息流协调运作,实施组合创新,该模式属于横向一体化的模式。这种模式通过多种服务产品进行组合,是比较灵活的模式。

(3)物流服务创新的路径

刘军,王雁(2007)认为供应链管理理念和信息技术的迅速发展及激烈的市场竞争推动了物流服务内容的创新。创新路径的选择是物流企业制定竞争战略、获取竞争优势的重要依据。物流企业应基于自身资源、竞争地位及客户状况的特点选择不同的创新路径和竞争策略。

翟运开(2009)提出我国第三方医药物流企业要从新服务概念、新客户服务界面、新服务传递系统、技术选择及物流服务创新战略的选择与协调等五条路径推动服务创新。

(4)物流服务创新的案例研究

姚武(2006)详细介绍了苏州工业园的空陆联程模式这一创新的货运模式。该模式使用规定的苏州城市代码"SZV"为标识,货物抵达上海机场后由航空公司直接中转至园区,省却了传统转关模式中货物在上海机场入库的环节,上海到园区间的空运进出口货物的通关速度大大提升,从飞机落地到货物进工厂由1~3天缩短为5~7个小时,物流费用节省30%。

杨清蒲等(2006)系统总结了宝供物流集团的成长经验,深入研究了以宝供集团为代表的生产服务业对现代社会城市经济发展的重要推动作用,并提出了广州优先发展现代服务业的对策与建议。

李静宇(2010)介绍了传化公路港物流模式,指出传化物流作为一家民营物流企业,经过多年的探索,创造性地建立了公路港物流服务平台,为中、小型物流企业提供一揽子服务,实现了公路港物流的集约化经营和组织化管理,探索出了一条促进第三方物流企业健康发展的成功之路。

杨银良(2009)分析了河南国际货运代理业存在的问题,论证了中国外运河南分公司服务创新模型的必要性,提出了货代企业在入世后的市场环境下进行服务创新的策略。

田旭等(2009)在分析我国物流产业链发展现状分析的基础上,对中国邮政发展农村现代物流的可行性进行分析,提出中国邮政物流产业链创新主要开展连锁配送,整合资源开展合作,建立现代农业供应链。

王晓晚等(2009)针对家具产品以往不重视物流服务、物流渠道不畅通、营销服务不规范等问题,提出构建基于电子商务平台的产品电子商务物流体系,加强以物流创新带动营销手段创新、以绿色物流和绿色营销来有效满足顾客需求等创新理念的意识,对我国家具产品市场体系与产业结构的完善意义重大。

9.2.3 物流服务创新的思路

我国物流企业要在目前物流服务市场的激烈竞争中取得优势,就必须以客户为中心,充分发挥自身优势,不断创新服务内容,为客户提供差异化、个性化物流服务。

1. 由物流基本服务向增值服务延伸

传统物流服务是通过运输、仓储、配送等功能实现物品空间与时间转移,是许多物流服务商都能提供的基本服务。增值服务实际上是将企业物流外包的领域由非核心业务不断向核心业务延伸。企业提供物流外包,首先选择运输、仓储、配送等非核心业务,然后逐步延伸到订单处理、组配、采购等介于核心与非核心之间的业务,最后涉及售后支持等核心业务。随着第三方物流的发展,企业会不断扩大外包范围,最终只专注于研究与开发、生产、销售等最核心的环节。

2. 由物流功能服务向管理服务延伸

现阶段我国的物流服务大多体现在具体的物流功能承担方面,影响了整个社会的物流服务质量。物流管理服务是通过参与客户的物流管理,将各个物流功能有机衔接起来,实现高效的物流系统运作,帮助客户提高物流管理水平和控制能力,为采购、生产和销售提供有效的支撑。因此,创新物流服务时,要在物流管理层面的服务内容上做文章,包括客户物流系统优化、物流业务流程再造、订单管理、库存管理、供应商协调、最终用户服务等,从而为客户提供一体化物流解决方案,实现对客户的"一站式"服务。

3. 由实物流服务向信息流、资金流服务延伸

物流管理的基础是物流信息,是用信息流来控制实物流的。现阶段国家大力加强物流信息化方面的基础设施建设,物流企业应依托物流运输体系和物流网络结点,完善物联网可视化、数字化监控体系,广泛使用自动识别和标识、电子数据交换等技术,加强物联网智

能监控、数据采集与统计分析等功能在物流服务中的实际应用,进行物流服务创新。第三方物流服务还可通过提供资金流服务,参与客户的供应链管理,而实现为客户提供实物流、信息流与资金流"三流合一"的完整的供应链解决方案。

9.2.4 物流服务创新的具体途径

现阶段,我国物流服务适宜的创新途径主要有:

1. 发展物流地产

物流地产是指由物流地产商选地建成相关的物流设施(物流园区)后,再转租给制造商、零售商和物流企业等客户,日常物流业务由物流公司操作,地产商只是负责投资开发和物业管理。物流地产有两种形式:一是面向市区的配送基地,并辅以写字楼、仓储;二是集中的物流园区建设。该模式的价值在于更有效地帮助客户管理运作资金、降低成本、提高企业核心竞争力。普洛斯公司近几年在中国的活动就采用了该模式。该公司在苏州物流园区进行第二次开发,根据不同客户的需求,为该物流园区提供普通仓储、保税仓储和出口监管仓储等。目前,这种物流地产的概念正在被广泛接受,很多地方建库出租已经成为一种趋势。

2. 建立区港联动

区港联动,是指整合保税区的政策优势和港区的区位优势,在保税区和港区之间开辟直通道,将物流仓储的服务环节,移到口岸环节,拓展港区功能,实现口岸增值,推动转口贸易及物流业务发展。其业务主要以整合保税仓库和出口监管仓库的功能为基础,打破保税仓库和出口监管仓库分别存放进境、出口货物且相互隔离的状态,集成、拓展这两个仓库的功能,主要有保税仓储、简单加工和增值服务、国际物流配送、进出口贸易、国际中转和转口贸易、物流信息处理等业务。

3. 融入产业链条

企业所提供的物流服务首先要树立为客户降低成本,创造价值的理念,将物流服务从生产企业的厂门口延伸到生产线,为客户量身定制物流配套服务,实现服务领域的专业化和服务内容的集约化,就单个物流企业所提供的物流服务而言,要在某几个领域形成专业化、个性化的服务特色,形成独特的竞争能力,再向供应链的高附加值业务延伸,倚重信息技术,嫁接金融、营销等现代服务业,从传统的仓储、运输企业向解决方案提供商转变,提供诸如产融结合的物流金融化配套服务、市场指数信息服务等高附加值的业务。

4. 整合各类物流服务

首先是加快制造业内部物流的剥离和供应链物流服务企业的专业发展,集中发展第三方物流服务。另外是各种类型物流企业自身的整合提升。大型物流企业应参与国家物流网络与基础设施建设、物联网建设、应急保障等战略性物流体系的建设,形成网络国际化、高度智能化、全流程的专业物流服务能力。中、小型物流企业要加强自身的精细、专业、高效发展,并加强业务上、下游合作,创新业务合作模式和服务衔接模式,灵活有效地满足市场需要。

5. 提供绿色物流服务

物流服务要树立绿色低碳的理念,这既是物流企业生存和发展的基础,更是企业应尽的社会责任。物流企业要充分利用自有仓储、运输等物流资源,通过整合社会资源,提高现有资源利用效率减少土地资源的浪费,降低运输环节能源消耗;物流服务要使用节能环保材料,在包装等环节,减少木材等生态资源浪费,推进物流包装的标准化,实现包装材料的循环共用,保护环境;加强精细化管理,改变粗放的经营模式,以整体物流成本的降低促进国民经济质量的提升。

9.3 物流服务创新发展的案例研究

9.3.1 瑞茂通供应链管理股份有限公司

瑞茂通供应链管理股份有限公司(以下简称"瑞茂通")于2000年成立第一家公司,2013年以来,该公司相继在天津市、上海市、深圳市等地陆续投资设立了融资租赁及供应链平台服务等公司,进一步拓展供应链金融业务,迄今为止已成为国内煤炭供应链管理服务行业内的领军企业,并于2012年8月底成功上市。瑞茂通公司在大宗商品供应链管理服务领域内有着完善的布局以及完备的服务体系,能够在各个环节上提供成熟的物流服务,同时为产业的上、下游客户提高资源利用效率,公司在使资源配置更加合理的同时注意有效降低交易成本,与上、下游客户实现互利共赢。瑞茂通公司的主营商品除煤炭外,还有铁矿石以及棉花等,截止目前,公司的物流服务业务已遍及国内几个主要的煤炭生产区以及消费区,公司目前主要资源的采购主要来自内蒙古自治区、河北省、陕西省、山西省、宁夏省和甘肃省,公司主要的销售区域有北京市、天津市、山东省、河南省、安徽省、湖北省、湖南省、江苏省、浙江省、江西省、福建省和广东省,在新疆维吾尔自治区、西藏自治区、广西壮族自治区、云南省以及其他一些较偏远的省市都有业务进入。瑞茂通公司于2010年开始涉足进口煤及相关业务,分别在印度尼西亚、新加坡和中国香港成立公司/设立办事处,所经营的进口煤炭品种包括印尼煤、南非煤和俄罗斯煤等。

2015年,瑞茂通公司根据"互联网+"这一倡议提出了"互联网+煤炭"的创意,在2015年3月13日,公司旗下的易煤网正式上线,标志着公司"互联网+煤炭+金融"的发展理念的正式形成,至此,公司完成了在电商及供应链金融的战略部署,并将逐步建立起以供应链管理为核心,同时兼顾供应链平台以及供应链金融的良好发展模式。易煤网与56

快车进行战略合作,易煤网接下来将会推出第三方物流服务,嫁接56快车使易煤网实现线上物流服务,易煤网的客户可根据自身要求(配送地点、运输个性化要求、运价等)在网上随时进行查询并做到精准的信息筛选,为用户带来优质的物流服务体验以及更为多元的增值服务。易煤网自诞生之日起,就立足于"互联网+物流"的先进发展理念,主动适应市场经济发展规律,高效配置企业自身的煤炭产销资源,合理运用煤炭物流行业内的专家人脉资源,对我国煤炭企业的产业升级和在新环境下的变革之路进行了深度研究。易煤网旗下拥有九大业务,包括团购业务、煤矿专区、行情资讯、物流、易煤商城、阳光采购、交易撮合、数据中心、金融业务,易煤网在推出后的半年时间内,成功实现的煤炭交易累计达3000万吨,交易额突破了100亿元,截止2015年底,易煤网累计煤炭交易量达到4400万吨,交易额累计达到140亿元,成为"互联网+"时代下煤炭电商领域的当之无愧的行业先锋,其在业内的声誉和排名也在节节攀升。在煤炭行业整体面临严峻挑战的环境下,易煤网的发展可谓是如日中天。

9.3.2 瑞茂通供应链管理股份有限公司发展的问题

1. 企业发展遇到瓶颈

随着全球网络技术的普及,专业化物流的需求趋势已经越来越显著,目前我国物流市场已经出现了很多不同类型的各具特色的现代物流企业,它们依托各自的特长开发了不同的物流服务领域,但是我们应该清醒地看到当今的物流企业还处于发展的初级阶段,还有很多地方亟待改善,受大环境发展的制约,瑞茂通公司在专业化物流运送需求与供给之间存在着不平衡的问题。对于瑞茂通自身来说,专业化运输车辆的供给相对不足以及物流基础设施有待提高是两个限制企业发展的严重问题,专业化运输车辆供给不足将严重影响企业的效益,在物流服务内在质量以及运行效率尤为重要的市场环境下,虽然瑞茂通公司的物流基础设施和车辆装备等已初具规模,但从适应物流服务需求能力的角度看,物流企业硬件设备所导致的物流服务各个环节的衔接程度、运转效率等方面的问题在本质上都需要得到进一步改善和提高,公司可以通过物流服务创新来弥补一些由物流用固定资产投资实际增长幅度明显低于需求增长所导致的问题,从而更好地解决结构性供需矛盾。

2. 客户需求不断提升

从市场发展的趋势看,企业对于物流服务的质量要求相对以往的要求变得更高,但是在市场上能提供高质量服务的企业又相对较少,这就出现了企业面对市场上众多物流服务的提供者却无从选择的现象。随着市场服务模式以客户需求为导向的不断演进,客户的需求在不断地变化中逐步提高,从单纯的要求生产成本和产品质量逐渐演化成对于增值服务、产品创新等诸多层次的要求,可以看出客户已经不仅仅满足于"准确、及时、安全、经济"这样一些普通的要求,而是希望得到更加高端的物流服务,同时越来越多的客户需要企业提供信息化程度相当高的物流服务体验,同时,相对于单一、固定、局限的物流服务模式来说,客户更希望体验到更为多元的服务,不同客户对产品的诉求不同,这就要求企业要有灵活多变的服务模式以满足其的各种需要,因此,瑞茂通公司需要提供丰富的增值服务并且需求建立适应客户需求的服务模式,这一问题不仅给企业带来了对于发展前景的新希望,也同时给企业自身带来了巨大的压力。

3. 物流服务战略亟需完善

不断变化的市场环境和营销体制,促使和强迫物流企业在企业服务战略上不断创新,逐步扩大在物流行业内的竞争优势。针对瑞茂通公司现有的物流服务战略,需要在降低物流成本、减少物流资本占用、改进服务水平这三个目标中取得进一步的平衡,与此同时,瑞茂通公司也需要及时更新物流服务战略,在多种战略中选取最为有效的物流服务战略,同时学习新的技术以及管理方案,以达到更高水准的平衡状态。

4. 物流服务技术面临挑战

在国内服务业市场全面提高对外开放水平后,大量海外物流企业的涌入给国内物流企业带来很大的压力,其中在物流服务技术方面的压力尤为深重,瑞茂通公司作为国内领先的大宗商品供应链管理服务企业,在面对国外的一些同类型或类似的企业时,在技术方面仍然稍显逊色,如在加工过程中的掺配、洗选等环节还存在很大的进步空间,另一方面在配送路径优化的问题上也存在不小的技术挑战,瑞茂通公司在物流安排上存在不合理的地方,在配送路径及方式上该公司有着铁路、公路、海运等多种选择,但如何选择才能做到经济高效而又不影响公司效益还需要进一步的分析来提高和完善物流安排这一环节。同时物流系统的一些环节存在着基础设施滞后的问题,还有很多已经配备的硬件设施存在着利用效率不高或完全浪费的问题,在产品库存、加工工艺、物流方案设计、物流服务、供应链成本控制等方面还存在不小的问题。

9.3.3 瑞茂通供应链管理股份有限公司物流服务创新

1. 煤炭产业分析

2016年2月22日,国家能源局发布消息:我国要全面推进能源领域的供给侧结构性改革,进一步化解煤炭行业过剩产能,同时加快淘汰落后产能。从近期看,煤炭行业形势并不会有明显的好转,但此次国家能源局提出的消化煤炭过剩产能、恢复合理社会库存的举措,就意味着确保煤炭供需平衡是一个漫长而又崎岖的过程,我们能够预测在未来的很长一段时间里,煤炭行业虽然不可能实现"V"型的大反转,但是煤炭行业的未来依然充满光明,并不会出现行业没落的情况。

2016年3月5日,李克强总理在政府工作报告中提出了"着力化解过剩产能和降本增效"这一改革任务,并提出要重点做好煤炭等困难行业去产能工作,坚决淘汰落后产能,做到有序退出过剩产能。2月5日,国务院公布了《关于煤炭行业化解过剩产能实现脱困发展的意见》,按照《关于煤炭行业化解过剩产能实现脱困发展的意见》去产能计划并结合供需数据库的对比可以分析出2016年大部分煤炭价格有回升趋势,预测2016年部分煤炭均会每吨上涨50元左右,同时,在2016年全行业平均生产成本将逐渐提高以及国内煤价回升的背景下,进口煤也将出现短暂的回升。预计在政策执行力度减弱后,在生产效率下降、生产成本增加这一背景下,煤炭企业又将会回归到压缩成本的轨道,进而国内煤炭市场重振雄风,进口煤炭市场将会逐渐萎缩,成本降低,国际竞争力增强,这样一来,中国煤炭就会走向国际市场,经分析可以得出我国煤炭产业仍然在市场经济中有着不俗的表现,通过相应环节的服务创新可以在很大程度上维持并加强煤炭企业在行业内的竞争优势。

根据中国铁路总公司发布消息称自2016年2月4日起下调煤炭运价,具体降价为平均每吨公里降低1分钱。煤运比重多年来都占据铁路各运输货物的榜首,根据已有的消息可以估算出现煤炭企业将节省物流费用达100亿元以上。根据自2013年以来的数据统计,煤炭运输一直以来占全国铁路货运量的比例达55%乃至60%,北煤南运以及西煤东运的外送通道均为铁路运输的形式。在当今煤炭产业的宏观环境下,相信中国铁路总公司为煤炭企业减负的这笔钱将起到雪中送炭的作用。

根据2015年我国煤炭进口来源的数据,进口量排名前四位的分别是印尼、澳大利亚、朝鲜、俄罗斯,其中印尼的进口量为7376.25万吨,同时蒙古以1438.85万吨的进口量成为煤炭第五大进口来源国,进口量仅次于俄罗斯。通过查阅数据,我们可以看到,2015年蒙古煤的比重相比2014年有了大幅提高,比重达到7.05%左右,而俄罗斯煤的比重相比2014年则有小幅下降。两者进口数量之差也在逐步缩小,在2015年,二者的差额已经缩小为141万吨。目前在瑞茂通公司的国际业务中,与俄罗斯、哈萨克斯坦、澳大利亚、朝鲜、印尼、南非等国都有业务合作,在国际煤炭业务合作中,服务创新则显得尤为重要。

2. 物流产业分析

随着我国经济持续中、高速发展,现代物流产业在国民经济中的重要作用越来越得到人们的认可,物流业作为第三产业的重要组成部分,在我国经济发展进入新常态的背景下,同时也是煤炭产业改变粗放式发展,实现转型升级的重要领域。越来越多的企业认识到进行物流服务创新、强化物流管理不仅可以为企业增强核心竞争力,同时也可以为企业创造更为丰厚的利润。煤炭整体的供应趋势已经由体制化转向市场化,在我国物流产业飞速发展的同时,我们要对物流产业保持清醒的认识,国内物流产业的质量和效益还有很大的提升空间,瑞茂通公司具备完整的物流功能体系,并且掌握相关的服务战略与技术,能够充分地为客户提供优质的物流服务,虽然瑞茂通公司独特的供应链+全牌照金融模式以及旗下易煤网的互联网+煤炭模式在同类企业中具有极强的竞争优势,但在物流产业发展迅猛的今天,瑞茂通公司应该居安思危,只有具备突出的竞争优势才能在众多同类企业中脱颖而出，这就需要企业在现有的物流服务模式下进行创新。

我国煤炭的主要产区与煤炭的主要需求区在地理空间上有着十分明显的分布差异，煤炭产区主要集中在我国的山西省、内蒙古自治区、甘肃省、宁夏回族自治区等中、西部地区，而煤炭主要的需求区则集中在东部沿海城市及附近的一些省市，地理上的差距在很大程度上促进了煤炭物流产业的发展。近年来，我国煤炭物流产业在整体设施水平、产业宏观环境和物流服务水平等几个方面虽然有了较为明显的改善，但是与国际上一些煤炭物流产业相对发达的国家相比，还存在一定的差距。在过去的很长一段时间内，我国煤炭需求总量不断地快速增加，供应总量在很大程度上存在短缺，而大多数的传统煤炭企业将发展重点放在增加煤炭产量、确保煤炭供应量等这几个方面上，而忽略了在提高增值服务水平、进行物流服务创新等方面的问题，因此，我国煤炭物流产业当前在宏观上仍处于粗放型的初级发展阶段。

由于煤炭物流产业近年来的势头很足，在各个环节都有明显的利润空间，因此市场上涌入了一大批的煤炭物流企业，但是在资质上则是泥沙俱下、鱼龙混杂，市场上出现了越来越多的专业化煤炭物流企业，这些煤炭物流企业通过对物流模式进行创新改造，同时优化物流金融、企业电商平台等手段，提高了本企业在煤炭供应链各个环节服务能力的专业性，合理整合供应商以及客户资源，为下游企业提供低碳节能、高效系统的物流服务，同时，市场上还有相当一部分的中、小型企业的核心业务仅集中在传统的单一煤炭贸易方向上，这些企业的利润渠道仍然来源于交易的差价，这些中、小型企业经营理念和经营模式滞后、硬件设施和技术手段落后、获取信息渠道较窄，因此造成了资源配置不合理甚至严重浪费的现象，同时也给环境造成严重的污染。在这样的宏观市场背景下，如果瑞茂通公司选择进行相当程度的物流服务创新，那么在不久的将来，我们便可以明显看到其与同类企业相比将拥有巨大的不可小觑的竞争优势。

在全球煤炭需求持续走低、传统物流产业快速转向现代物流、绿色节能理念和可持续发展要求不断提高以及"一带一路"发展战略等机会与危机并存的新型经济环境下，国内煤炭物流产业要想实现长远的发展就需要把握机遇、解决现存的问题，因此我国煤炭物流产业的发展进行物流服务创新是十分必要而迫切的。

9.3.4 瑞茂通供应链管理公司物流服务创新模式

1. 煤炭物流企业横向重组及供应链整合

国务院于 2015 年 12 月 9 日召开常务会议并提出，对于各类传统产业要加强分类指导，对不符合国家能耗、环保、质量、安全等标准和长期亏损的产能过剩行业企业实行关停并转或剥离重组，对持续亏损三年以上且不符合结构调整方向的企业采取资产重组、产权转让、关闭破产等方式予以"出清"。《中国煤炭消费总量控制规划研究报告》指出，在我国

"十三五"进程中，政府和企业应齐心合力通过兼并重组、淘汰落后产能等方式，力争将煤矿企业数量缩减到3000家以内。这意味着国内近半数的煤炭企业将要面临淘汰的危机。据国内煤炭市场所记录的监测数据，截止2015年11月份，国内煤炭企业累计并购达到49起，2014年全年国内并购仅为31起，相比之下这一数据已有显著提升。同时，根据国内煤炭市场所提供的数据，在国内排行前20名的媒体企业所占据的市场份额普遍不是很大，我国煤炭企业的集中度相对国际水平来说较低。虽然我国煤炭行业产能淘汰、兼并重组的改革正在如火如荼地进行，但我们仍然可以看到煤炭产业整体的下滑趋势不容小视，通过重组来进行转型升级转型的模式仍需进一步的探索。

推动大型煤炭物流企业的规模化发展是我国经济新常态下传统产业进行产业创新的必由之路，兼并重组的规模化发展方式是国内煤炭物流产业发展的最佳选择。进一步发展煤炭物流企业规模化经营，改善发展战略，全方位的集中发展煤炭物流产业迫在眉睫，煤炭物流产业的发展模式应朝着规模化、高效化、集约化的轨道并拢。为此，要加快瑞茂通公司横向重组，就要以瑞茂通现有煤炭集团企业为圆心，突破行业壁垒，扩大瑞茂通公司的资源渠道半径，进一步与同类企业进行业务合作和资源共享并强化对于中、小型企业的兼并力度，这样可以扩大企业的经营范围和市场份额，将原有资源重新进行分配，将一些潜在的客户群体拉入到自己的产业链中。

关于物流企业的并购整合，我们可以参考嘉里物流的案例：嘉里物流在2008年收购中国台湾的大荣货运公司，于2010年收购厦门嘉玮物流有限公司以及越南和荷兰的两个小型物流企业，于2011年收购万升集团、山东速递，在并购一系列的物流企业后，嘉里物流进行了一系列的物流资源整合，其中包括战略整合、组织整合、财务整合、人力资源整合以及企业文化整合等，进一步提供了更加完善的物流服务，通过这则案例，我们可以观察到物流并购成功所需要的一系列因素对瑞茂通公司有关并购整合方面的物流服务创新进行有效的参考。

在资源整合方面，瑞茂通公司不仅可以整合上游煤炭供应企业的煤矿资源，对于企业内部以及行业内积累的专家人脉资源也需要进行合理的整合，最重要的一点就是积极整合相应的物流资源，站在宏观的角度分析公司现有的物流资源优势和劣势，通过科学整合来弥补劣势，推动企业物流资源与其他资源协同发展，目前看来建设物流园区是较为普遍的一种形式。通过煤炭物流园区的规模化经营可以建立包含煤炭加工、仓储、运输、贸易等各个环节在内的相对完善的物流体系，这种物流服务模式可以在保障上游煤炭资源的供应渠道以及下游煤炭的分销渠道的同时提高企业的物流资源配置效率，推进瑞茂通公司煤炭产运销体制的创新。在我国现有的经济体制下，市场能够在资源配置中越来越充分地发挥作用，企业要利用好市场调节机制，进而消除贸易市场的壁垒，缩小与同类企业的差距，扩大市场份额；同时要及时掌握铁路煤运政策的变动情况，随时调整煤炭贸易战略，建立包括路、站、运、港在内协调发展的体制机制,在每个物流环节力争做到效率的最大化。

2. 供应链金融

瑞茂通公司利用现有的品牌资源、企业资金、行业内的专家人脉优势和专业化的团队优势,构建了一系列相对完善的供应链金融服务,帮助更多的大宗商品产业链参与者进行业务经营和管理,实现企业价值。瑞茂通公司供应链金融服务现主要推出以下三种产品:

产品一:煤易购,发展模式为利用瑞茂通集团的资金实力及煤炭供应链上游整合的强大优势,为下游的需求企业提供资金及大宗商品资源服务。

产品二:煤易贷,运行模式即瑞茂通利用其对煤炭供应链下游企业的分销渠道优势及瑞茂通品牌的影响力为生产企业及贸易商提供保值代销、多渠道销售的服务。

产品三:煤易融,运行模式是瑞茂通通过加入上游资源供应商与下游企业的物流生产链,对供应商做应收账款保理融资并收取服务费。

通过对瑞茂通公司现有的物流金融服务进行分析,我们可以看到瑞茂通公司的物流金融服务相对于传统供应链金融来说已经有了很大的创新和进步,但是对于大批层次较低的微小企业而言,仍然存在着贷款贵、难贷款的问题。在电子商务市场发展稳定的今天,交易型电子商务平台越来越强调供需企业商品流通成本的节约,因此瑞茂通公司的物流金融服务还有着很大的创新空间,如推出新型的物流金融服务模式:金融机构 + 物流企业 + 融资企业,三者的完全整合,从而减少了贸易和融资环节外的割裂成本,进一步提供有针对性的融资服务。若公司选择加入云仓模式,我们可以看到以下优势:信息全面共享;促进产业发展;闲置保证金用于融资;立足现货;全方面监管;异地实物交收;提供有效的咨询与指导。

3. 煤炭物流国际化

在现有业务中,瑞茂通兼顾国内和国际市场,合理分配在两者间的投入,使企业的利润最大化,瑞茂通公司自2010年开始涉足海外市场,2011年瑞茂通国际业务中进口业务量仅有102万吨,而2012年则迅速增长至279万吨,这一数据在2015年已经增至1617万吨,瑞茂通2012至2015年度煤炭业务在中国内市场与国际市场的对比图如图9-1所示,其中我们可以看到其国际业务的占比逐年攀升,国际业务是瑞茂通的重要利润增长点,目前公司在保证印度尼西亚稳定供应的基础上,已经开始进入南非、澳大利亚、美国等国。

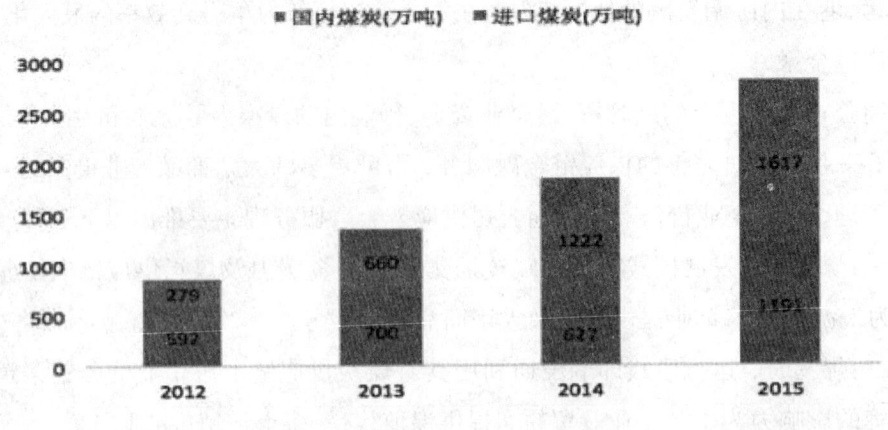

图9-1 瑞茂通煤炭业务对比图

面对我国国内煤价出现上涨的趋势，各大电厂将需求转向进口煤，同时进口煤与国内煤的价差也开始缩小，针对这一现象，瑞茂通应及时把握宏观趋势，及时调整服务战略，适时提出物流服务创新对策。同时在国际贸易和跨国经营服务中，瑞茂通公司应该选择加强国际煤炭物流合作，我国提出"一带一路"的战略部署，其中对于物流产业等重点领域将着重部署建设，这一战略的实施将有利于国际物流企业的业务共享，也有利于国内企业将业务推向世界，在投资海外煤炭物流业务的同时扩展企业国外煤炭进口业务，进而提升利润空间。

物流国际化，不仅可以促进企业国际化经营，而且可以通过参与海外煤炭物流业务为企业带来新的利润点。法律、经济科技水平、人文环境的不同也为物流企业的国际化加大了难度，难以形成完备高效的物流系统，这就为企业物流服务创新设立了更严的标准，同时，如何在多种运输方式及路线中选出最佳方案，缩短货物的在途时间，降低企业物流成本等问题也亟需企业提出完备的解决方案。

4. 智能电商平台

瑞茂通供应链管理股份有限公司旗下现有"易煤网"作为以专一整合性作为电商运营模式和盈利模式的电商平台，以"易煤商城"为重点贸易平台，易煤网进行贸易的煤炭全部经过易煤平台进行质量等各个方面的把关与严格认证，易煤网的运营模式简单便捷，同时为煤炭需求客户与供应企业提供阳光直接的交易平台。易煤网自上市以来专注于煤炭物流业务，与各能源的供应商以及金融机构展开全面的战略合作，致力于提供高效、优质的煤炭贸易平台。

2016年4月6日，国务院总理李克强主持召开国务院常务会议，决定部署推进"互联网+流通"这一创新行动，进一步减小物流信息基础设施落后和冷链运输滞后等对于各产业的不良影响，打破市场经营环境中固有利益的藩篱，促进线上、线下协同发展，加快分享经济成长。其中以物流业为例，在实现"互联网+"后，物流企业的原有成本普遍可降低40%左右。在"大众创业万众创新"的浪潮中，瑞茂通供应链管理股份有限公司应该把握好政策的方向，适时推出创新型电子商务平台。

9.3.5 案例总结

瑞茂通供应链管理股份有限公司物流服务创新的必要性主要体现在以下几个方面：

1. 适应经济新常态的需要

经济新常态下的中国市场需要新的经济增长动力，服务业更是如此，创新可以激发服务业的新潜能，为供给侧结构性改革助力，在这个层面上，创新是主动适应新常态的重要途径，可以加快服务业的现代化进程。

2. 适应煤炭物流产业转型升级的需要

在国内淘汰落后产能的进程中，煤炭物流企业要想获得持续性发展，就必须通过创新产业结构来解决目前产能过剩、供过于求的市场失衡状况。

3. 满足煤炭客户需求提升的需要

随着客户需求越来越多样化，瑞茂通原有的物流服务已经不能完全满足客户需求，这就意味着企业需要通过创新物流服务，使服务更加多元化、优质化，进而开发更多的客户资源、提高自己的市场占有率。

4. 企业战略突围的发展需要

企业的战略需要随着市场的变化而变化，在当今市场经济体制的背景下，市场竞争十分激烈、瞬息万变，企业需要时刻变更发展战略来完成战略突围。

参考文献

[1] 苏毅清,游玉婷,王志刚. 农村一二三产业融合发展:理论探讨、现状分析与对策建议[J]. 中国软科学,2016(08):17-28.

[2] RH. Coase. The Nature of the firm[J]. Economic, NewSeries,1937(4):386-405.

[3] Oliver E. Williamson. The Economics of Organization Market Failure Considerations[J]. The American Journal of Sociology,1981,87(3):548-577.

[4] 李美云. 服务业的产业融合与发展[M]. 经济科学出版社,2007.

[5] 厉无畏. 产业融合与产业创新[J]. 现代管理科学,2002,(4):4-6.

[6] David G. Messerschmitt. The convergence of telecommunications an dcomputing:what are theimplications today? IEEE Proceedings, August 1996.

[7] Louis R. Harjeet S. B. Value creation in information-based in dustries through convergence:A study of U. S. mergers and acquisitions between 1993 and 2005[J]. Information & Management,2008,45(3):304-311.

[8] 植草益. 信息通讯业的产业融合[J]. 中国工业经济,2011,(2):24-27.

[9] 刘小差. 金融业融合发展研究[D]. 西南财经大学,程度:2012.

[10] 高凌江,夏杰长. 中国旅游产业融合的动力机制、路径及政策选择[J]. 首都经济贸易大学学报,2012,(2):52-57.

[11] 徐剑,刘宗秋. 物流产业融合、制造业产业链升级及政府策略[J]. 沈阳工业大学学报(社会科学版),2012,5(4):311-314.

[12] 齐斌. 物流业的产业融合和组织创新[D]. 福建师范大学,福州:2006.

[13] 钟俊娟,王健. 基于产业融合的物流产业演化机理[J]. 中国流通经济,2012,(11):36-42.

[14] 李敏,张圣忠,吴群琪. 物流产业融合的主要影响因素的博弈分析[J]. 经济与管

理,2010,24(5):23-27.

[15] 丁一,林国龙,孙晓. 基于价值链重构的物流产业融合发展路径与实现机制[J]. 商业时代,2012,(32):32-33.

[16] 阮国祥,傅克俊. 论我国物流产业融合的途径[J]. 铁道运输与经济,2007,29(8):56-58.

[17] 李海舰. 中国流通产业创新的政策内容及其对策建议[J]. 中国工业经济,2003,(12):39-47.

[18] 罗永泰,刘刚. 物流服务创新与物流需求关系研究[J]. 现代财经,2011,(2):61-68.

[19] 刘刚. 基于产业互动的制造业物流服务创新研究[J]. 商业经济与管理,2011,(5):22-29.

[20] JohnK. Shank & Vijay Govindarajan. Strategic Cost Management and the Value Chain[M]. Hand Books of Cost Management,1993.

[21] Jeffrey F. Rayport, John J. Sviokla. Exploiting the Virtual Value Chain[J]. Harvard Business, Review,1995(9):75-79.

[22] Fan JPH, Morck R, HuangJ, etal. Institutional Determinants of Vertical Integration: Evidence from China[J]. Ssrn Electronic Journal,2007,31(2):377-396.

[23] forbes, S., and M. Lederman, Does Vertical integration affectfirm company evidence from airline industry[J]. Rand of Economics,2010,41(4):765-790.

[24] K1ein, B. and K. Murphy, Vertical Integration As Self-inforcing Contractual Arrangements[J], American Economic Review,1997;87(2):415-420.

[25] Carlton, D. Verticalin Competitive Market Under Uncertainty[J], Joumal of lndustrial Economics,1979(3):189-209.

[26] StagegaardJ, SrensenM, Kvist L. P. Determinants of Vertical Integration: Finance, Contracts, and Regulation[J]. Post-Print,2005,12(4):183-185.

[27] ltiordan, M. Anti-Competitive Vertical lntegration by a Dominant firm[J], American Economic Review,1998,88(5):123-128.

[28] lortacsu, A. and C. Syverson, Vertical lntegration and froduction: Some Plant-Level Evidence[M], University of Chicagomimeo,2007.

[29] Buzzell. R. D. Isvertical integration profitable[J]. Harvard Business Review,1983,61(1):92-102.

[30] 吴利华,周勤,杨家兵. 钢铁行业上市公司纵向整合与企业绩效关系实证研究—中国钢铁行业集中度下降的一个分析视角[J]. 中国工业经济,2008(5):57-66.

[31] 郁义钧,马志峰.企业纵向一体化问题研究—以中国上市公司为例[J].中南财经政法大学学报,2004(4):39-45.

[32] 周勤.纵向一体化测度理论评介[J].经济学动态,2002(1):79-83.

[33] 王斌,王乐锦.纵向一体化、行业异质性与企业盈利能力—基于中加澳林工上市公司的比较分析[J],会计研究,2016(4):70-76.

[34] 谢莉娟,王晓东,张昊.产业链视角下的国有企业效率实现机制——基于消费品行业的多案例诠释[J],管理世界,2016(4):150-167.

[35] 胡求光等.纵向一体化对中国渔业企业绩效的影响研究[J],农业经济问题,2015(4):87-93.

[36] 马健.产业融合理论研究评述[J],经济学动态,2002(5):78-81.

[37] 王冬,吕艳方.交易环境属性、主体特征与纵向一体化[J].中国工业经济,2012(1):79—89.

[38] 何娟,朱健梅.我国物流产业现状、约束因素和未来发展重点分析[J].中央财经大学学报,2008(8):81-84.

[39] 刘秉镰,刘玉海.开放条件下中国物流市场发展现状及趋势分析[J],商业经济与管理,2009(03):12-16.

[40] 张胜英我国物流业转型、整合与集约式发展研究[J],商业时代,2013(14):28-30.

[41] 齐严.网络背景下商业模式创新趋势与物流企业创新研究[J],中国流通经济2011(2):72-75.

[42] 高桂华.商业模式创新与物流企业创新思考[J],物流技术,2014(4):81-83.

[43] 李曼.略论商业模式创新及其评价指标体系之构建[J],现代财经,2007(2):55-59.

[44] 刘卫星,丁信伟.基于六维平衡计分卡的商业模式评价体系构建[J],工业技术经济,2010(12):131-135.

[45] Gordijnl,Aermans J,Vanvliet J. designing and evaluatinge business Models[J]. Intelligent Systems,2001,16(4):11-17.

[46] 王之泰.中国物流三十年[J],中国流通经济,2014(12):1-6.[47]龚丽敏.商业模式研究现状和流派识别:基于1997—2010年SSCI引用情况的分析[J].管理评论,2013,(6):131-140.

[48] 吴晓波,姚明明,吴朝晖,吴东.基于价值网络视角的商业模式分类研究:以现代服务业为例[J].浙江大学学报,2014,(3):64-77.

[49] 黄刚.盘点中国物流业12大商业模式[N].中国包装报,2013:11-27.

[50] 周鸿. 周鸿自述:我的互联网方法论[M]. 北京:中信出版社,2014.

[51] 物流指闻. 行业解读:中国物流4.0战略详解[EB/OL]. http://www.wtoutiao.com/a/659106.html,2014:11-07. 齐严. 网络背景下的物流商业模式创新理论与实证研究[M]. 北京:中国财富出版社,2013.

[52] 李东,王翔. 基于规则的商业模式研究—功能、结构与构建方法[J]. 中国工业经济工商管理,2010(9):101-111.

[53] 龚丽敏. 商业模式研究现状和流派识别:基于1997—2010年SSCI引用情况的分析[J]. 管理评论,2013(6):131-140.

[54] 吴晓波,姚明明. 基于价值网络视角的商业模式分类研究:以现代服务业为例[J]. 浙江大学学报,2014(3):64-77.

[55] 项国鹏,周鹏杰. 商业模式创新:国外文献综述及分析框架构建[J]. 商业研究,2011(4):84-89.

[56] 黄刚. 盘点物流业12大商业模式[N]. 中国包装报,2013:11-27(003).

[57] Panos Kouvelis. Meir J. Rosenblatt. A Mathematical Programming Model for Global Supply Chain Management. Conceptual Approach and Managerial Insights[J]. Supply Chain Management. Models. Applications. and Research Directions,2005:245-277.

[58] David J. Closs, Morgan Swink, An and Nair. The Role of Information Connectivity in MakingFlexible Logistics Programs Successful[J]. In-ternational Journal of Physical Distribution & Logistics Management,2005,35(4):258-277.

[59] 李学伟,曾建平,卢勃著. 中国物流交易模式理论[M]. 北京:清华大学出版社,2004.

[60] 张光明,赵锡斌. 基于物流的竞争优势战略选择[J]. 中国流通经济,2003(12):8-11.

[61] 辜胜阻,方浪,李睿. 我国物流产业升级的对策思考[J]. 经济纵横,2014(3):1-7.

[62] 王晓东. 关于我国物流产业集中度的定量分析[J]. 经济理论与经济管理,2008(8):51-57.

[63] 谷维阳. 我国物流产业发展的SCP范式分析[J]. 中国证券期货,2013(1):143.

[64] 桂寿平,游琼,杨丽敏. 我国物流业市场结构、效率与绩效的关系研究[J]. 物流技术,2014(3):96-99.

[65] 解京淑. 物流业市场集中度分析[J]. 2012(36):28-29

[66] 蒋博. 中国物流业市场集中度研究[J]. 新西部,2011(12):88-89

[67] 刘秉镰. 全面开放下的中国物流市场结构与特征分析[J]. 中国流通经济,2007(4):37-40.

[68]支燕,刘秉镰.我国物流产业组织的特征分析——基于2002—2005年数据的实证研究[J],预测,2007(4):10-14.

[69]泰勒尔.产业组织理论[M].中国人民大学出版社,1997:97-101.

[70]何黎明.推进供给侧结构性改革培育物流业发展新动能[J].中国流通经济,2016(6):5-9.

[71]王之泰.中国物流三十年[J].中国流通经济,2014(12):1-6.

[72]王晓东.关于我国物流产业集中度的定量分析[[J].经济理论与经济管理,2008(8):51-57.

[73]解京淑.物流业市场集中度分析[J].商业时代,2012(36):28-29.

[74]蒋博.中国物流业市场集中度研究[J].新西部,2011(12):88-89.

[75]张喜才.互联网+背景下物流产业市场集中度研究[J].物流技术,2015(10):89-93.

[76]泰勒尔.产业组织理论[M].中国人民大学出版社,1997:97-101.

[77]Michael Spence. Product Selection, Fixed Costs, and Monopolistic Competition[J], The Review of Economic Studies,1976(43):217-235.

[78]Avinash K. Dixit and Joseph E. Stiglitz. Monopolistic Competition and Optimum Product Diversity[J]. The American Economic Review,1977(67):297-308.

[79]保罗·贝拉弗雷姆,马丁·佩泽.产业组织:市场和策略[M].格致出版社,2014.

[80]王之泰.中国物流三十年[J].中国流通经济,2014(12):1-6

[81]石少春,范静.国外农产品物流模式的经验与启示[J].商业经济研究,2017(03):120-122.

[82]王丽萍.国外低碳物流的发展与政策启示[J].物流科技,2017,40(04):4-6.

[83]王磊.国外城市末端物流配送发展经验及其借鉴[J].物流工程与管理,2017,39(07):16-19.

[84]仲维庆.国外物流业发展经验与启示[J].学术交流,2008(07):107-110.

[85]中国知网编辑部.中国物流发展历程[J].物流科技,2003(06):75-76.

[86]徐寿波.大物流论,载于中国流通经济,2005)(04),4~7.

[87]索海尔·乔德利等.物流理论演化的历史考证与最新发展,北京交通大学学报(社科版),2010(1)

[88]李远远.全产业链物流运作模式研究[J].经济研究参考,2013(70):79-81.

[89]亚当·斯密.国民财富的性质与原因的研究[M].上海:商务印务馆,1974.

[90]马克思恩格斯选集·第1卷(第2版)[M].北京:人民出版社,1995:161-166.

[91]张喜才.产业链纵向融合对物流企业绩效的影响研究[J].企业研究,2018(6).

[92]任玲.产业转型视角下物流产业链与跨境电商的融合发展[J].商业时代,2016(20):87-89.

[93]何晓伟,杨子健.打造国家物资储备环渤海地区物流产业链[J].宏观经济管理,2009(7):33-35.

[94]汪鸣.国家三大战略与物流业发展机遇[J].中国流通经济,2015,29(7):5-9.

[95]黄福华,刘长石.国内物流产业发展理论研究现状与趋势[J].经济学动态,2009(10):74-76.

[96]陈欣烨,臧学英,刘东生等.京津冀港口产业链协同发展研究[J].理论与现代化,2016(6):21-28.

[97]廖海.我国物流产业发展对策研究[J].中国流通经济,2004,18(9):16-18.

[98]孙建丰.我国物流产业发展及研究综述[J].物流科技,2007,30(6):82-85.

[99]王成林.我国物流产业发展特征研究[J].中国流通经济,2013,27(11):22-25.

[100]沈玉良.我国物流产业发展中的几个问题[J].国际商务研究,2001(4):42-46.

[101]李椿,杨春河.我国物流产业集群结构和产业链国际比较[J].商业经济研究,2011(29):36-38.

[102]王佳元.我国物流产业政策的发展历程与转型思考[J].中国经贸导刊,2016(36):54-57.

[103]李莉,张建华,周海燕.物流产业发展与国民经济整体水平提升的相关性分析[J].中国机械工程,2003,14(10):884-887.

[104]桂寿平,陆茵,张智勇等.物流产业价值链及其运行机制[J].商业研究,2009(8):154-156.

[105]戴禾,杨东援,李群峰.物流基础设施布局模型[J].交通运输工程学报,2002,2(2):102-105.

[106]魏明侠,王琳,李源.现代物流产业发展的产业关联与波及效果研究[J].商业经济与管理,2009,1(12):15-21.

[107]王静.现代物流产业链创新模式与运行机制——基于中国现代农产品物流需求与现行模式分析[J].社会科学家,2014(6):55-60.

[108]李清,董葆茗.中国物流产业发展的新趋势[J].中国流通经济,2010,24(7):28-30.

[109]王微.中国物流产业发展前景与政策[J].重庆理工大学学报(自然科学),2002,16(5):3-6.

[110]张彤薇.打造中国居家大件物流生态圈——专访日日顺物流有限公司总经理冯贞远[J].中国储运,2016(7):28-31.

[111]李春蕾,唐晓云.论旅游物流生态圈的构建[J].商业经济研究,2015(35):41-42.

[112]吴宏.物流生态圈重在平衡[J].中国物流与采购,2017(1):40-43.

[113]于栋梁.构建物流生态圈,提升产业价值链[J].中国经贸导刊,2018(12).

[114]吴宏.物流生态圈需要"带头大哥"[J].中国物流与采购,2017(1):36-39.

[115]庞彪.企业发力物流生态圈建设[J].中国物流与采购,2017(1).

[116]汪传雷,张岩,王静娟.基于共享价值的物流产业生态圈构建[J].资源开发与市场,2017,33(7):849-855.

[117]汪传雷,朱绍平,陈娇等.基于DICE模式的电子商务物流生态圈系统构建——以安徽青年电子商务产业园为例[J].资源开发与市场,2016,32(2):135-141.

[118]张喜才."互联网+"背景下物流园区发展战略研究[J].物流技术,2016,35(9):17-20.

[119]谢美娥,刘剑慧.物流服务创新探析[J].物流工程与管理,2011,33(7):14-15.

[120]翟运开,倪燕翎,杜娟.物流服务创新模式:"四棱锥"模型研究[J].统计与决策,2006,2006(21):17-19.

[121]谭狄溪.物流服务创新研究现状评介与研究框架构建[J].科技管理研究,2014,v.34;No.304(6):109-113.

[122]刘丹.物流服务创新研究综述[J].物流技术,2011(3):21-25.

[123]徐琪.基于服务科学的物流服务创新模式研究[J].科技进步与对策,2008,25(4):55-58.

[124]杨辉.物流服务质量管理体系的构建[J].标准科学,2010(8):40-45.

[125]郑兵,董大海,金玉芳.国外物流服务质量研究述评[J].管理学报,2007,4(3):373.

[126]贺登才.现代物流服务体系研究[J].中国流通经济,2010,24(11):45-48.

[127]高志军,朱卫平,陈圣迪.物流服务供应链整合研究[J].中国流通经济,2017,31(10):46-54.

[128]张光明.物流服务创新模式研究[J].经济管理,2006(18):57-61.

[129]南剑飞,刘志刚.物流服务质量评价体系构建研究[J].现代管理科学,2013(10):51-53.

[130]仲昇.我国物流服务贸易现状及发展对策思考[J].国际贸易,2016(3):57-60.

[131]罗永泰,刘刚.物流服务创新与物流需求关系研究——基于共生理论视角[J].当代财经,2011(2):61-68.

[132]刘刚.生鲜农产品电子商务的物流服务创新研究[J].商业经济与管理,2017(3):

12-19.

[133]刘伟,高志军.物流服务供应链:理论架构与研究范式[J].现代商贸评论,2013,1:19-25.

[134]林云,田帅辉.物流云服务——面向供应链的物流服务新模式[J].计算机应用研究,2012,29(1):224-228.

[135]于宝琴,武淑萍,杜广伟.网购快递物流服务系统测评的枝模型仿真[J].中国管理科学,2014,22(12):72-78.

[136]宋志刚,赵启兰.物流服务供应链的研究——从供应到需求的视角转变[J].商业经济与管理,2015(3):14-22.

[137]叶晓凌,靳明:建立适合浙江中小企业发展的多层次资本市场,浙江学刊,2001年第4期.

[138]浙江省统计局:2003年浙江经济和社会发展报告.

[139]郑健壮:民营科技企业家特质与企业绩效相关性研究—基于浙江省3937家民营科技企业的调查,中国流通经济,2004(3).

[140]阿里巴巴:"天地合一"重构物流生态系统,中国经营报2013.

[141]张利庠.产业组织、产业链整合与产业可持续发展[J].管理世界,2007(04):10-17.